私のウォルマート商法

サム・ウォルトン　渥美俊一＋桜井多恵子＝監訳

講談社＋α文庫
プラスアルファ

SAM WALTON: MADE IN AMERICA

by Sam Walton

Published by arrangement with Broadway books,
a division of Random House, Inc., New York
through Tuttle-Mori Agency, Inc., Tokyo

まえがき

ハロー、フレンズ。私はサム・ウォルトン、ウォルマート・ストアの創業者である。

私たちが今でも故郷と呼んでいるアーカンソー州北西部に、最初のウォルマートを開店したのは今からおよそ三〇年前になる。それ以来、わが社の従業員たちが成し遂《と》げてきたことは一種の奇跡であり、私はそれをとても誇《ほこ》りに思っている。そのことは、ウォルマートで一度でも買い物をしたことのある人、あるいは、わが社の株を買ったことのある人ならわかっていただけるだろう。時には私自身信じられないほどだが、私たちはあの小さな店から出発し、今では世界最大の小売チェーンにまで成長してきたのだ。だが、ここに至るまでは、じつに長い道のりだった。

私たちがウォルマートで体験してきたことは驚嘆すべきことであり、私は、ウォルマートを贔屓《ひいき》にしてくださる人々と、それを分かち合うのが義務だと考えている。以前なら、銀行やウォール街にわが社の実績や展望を語る必要がある場合以外、自分たちのことを自慢げに話そうとはけっして考えなかった。「どのようにしてウォルマートは成功したのですか」と尋《たず》ねられるたびに、私はいつもはぐらかしてきた。「目標に向かって、こつこつやってきただけですよ」と。つまり、ビジネスについても私生活についても、世間に対して秘密主義を貫いてきたわけだが、それには正当な理由がある。そして、今でもこの方針を守りたい気持ちに変わりはない。

だがその結果、私自身やウォルマートについて多くの誤解が生まれ、神話やつくり話が世間に流布することになった。とくに、私の個人的資産に関して好奇な関心が寄せられた結果、私と家族はさまざまな苦痛を味わってきた。もっとも、私はそれを無視したし、仕事でも家庭生活でもベストを尽くすことだけに専念してきたが。

こうした事情は今でも少しも変わっていない。だが、私はこのところ癌を患っており、それにもう若くもない。最近になって、妻のヘレンや子供たち、わが社の幹部、それに従業員の一部から、ウォルマートの歴史を書くのは私しかいないとせっつかれている。好むと好まざるとにかかわらず、私の人生はウォルマートと不可分である以上、できる間にそれを書いておくべきだ、というのが彼らの言い分である。

そんなわけで、私は最善を尽くしてこの本を書くことにした。できる限りありのままを正直に語るつもりであるが、この物語が読者にとっても興味深く、楽しく、かつ刺激的であることを願っている。また、わが社を築くにあたって私たちが感じていた情熱の幾分なりとも、読者に伝わることを願ってもいる。だが、何より私が伝えたいのは、ウォルマートの成功にとって、従業員の働きがいかに重要だったか、という点である。

約２万人が集まったウォルマートの株主総会。
(2002年６月９日／朝日新聞社提供)

私の人生でとくに際立った特徴を一つあげるとしたら、それは競争に対する情熱であろう。この情熱が私を前進させ、絶えず次の店舗視察へ、次の町への出店へ、次の重点販売品目選びへと駆《か》り立ててきた。

今振り返ると、わが社の物語は、まさにアメリカを偉大にした伝統的価値を証明するものであることがわかる。それは、起業家精神、リスクへの挑戦、勤勉などの価値を証明する物語であり、自分の理想を掲《かか》げ、そこに到達するために喜んで働くことの意義を伝える物語である。また、たとえ世間の人が信じなくとも、自分の理想を信じ続けて屈服しない人々の物語でもある。それにもまして、この本は、チャンスを与えられ、やる気を起こすよう励まされれば、ごく普通の人々でも非凡なことを成し遂げられることを示す物語である。ごく普通の平凡な人々が一丸となって非凡なことを成し遂げてきた——それこそが、ウォルマートの物語なのだ。

ウォルマートの成長は類《たぐい》まれであり、商業の歴史でもかつてなかったことである。私たちの歩んだ道のりをありのままに語れば、同じような価値観をもち、その価値観を反映させつつ自分の夢を実現させたいと願っている人々にとって、何かのお役に立てるだろうと私は信じている。

サム・ウォルトン

一九九二年

監訳者まえがき
誰よりも多くの店を視察した経営者

日本リテイリングセンター（チェーンストア経営研究機関）
チーフ・コンサルタント
渥美俊一《あつみしゅんいち》

わずか四〇年の歴史

本書の著者であるサム・ウォルトンは、世界最大の売上高を誇《ほこ》るアメリカのウォルマート社（小売業チェーンストア。以下W社）の創業者である。

同社は、当然に全米一、そして世界一の小売業であるが、その年商額二一九八億ドル（約二八兆円、二〇〇二年一月末決算）は、地球上のあらゆる株式会社の中でダントツの一番なのである。

売上高規模では日本人は普通、石油と自動車が最大と思い込んでいるが、世界のランキングでは、エクソン・モービル（石油コンツェルン、一九一五億ドル）は二位で、W社と比べて年商額で一三パーセントも少ないし、三位がゼネラル・モーターズ（自動車製造、一七七二億ドル）で、つまり、小売業が一番巨大な株式会社という点で驚かされるわけだ。

小売業の二位はフランスに本部を置くカルフールだが、世界全産業中では、ずっと下の三五位にすぎない。日本最大のイトーヨーカ堂だと一六一位（小売業だけなら一三位）にも落ちてしまうのである。

W社の店舗数は、当然に日本では考えられないような四桁《よけた》と膨大《ぼうだい》で、世界一〇ヵ国に計四四一四店を展開し、日本へは二〇〇二年春から西友（スーパーチェーン）に出資を始めている（日本国内への出店は二〇〇三年からであろう）。

しかし、もっとも注目されるのは、この企業の創業以後の歴史はまことに新しいという点だ。サム・ウォルトンが今日《こんにち》の主力フォーマット（業態類型）のDS（ディスカウントストア）の一号店を始めたのは、わずか四〇年前の一九六二（昭和三七）年。それも彼がすでに熟年に入った四四歳のことで、この型の店は今日一六四七店に達している。

そもそもW社の年商が全米小売業第一位になったのは、一九九一年、彼が七三歳の時だ。彼が小売業を始めたのは第二次世界大戦が終わった一九四五年、二七歳の時だから、半世紀を待たない間にナンバーワンへの偉業を成し遂《と》げたことになる。現在、毎月七〇〇〇万人の客が同社で〝生活必需品〟を買い続けている。いってみれば、アメリカ国民大衆の日常の暮らしを守り支えている、なくてはならない企業なのである。

経営姿勢は頑固一徹

世界中でもっとも競争の厳しい彼《か》の国で、しかも小売業の形で、この大金字塔を打ち立てたW社はどのように誕生し、成長し、さらに拡大中なのかは、企業経営に関係する人々すべての関心の的《まと》である。そのために、W社やサム・ウォルトンに関する本は、わが国だけでもこの一〇年間に七種以上が出版されている。

けれども、これまでの書は（たとえ自伝の翻訳《ほんやく》でも）、この企業の卓越した特徴を捉《とら》えきれないでいる。

その第一原因は、流通業、とくに同社の経営キャラクターであるチェーンストア経営用語と表現方法についての知識不足からの翻訳ミスが多かったことだ。そこで本書では、この欠点を克服するために、わが国でチェーンストア経営についてはもっとも研究と指導経験の長く広い、私どもも日本リテイリングセンターが、監訳を全ページにわたって行った。

二つ目は、全体の論旨やあとがきではW社のことをいいながら、じつはたんなる成功、繁盛《はんじょう》物語として説明されていることだ。W社をシアーズ社（以下S社）やJCペニー社（以下P社。いずれもかつて全米小売一、二位だった小売業チェーン）と言い替えてもかまわないような、普遍的な経営方法だったという表現なのである。

なぜなら、もともとW社の経営手法は、まことにオーソドックスな、知ればただちに納得できる経営方式なのだ。理由は、サム・ウォルトン自身が、アメリカの一九世紀半ば以降に積み重ねられてきたチェーンストアづくりの史実と、現代における変化の実相について、成否の条件を、誰よりも広く、詳しく学習してきたからである。

私自身、アメリカのチェーンストアの歴史と実態を調べれば調べるほど、サム・ウォルトンの言動が、チェーンストア各社の成功と失敗の両教訓を踏《ふ》まえていたことに思い至るのである。

それにしても、W社やサム・ウォルトンの行動の軌跡《きせき》は、あまりにもベーシックだ。そうなると、ベーシックな行動だけではたしてナンバーワンになれるものだろうか、という疑問が湧《わ》いてくる。

そこで、私は読者にいいたい。サムやW社は、そのベーシックな行動を、取り続け得たことに注目していただきたい。

普通は時にそうでないアイディアが次々生まれ、通常ではない方式をやってみたくなるのが人情だ。しかしW社とサムは、頑固一徹なのである。それはサムが一九九二年に亡くなってからも変わらない。

顧客のために、失敗を恐れず

ではなぜ、そうした徹底した経営態度をこの企業は取り得ているのだろうか。

私が二〇〇一年の師走《しわす》、W社の本社で国際部のトップと討論したさい、次の質問をした。「創業者のサム・ウォルトンが亡くなってから一〇年目ですが、この間、もっとも変わったことと変わらなかったことはなんですか」

彼らの答えは、「経営方法は客のためにドンドン変わり続けています。しかしその変わり続けていることこそ、以前とまったく変わらない経営姿勢だといえるでしょう」。

その根底にある考え方は、①すべての努力は客のためであって、企業のためではない。②失敗を恐れず、改善と改革とに挑戦し続ける、という二つの確固たる信念である。

売上高の〇・〇一パーセント単位で削り続ける同社のコスト削減対策や、いかなる地域でもつねにプライス・リーダー（低価格主導権者）であり続けるESLP（everyday same low price）軌道《きどう》、品目別・重点おっとめ品販売計画に基づく店内エキサイトメント喚起《かんき》作戦なども、この企業ではいつも行われていて例外がない。

いずれもチェーンストアとしては当然の経営原則ながら、その維持対策に多店化経営の各社は疲れ果ててしまうのである。ところが同社では、必ず確実に実行され、そして継続されている。

ここにサム・ウォルトンがW社で築き上げてきた企業文化（corporate culture）がある。世界一になり得た本当の秘密があるのだ。そのための数々の工夫と苦労こそ、本書から慎重に読み取っていただければと思う。

「私の経営はけっしてベストではない」

私は一九七一（昭和四六）年に、初めてウォルマートの店舗を見た。当時はまだ三八店、年商はたったの四四〇〇万ドル、ビッグストアともいえない規模だったが、本文中にも登場するウォール街の証券アナリストのマーガレット・ギリアムから「確実に固定客が漸増《ぜんぞう》している店がある」と聞かされた。そこで、さっそくチャーターしたセスナ機に乗り、さらにレンタカーで三時間を費《つい》やして、人口八〇〇〇人のアーカンソー州ベントンビルのその店を訪れたのだ。

一〇〇店を突破した一九七六（昭和五一）年以降は私が引率するアメリカ・チェーンストア視察チームは、W社の本部訪問を繰り返し、その間サム・ウォルトンご本人と三回、それぞれ二時間を超える討論をした。その中身は、一言一句ゆるがせにできない珠玉の経営ノウハウ語録であった。多くの点で、その論旨は私が日本国内で主張し講義しているものと一致していた。

そこで、なぜそういえるのかと尋《たず》ねてみると、彼はアメリカの某チェーンでいつごろ、こういうことがあった、見た、聞いたと証明したものだ。その論旨は私が毎年二、三回訪米し、そのつど一ヵ月にわたって視察や文献調査をした経緯とまったくダブっていたのである。

彼の確信の多くは、アメリカのチェーンストアの事例と歴史的研究とに基づいていたのだ。それだけに彼は、私に会うたびに、「私の経営はけっしてベストではない。もっとベターな方法を、他社がやっているはずだ。それをつぶさに見て回り、改善を続けることが何よりも大事な経営なのだ」と訴えた。

「私の自慢できるただ一つのことは、アメリカ中のどのチェーンのトップよりも、私のほうがより多くの店の実例を見学（ストア・コンパリゾン）していることだ」と繰り返していたのである。

一九九一年に七三歳で倒れるまで、彼はこのストア・コンパリゾンを日常の主な業務としていたことでも、有名である。老人にありがちな「昔はこうだった」という過去の追憶からの引用はなく、「今、〇〇では△△が新しく行われている」と、周囲や部下に紹介し続けたのである。

執念の人、人を育てる名人

しかしもっとも重大な注目すべきことがある。それは彼が社長を辞め会長になった翌年から、W社の業績が低下し始めたのだ。商品回転率が下がり始め、翌一九九〇年にはあらゆる収益性が下落《げらく》を開始、サム・ウォルトン死去の年も下げ止まっていなかった。

後継者たちの必死の努力で、一九九二年に粗利《あらり》益率《えきりつ》だけは好転したものの、経費率は増大。一九九六年にはDSの閉店数が新規開店数を上回った。V字形回復に向かったのは一九九七年以降のことなのだ（ただしこれはパーセントのことで、売上高と純利益高そのものは、三一年間増収益である）。

この間、経営効率の低迷期間は、じつに八年間にも及んだのである。もっともこの不調期の初期一九九一年に、年商額は小売業三位から、二位のKマート（DS）、一位のS社（GMS＝ゼネラル・マーチャンダイズストア）を追い越して、一挙に一位に躍り出ていたのだが、経営内情は未曾有《みぞう》のマネジメント危機に陥《おちい》っていたのである。

不世出の創業者といわれたサム・ウォルトンだっただけに、その業績の継承は至難だと、識者から見られた時期でもあった。

ところが、リストラに七年かかったものの、それ以降売上高で全米一の地位は揺るがず、ついに電子・自動車・石油の三大製造業界の巨大企業をいずれも追い越してしまったのである。ちなみに、かつて米国小売業の一位と二位だったS社やP社は、以後一〇年間経過しても再生は軌道に乗っていない。少なくとも一九九〇年までは、流通経営のモデルはS社とP社だったにもかかわらずだ。

これらはいかにW社の後継者が卓越していたかの証明である。つまり、サム・ウォルトンのすごさは、たった一人の英雄だったのではなく、人を育てる名人であったということなのだ。

本書では、W社創業後の初期段階ではサム・ウォルトンは、盛んに商略や接客応対に苦心を払ったと書かれている。しかし、そうしたことだけが強調される企業は、押しなべて組織開発や人材発掘に消極的なのだ。いわんや細かいアイディアの積み重ねでは世界一の企業はけっしてつくれないし、それを経営手法にすると不可能な業《わざ》なのだ。だからW社の経営の本質はそこではないことに、ぜひ着眼していただきたい。

つまり、本書から得られる教訓の数々も、読み取り方次第で質と量とが大きく違いそうだ。その場合、もっとも大事な取捨選択のものさしは、それは①競争対策として有効なのか、②一〇～二〇年後により豊かに結実する見通しのあるものなのか、という二つの着眼点である。

思えば、サム・ウォルトンは、執念の人だった。そして世界一への道程において、彼が本当に執着した経営理念こそ、われわれの今日の生きがいにつながるものである。

そうした視点から本書を精読していただくと、①客のためという簡単明瞭なスローガンに込められた奥深い意味や、②チェーンストア経営システムのみが国民に提供する独特なご利益《りやく》の内容や、③企業ができる素晴らしい社会的貢献の進め方についても、感銘深い行動テーゼが自然に会得《えとく》できるはずだ。これは一人の人間のたんなる伝記ではないからなのである。

二〇〇二年一〇月

世界の主要流通業の2001年度売上高

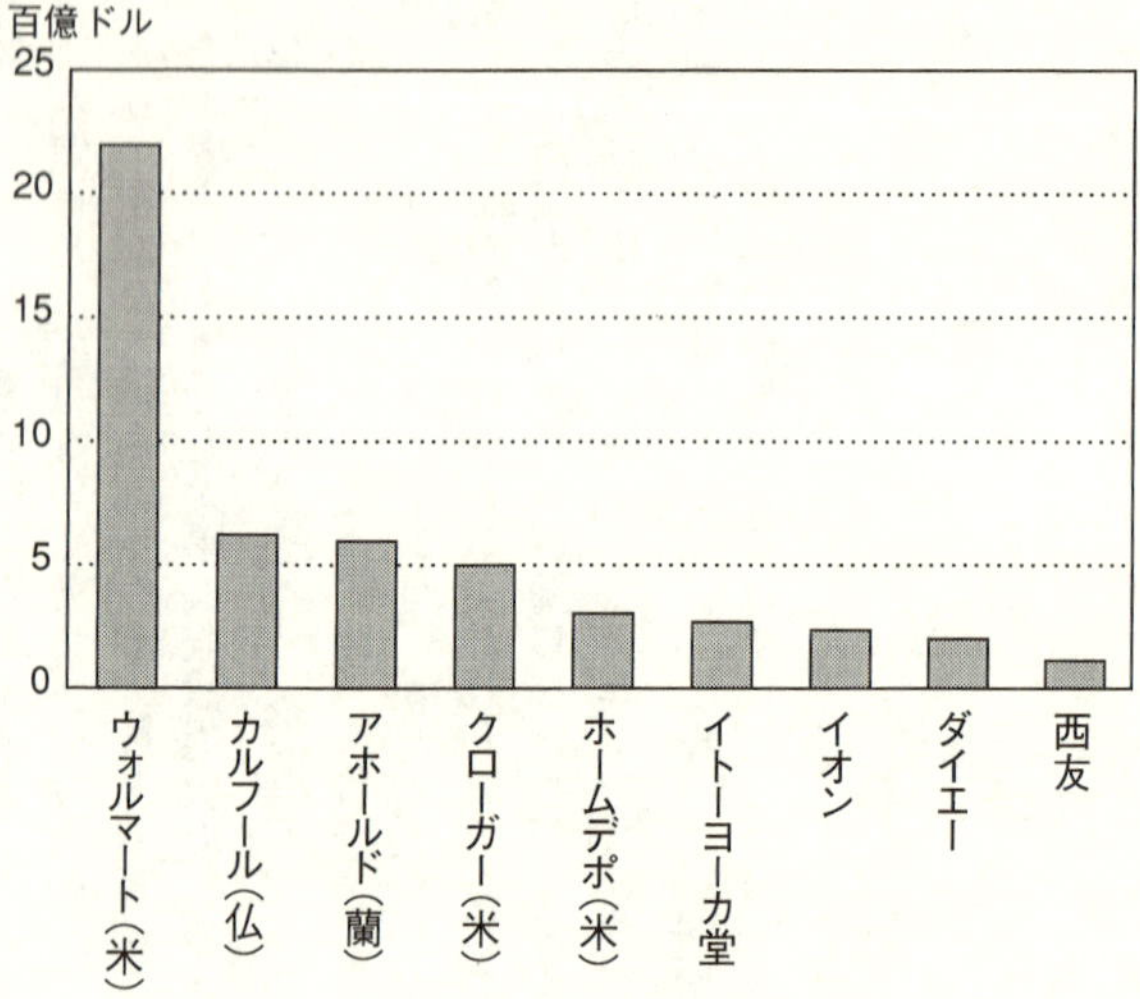

ウォルマートの海外売上高と店舗数

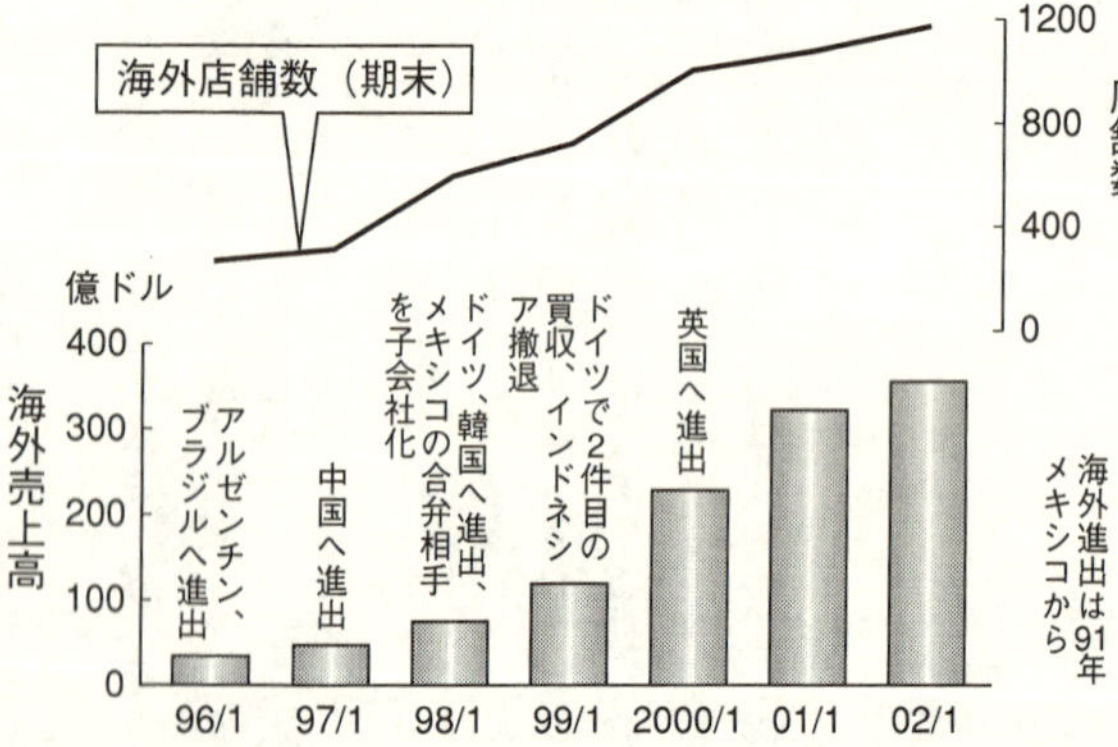

◉目次

第四章　流れに逆らい、川上を目指す旅

第七章 首まで借金につかって

第八章　次の町、次の店へ

第九章　よりよいパートナーシップを目指して

第十章　最大の躓《つまず》き

第十三章　競争に立ち向かう

私のウォルマート商法

――すべて小さく考えよ

第一章　一ドルの価値を知る

全米一の金持ち

ヘレン・ウイリアムズ（ヒックマン高校の元教師）

「ある晩、眠れぬままにラジオをつけたところ、サム・ウォルトンが長者番付でトップになった、というニュースが流れてきました。『サム・ウォルトンですって？　私が教えた生徒だわ』私はとても興奮しました」

成功にはつねに代償が伴うものなのだろう。それをいやというほど思い知らされたのは、一九八五年一〇月、「フォーブス」誌が「全米一の金持ち」として私の名前を報じた時である。

「サム・ウォルトン？　何者だい？」当時、ニューヨークのマスコミ関係者は、こういって首をかしげたに違いない。だがたちまち、ここベントンビルには、レポーターやカメラマンが大挙して押しかけた。思うに、私が札びらでいっぱいのプールに飛び込んだり、湖畔《はん》で美女がベリーダンスを踊るのを見ながら、特大の葉巻に一〇〇ドル紙幣《しへい》で火をつける光景でも期待していたのだろう。

だがあいにく、私は彼らの期待にそえる人間ではなかった。彼らが目撃したのは、荷台に猟犬用の檻《おり》を積んだ古ぼけた小型トラックを運転する男であり、ウォルマートのロゴ入り野球帽をかぶり、散髪は町の床屋ですませる男だった。彼らはそれをおもしろおかしく書きたてた。散髪してもらっている私の姿を望遠レンズで撮影した写真が、全米の新聞に掲載されもした。

次には、世界中の見も知らぬ人々が、金を無心するために電話や手紙をよこしたり、直接わが家まで押しかけて来た。彼らの多くはそれなりの事情があったのだろうが、なかには頭のおかしな連中や山師の類《たぐい》も大勢いた。ある女性は手紙で臆面もなくこう書いてきた。「私には長年住みたいと思っている家がありますが、それには一〇万ドル必要です。私にそのお金をくれませんか？」こうしたことは今でも続いている。やれ新車がほしい、バカンスに行くお金が必要だ、歯の治療代を出してくれなど、何であれ思いついたことをいってくるのだ。

私は生来、友好的な人間であり、町なかでもどこでも気軽に人に声をかける。妻のヘレンも温厚で社交的なほうであり、地域のさまざまな活動にも参加している。つまり、私たちはいつもオープンな暮らし方をしてきたのだが、この「全米一の金持ち」騒動で、自分たちの生活スタイルが壊されてしまうのではないかと、一時は真剣に悩んだものだ。私たちはいつも懸命に努力して自分たちの義務を果たしてきた。だが、突然、赤の他人の義務まで果たすことを期待されるようになったのだ。

マスコミは昼夜かまわず電話でわが家の一週間を写真に撮りたいとか、伝記を書くのに協力しろなどといってきた。取材を断ろうものなら、たちまち無礼な態度をとる。とくに腹が立ったのは、彼らが家族の資産にばかり興味を示すことだ。当時、世界でも最高のビジネス・ストーリーの一つだと思われたのに、ウォルマートのことは誰も尋《たず》ねようともしなかった。私の印象では、マスコミ、それに投機筋の一部の連中もまた、私たち一家をあぶく銭で儲《もう》けた成り上がり者か、証券詐欺師《さぎし》の類とでも考えているようだった。たまたま会社のことを書いた記事は間違いだらけだったり、家族を揶揄《やゆ》したものばかりだった。

そんなわけで、ウォルトン家では本能的に、家族の個人的な情報についてはかたく口を閉ざすようになったのだ。それでも、依然として私たちは気軽に外出していたし、絶えず店を回っては従業員に会いにも行った。幸い、ここベントンビルでは、友人たちが無数のハイエナから私たちを守ってくれた。だがある日、テニスの試合場で、私は待ち伏せしていた雑誌記者に捕まってしまった。また、妻のヘレンも、ある女性週刊誌のインタビューに応じたことがあった。マスコミの描く私の像は、いかにも浮世離れした変わり者で、何十億ドルもの金を隠し持っているのに、いまだに犬たちと寝起きをともにしている山猿、といったところだった。

一九八七年に株式市場が暴落し、ウォルマートの株もご多分に漏《も》れず値下がりした。その時は、私が五億ドルの損をしたと、マスコミはこぞって書きたてたものだ。それについて尋ねられた私が「ただの紙きれさ」と答えたら、彼らは大喜びでそれを記事にした。

父は最高の交渉人

ここで私は、資産に対する自分の考えをいささか述べておきたい。ごく普通のアメリカ人なら誰でも考えるように、私もまた、家族の資産はプライベートな問題であり、他人が口を出すべきではないと考えている。私の資産に対する考え方は、間違いなくあの「大恐慌」の混乱期に根ざしている。私たちの故郷であるアメリカ中心部、つまりミズーリ州、オクラホマ州、カンザス州、アーカンソー州などは、一九三〇年代の大恐慌で深刻な打撃を受けたのだった。

私は一九一八年、オクラホマ州のキングフィッシャーに生まれ、五歳までそこで育った。だが、私の幼少期の記憶は、ミズーリ州スプリングフィールドから始まる。そこで私は小学校に入学したのだが、その後、同じ州のマーシャルという小さな町へ引っ越した。

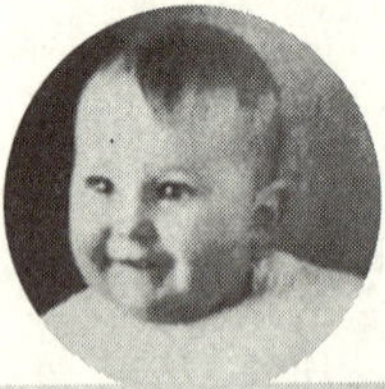

私が生まれたころのキングフィッシャーの町のメインストリート。

高校へ入学するころにはやはり同じ州のシェルビナへと移り、さらにコロンビアへ移って、高校を卒業し、大学へと進んだ。

私の父、トーマス・ギブソン・ウォルトンは勤勉な人間だった。超がつくほどの正直者で、父がきわめて誠実な人間だったことは多くの人が覚えている。父には風変わりなところもあり、ものを交換するのが大好きだった。馬、ラバ、牛、家、農場、車など、何でも交換するのだ。キングフィッシャーの農場を同じ州の別の農場と交換したこともあるし、自分の腕時計を豚と交換したこともある。その豚はのちにわが家の食卓にのぼった。

私が知る限り、父は最高の交渉人だった。どこまで押していいかを見極める独特の勘《かん》をもっており、最後には話をうまくまとめて、相手と友好的に別れるのだった。時には、父が相手にあまりに安い申し出をするので、私が恥ずかしい思いをしたこともある。私が世界一の交渉人になれないのはこうした理由による。私は最後の一ドルまでねばる能力に欠けているのだ。幸いなことに、早くから私の共同経営者になっている弟のバドは、父から交渉人としての能力を受け継いでいるようだ。

父には大実業家になろうとする野心もなければ、またその自信もなかった。借金をするのも嫌いだった。その代わり、ありとあらゆる種類の仕事に携《たずさ》わった。銀行マン、農業、農業ローンの査定人、保険や不動産の代理業など。大恐慌が始まると、父はすべての仕事を失ってしまったが、結局、父の兄弟がやっていたメトロポリタン生命保険の代理店、ウォルトン・モーゲージ社で働くことになった。そこでの父の仕事の大半は、不良債権化したメトロポリタン社の農業ローンを回収することだった。そんなわけで、一九二九年から三一年にかけての父は、多くの善良な人々から先祖伝来の土地を取り上げなくてはならなかった。私は父の、この旅行について行くことがあった。そこでの出来事はまさに悲劇だったし、父にとってもつらい体験だっただろう。だが、父はできる限り農家の人たちの身の立つように仕事をやっていた。この経験は、子供だった私にも強い印象を与えたに違いないが、当時私が「ぜったいに貧乏にはなりたくない」などと決意した記憶はない。

七歳にして自分で稼《かせ》ぐ

自分たちが貧乏だと思ったことはなかったが、それでも当時のウォルトン家には、いわゆる可処分所得があり余っていたわけではないので、一ドルでも多く稼ぐために何でもした。たとえば、母のナン・ウォルトンは、大恐慌の時代、牛乳を売って稼ぐことを思いついた。私が朝早く起きて牛の乳をしぼると、母がそれを処理して瓶《びん》に詰め、放課後、私が配達するのだ。一〇人前後の客がついて、一ガロン一〇セントで買ってくれた。何よりもうれしかったのは、母が牛乳からアイスクリームをつくってくれたことである。あのころ、アイスクリームの食べすぎで、「デブのサム・ウォルトン」などと呼ばれなかったのが、不思議なくらいである。

また、七、八歳のころからだったと思うが、雑誌の予約販売を始めた。七年生（中学一年生）から大学時代にかけてはずっと新聞配達をやっていた。ウサギやハトを飼ってそれを売ったりもした。こうしたことは、当時の田舎《いなか》の少年には、珍しいことではなかった。

かなり幼いころから、私たち兄弟は、家計を助け、家族に貢献することが大事だということを学んでいた。もちろんその過程で、一ドルを稼ぐのにどれほど苦労しなければならないかも、稼いだ時にはどれほど誇《ほこ》らしいかも学んでいた。一方、母と父との唯一の共通点はお金に対する方針だった。つまり、使わないのである。

バド・ウォルトン（サム・ウォルトンの弟。初期のころからウォルマート社の発展に貢献した唯一の同族）

「世間の人は、なぜ私たちがいまだに質素に暮らしているのか、理解できないらしい。サムが億万長者になった今でも古い小型トラックを運転し、衣類をウォルマートで買い、飛行機のファーストクラスに乗ることを拒否していることが話題になっている。だが、それは私たちがそのように育ってきた、というだけのことだ。道に一セント落ちていても、はたして何人の人が拾うだろうか。私はきっと拾うだろうし、サムも拾うだろう」

金銭管理を学ぶ

スティーヴン・ハンフリー（写真家）

「ある時、私はミズーリの小さな飛行場で、サムを撮影しようと準備していた。彼はフライト計画の書類を提出しに行っていた。私は五セント硬貨を路上に落として、助手にこういった。『彼がこれを拾うかどうか見てみよう』サムは少しせかせかした足取りでやって来た。『オーケー、どこに立てばいいんだい？　この五セント硬貨の上にかね』」

世間に出て自活しようとするころには、私には一ドルの価値が骨身にしみてわかっていた。だが、経営学の学位を取っていたとはいえ、資金調達や資金繰りに関する私の知識はまだまだ未熟だった。やがてヘレンの家族と知り合うことになったが、ヘレンの父、L・S・ロブソンの話を聞くことが、私にとってよい勉強の機会になった。彼はやり手の営業マンであり、私の知る限り、もっとも説得力のある人物だった。商売人および実業家としての成功や、財務と法律に関する彼の知識や哲学が、私に大きな影響を与えた。私の競争心は彼を見て刺激され、その成功を大いに讃《たた》えた。羨《うらや》んだのではなく、賞賛したのだ。「いつか私も彼のように成功するぞ」とひそかに決意したものだ。

ロブソン家は資産管理のやり方がきわめて巧《たく》みだった。ヘレンの父は、農場や家族経営の事業を持ち株会社をつくって経営し、個人資産を管理していた。ヘレンおよび兄弟たちが共同責任者になっていた。ヘレンは財政学で学位を取っていたが、これは当時の女性としてはきわめて珍しかった。ロブソン氏は私にも家族の持ち株会社化を勧め、一九五三年以来わが家はそれに従っている。当時の資金はわずかだったが、それを子供たちとの持ち株会社に注《つ》ぎ込んだのだ。のちにそれは、ウォルトン・エンタープライズへと発展した。

私たちが所有するウォルマートの株式は、長年にわたってその持ち株会社に注ぎ込まれてきた。のちには、ウォルトン・エンタープライズの役員会、つまり私たち家族の合意に基づいて意思決定を行うようになった。私たちの意見は時に分かれることもあったが、家族はみな同じ額の報酬を得るようにしてきた。つまり、長年にわたって、子供たちにも私やヘレンと同じ報酬を支払ってきたわけである。私にはそのほかに給料が入る、という違いはあるが。現在では、息子のジムが会社の代表としてこの給料を得ている。このやり方で、私たちは贅沢《ぜいたく》な暮らしで金を浪費する代わりに、エンタープライズの資産を増やしていったのである。それでも、必要なものはすべて手に入れていた。私としては、たぶん、必要以上に、と思っているのだが。

家族による持ち株会社のメリットはいろいろあるが、まず、私たち家族が一貫してウォルマートの株式を管理し、統括できたことである。それによって、ウォルマートの資産を無計画に切り売りせずにすんだのだ。私たち家族は、今でも会社の三八パーセントの株式を所有しているが、これはウォルマートほどの規模の企業としてはきわめて高い保有率である。これが、企業乗っ取り屋からわが社を守ってきたのだ。団結した時の強さや、自分たちの事業を信じている家族には、大きな力があるのである。

株式所有権の譲渡はずっと以前にすませているので、家族は多額の贈与税や相続税を払う必要はない。節税の原理は簡単なことだ。つまり、相続税を減らすには、生前の早い段階で資産を手放しておけばいいのである。これはのちに、じつに素晴らしい哲学であり戦略であることが証明されたのだが、当時ヘレンの父親の助言がなければ、私一人ではとても思いつかなかっただろう。けっして放漫なやり方でも、突飛なことでもない。むしろ家族の団結を強め、自分たちのバランス感覚を維持するうえで役立ったのである。

ヘレン・ウォルトン

「これは素晴らしい金銭管理の方法であるばかりではなく、家族の絆《きずな》を強めるという利点もありました。このことが、家族のお互いに対する責任感を育てたのです。これにまさるものはありません」

こうして、一九八五年、「フォーブス」誌が私を「全米一の金持ち」と報道するに至ったわけである。たしかに、ウォルマートの株価に保有数を掛ければ、私たちの資産は二〇〇億ドルから二五〇億ドルになるのかもしれない。家族としてはそのくらいの資産をもっているかもしれないが、私はそれを自分の目で確かめたことはない。ヘレンと私は、家族が所有するウォルマートの株主権の二〇パーセントを保有しているにすぎない。さらにいえば、私の目の黒いうちは、ウォルマート株の大半は正しい所有者に保有され続けるだろう。私はこの方針が、少なくとも、次の世代にも受け継がれるものと確信している。

幸いなことに、私たちはヨットを買いたいとか、島を丸ごと所有したいなどと思ったことは一度もなかった。こうした欲望や野心が、多くの好調だった企業を駄目にしてきたのである。生活レベルをあげるために、自分たちの持ち株を少しずつ売って、ついには会社を乗っ取られ、破産してしまう家族もいるのだ。私がこの本を書いている本当の理由の一つは、私の孫やひ孫がいつの日かこの本を読み、次のことを肝《きも》に銘《めい》じてほしいからである。「もしお前たちが愚《おろ》かな浪費を始めたら、私はこの世に化《ば》けて戻って来るぞ。だから、そんなことはけっして考えてはいけない」

トップに上りつめたい

私は貧しさを吹聴《ふいちょう》したいわけではない。わが家には、ウォルマートが軌道《きどう》に乗るずっと以前から、十分な資金があったのはたしかである。私がいいたいのは、個人資産形成は私にとってそれほど重要ではないということだ、レースに勝つという意味においてさえも。

私たちは十分豊かな暮らしをしている。現に、十分な食べ物があり、広い敷地の大きな家に住み、猟場を所有し、テニスコートももっている。子供たちに十分な教育を受けさせることもできた。私たちが豊かだということに疑問の余地はない。わが家がまるで生活保護を受けているかのようにいう人もいるが、それは真実ではない。私の家族はみな空を飛ぶのが好きで、飛行機も何機かもっている。現在住んでいる家は、フランク・ロイド・ライトの弟子で、世界的に有名なE・フェイ・ジョーンズが設計したものだ。この家は少し高くついたが、優雅ななかにも素朴で自然な趣《おもむき》があることを大いに認める。

私は金持ちであることを恥とは思わないが、あまりに派手《はで》な生活スタイルは、ベントンビルのような町では適切だとは思わない。ここでは人々はみな勤勉で、合理的な考え方をしている。どんな金持ちだろうと、ズボンをはく時は片足ずつしかはけないとわかっているのだ。私には、いわゆる有名人といわれる人のやっていることがよくわからない。たとえば、どうして、ハリウッドで行われるエリザベス・テイラーの結婚式の招待状が私に届くのか。私が床屋で散髪してもらっていることが、なぜニュースになるのか。なぜ私が小型トラックを運転しているかだって？　猟犬を運ぶのに、ほかにどうしろというのだろう。ロールスロイスに乗せろ、とでもいうのだろうか。

長者番付の記事に始まるあの騒動を、私は長年嫌悪《けんお》してきたが、今ではよい面もあったことを喜んで認めたい。まず、そのことでわが社のアソシエート（ウォルマートでの従業員の呼び方）との関係が悪くなるのではないかと心配していたが、なんと、結果は逆だった。「私たちが彼をそこまで押し上げたのだ。めでたいことだ」それ以来、私の店舗視察は、彼らにとって以前より意義のあるものになった。私が有名人になったことで、彼らの反応が変わったのに私は気がついた。もちろん、お客も喜んでくれているようだ。一ドル札にサインしてほしい、などとよく頼まれたりする。

チャーリー・バウム（ウォルマート初期のパートナー）

「サムがニューポートに最初の店を開いて以来知っているが、彼にとって金銭はそれほど重要ではないと思う。彼を駆《か》り立てているのはトップに上りつめたいという欲求であり、お金が目的ではない。むしろ、今ではあり余る資産が彼の悩みの種になっている。最近のことだが、朝の六時に彼が私にこう嘆《なげ》いた。『もし孫たちが、生涯自分が貧しくなることはないと知ってしまったら、どうやって働く意欲をもたせたらいいだろうか』」

なぜ、そんなにケチケチするのか

デビッド・グラス（ウォルマート社の二代目最高経営責任者《CEO》）

「サムが金持ちだって？　三〇年間、一緒に旅行してきたが、私にはそうは思えないね。実際、会社の年次報告書を読んでいなかったら、彼が破産したんじゃないかと思うところだよ。ある時、二人でオハイオ州へ向かうために空港にいた時、サムが突然あわてだしてね。『デビッド、金がないんだ。君は持ってるかい？』私が財布《さいふ》から二〇ドル札を二枚取り出すと、彼はこういうんだ。『君には二枚もいらないだろう。一枚貸してくれ』」

さて、ウォルマートについても私は同じ方針を貫いている。私はケチである。事業が全米に拡大し、年商が四〇〇億ドル近くになるまで、社用のジェット機を購入しなかった、というのはニュースに値《あたい》するだろう。その際にも、私に購入を認めさせるために、皆は大変な苦労をしたものだ。それに旅行する時は、二人相部屋に泊まることにしている。もっとも、年を取ったので、私だけはついに個室に泊まるようになったが。宿はホリデイ・イン、デイズインなどのビジネスホテルであり、食事は、もしとる時間があればだが、ファミリーレストランをよく利用する。最近の風潮として、上り調子の企業では幹部たちが過分な報酬を受け取り、自分さえよければほかはどうでもいいという態度をとっているが、じつに嘆かわしいことである。これはアメリカの実業界の重大な欠陥の一つなのだ。

ゲリー・ラインボース（初期のウォルマート店長）

「あのころ、サムと商品買い付けのためによく旅行したが、その際、一部屋か二部屋に全員で泊まったものだ。シカゴでは八人が一部屋に泊まったことさえある。そもそも、その部屋はそれほど広くはなかったのだ。私たちは経費を限界まで切り詰めていた、といってもいいだろう」

ウォルマートが年商五〇〇億ドルを超える会社に成長したのに、なぜ今でもそんなにケチケチするのか、と尋ねられることがある。理由は簡単だ。一ドルの価値をよく知っているからである。私たちの使命はお客に価値を提供することだが、その価値には品質やサービスばかりでなく、お客の支出を節約することも含まれる。ウォルマートが一ドルを浪費すれば、それはお客の懐《ふところ》に直接響くのである。逆に、私たちが一ドル節約するたびに、他社との競争で一歩先んじることになる。それこそ、私たちが目指していることである。

第二章　バラエティストアからの出発

「何事もやるなら最善を尽くしなさい」

バド・ウォルトン

「子供のころから、サムは没頭したことすべてに抜群の成績をあげていた。きっと、天性なのだろう。昔、新聞配達をしていた時、顧客獲得のコンテストがあった。賞品は一〇ドルかそこらだったと思うが。彼は一軒ずつ家を回って次々と購読者を増やしていき、ついに優勝してしまった。しかも、彼には優勝するとわかっていた。そういう性格なんだよ。母の性格を受け継いでいるとしか、私には説明のしようがないが」

人に野望を抱かせるものが何なのかはわからないが、私が生まれつき、情熱と野心をあり余るほど授《さず》かっていたのは事実だ。おそらく、弟のいう通りなのだろう。母は子供たちに並々ならぬ期待をかけていた。自分は十分な教育を受けていなかったが、読書家で教育熱心だった。大学は一年でやめて結婚した。たぶん、その埋め合わせだったのだろうが、私が幼いころから、大学へ行って一角《ひとかど》の人物になるようにと、口癖《くちぐせ》のようにいっていた。私の人生での最大の悲しみの一つは、私たちが事業で成功し始めた矢先に、母が若くして癌《がん》で亡くなったことだ。

母は人にやる気を起こさせる名人だったに違いない。というのも、「何事もやるなら最善を尽くしなさい」という母の言葉を、当時の私は本気で受け止めたのだから。私はいったん興味を抱いたら、結果を出すまで全力をあげてやり通した。取り憑《つ》かれていた、という人もいるだろうが。私はいつも実力より高くバーを設定してきた。自分に高い目標を課してきたのだ。

マーシャルで過ごした幼年期でさえ、私には野心があった。数年間学級委員をやったこともある。スポーツはフットボール、野球、バスケットをやり、夏は水泳をした。競争心が強かったので、ボーイスカウトに入った時には、誰が一番先にイーグルスカウト（二一個以上の勲功バッジを受けたボーイスカウト）になるか友だちと競争した。イーグルスカウトになる前にシェルビナに引っ越してしまったが、賭《か》けには勝った。一三歳でイーグルスカウトになったのだ。当時、ミズーリ州では史上最年少のイーグルスカウトだった。

両親に付き添われて馬に乗る弟と私。

「シェルビナ・デモクラット」紙（一九三一年夏）

「木曜日午後、シェルビナのトーマス・ウォルトン夫妻の長男、サム・ウォルトン（一四歳）が、ボーイスカウトの訓練の成果を発揮し、ソルト川で溺《おぼ》れかけていたK・R・ピーターソン教授の幼い子息ドナルド・ピーターソンを救った……。

ドナルドは深みにはまり、助けを求めていた。引率のロイ・ジョーンズ氏が助けようとしたが、ドナルドがもがいたので、ジョーンズ氏も何度か沈みかけた。やや離れたところにいたウォルトン少年はあわやというところで二人に追いつき、教えられた通りに後ろから抱えて、岸へ引き上げた。そして、スカウト団員の必修技術である人工呼吸を行った。ドナルドは意識を失って全身青ざめていたが、しばらくして意識を回復した」

新聞は私が彼の命を救ったと書いているが、私には何ともいえない。新聞はこうしたことを大袈裟《おおげさ》に書くものだ。しかし、私が彼を川から引き上げたのは事実である。こうした少年時代のエピソードを振り返ると、私にはつねに行動へ駆《か》り立てる強い衝動があったことを思い出す。この衝動がウォルマートの歴史でも重要な役割を果たしてきた。だが正直なところ、こうした話をするのはかなり躊躇《ためら》いもある。自慢話に聞こえたり、自分を英雄に仕立てていると思われるかもしれないからだ。こんなことを気にするのは、ずっと昔、自分をひけらかすことはよい組織をつくるうえで障害になると学んだからだ。

栄光を求める人間には偉大なことはできない。ウォルマートで私たちがやってきたことは、皆が一丸となって、一つの目標に向かった結果なのだ。つまり、チームワークということだが、その精神を私もまた早くから身につけていた。

人一倍の野心と情熱

チーム競技を始めたのは五年生の時だった。友人の父親が子供たちを集めて、少年フットボールチームをつくってくれたのだ。私のポジションはエンドだった。小さくてまだ自分のポジションもろくにこなせないくせに、スローイングやランニングバックをやりたいと思ったものだ。高校で、そして校内競技程度ではあったが大学時代を通じて、チーム競技は私の生活で重要な部分を占めていた。シェルビナに引っ越した時には、九年生にしては経験があったので、クォーターバックの控え選手としてチームの一員になれた。私はまだ一三〇ポンド（約六〇キロ）しかなかったが、ブロックやタックル、スローイングの技術も習得しており、また勝《か》ち気《き》だったこともあって、選手になれたのである。

それからわが家はもう一度引っ越しをした。今度はミズーリ州コロンビアだった。そこでヒックマン高校に通っていたころ、私はあらゆることに熱中した。いわゆる秀才ではなかったが、一生懸命勉強して優等生名簿に載った。生徒会長をやり、いくつものクラブ活動をやり（とくに弁論部が思い出に残っている）、「もっとも多才な生徒」に選ばれた。

体育館には入りびたりだった。バスケットボールがとくに好きだったが、チームには入らなかった。たぶん、身長が五フィート九インチ（約一七〇センチメートル）ほどしかなかったためだろう。だが、高校三年の時に勧誘されてチームに入り、ガードや、時にはスターターをやった。シュートはうまいほうではなかったが、ドリブルはけっこう上手《じょうず》で、よくチームを引っ張った。仕切るのが好きだったのだろう。わがチームは負け知らずで、州大会で優勝したが、この時は本当に感激した。

私の高校時代の競技歴は今振り返っても信じられないほどである。クォーターバックを務めたフットボールでも負け知らず、おまけに州大会で優勝しているのだ。私はバックとしては遅いほうなのだが、機略《かん》に富み、時には動き回りすぎて派手《はで》に転ぶこともあった。ボールが飛ぶ方向について勘《かん》がよく働いた。そして、ボールを蹴《け》ることは何よりも好きだった。だが、私のもっとも得意としたことは、人をその気にさせることだった。これは、おそらく、小売業経営において私がもっとも発揮できた才能である。

私はフットボールの試合では一度も負けたことがない。信じてもらえないかもしれないが、本当のことである。これはとくに私の手柄《てがら》だったというわけではなく、実際、幸運だったというほかはない。私が出場してもしなくても勝てそうにない試合には、病気になったり怪我《けが》をしたりで、何回か欠場しているのだ。つまり、負け試合はうまくかわしているのである。だが、この不敗記録は私自身に、はかりしれない影響を与えた。私にいつでも勝てるという気を起こさせ、強力なチャレンジ精神を植え付けてくれたのだ。のちに、同業のKマートであれどこであれ、競争相手がいる時には、その相手をあの州大会で優勝した時の対戦相手、ジェフシティ高校だと考えることにしている。負けるかもしれないなどとはけっして思わなかった。私には勝つ権利があるとすら思っていたようだ。そう考えることが、目標達成の予言となることもしばしばあったと思われる。

すべての人に声をかける

州チャンピオン、ヒックマン・キューピーズの不敗のクォーターバックとして、私の名はコロンビアの町ではかなり知られていた。ミズーリ大学はコロンビアにあるため、私の高校でのキャリアが大学でも評価された。男子学生の社交クラブ、友愛会は、たいていが上流階級の子息向けであり、普通なら私には資格がないところだ。だが、どのクラブもみな私を勧誘してくれたので、私は最高のクラブ、ベータ・シータ・パイを選ぶことができた。学問的にもっとも水準が高く、学内競技でも優勝経験が多かったからだ。

二年生の時、私はベータの会員勧誘係の責任者に選ばれた。そこで、オンボロのフォードを買い、夏休みに州全域を走り回って、会員候補者に会いに行った。そのころの私は持ち前の勝ち気と野心から、いつかは大統領になる夢まで描いて楽しんだものだ。

とりあえず私は、学生自治会の会長になろうと思った。すぐに気づいたのだが、キャンパスでリーダーシップをとるコツは、きわめて簡単なことだった。道で出会う人々すべてに、こちらから声をかければいいのである。キャンパス内でも新聞配達をしている時でも、私はそれを試してみた。人に出会うと、いつも相手より先に声をかけたのだ。やがて私は、大学中でもっとも知人の多い学生になり、相手も私を友人として受け入れてくれた。その後私は、あらゆる役職に立候補した。四年生の名誉クラブであるQEBHの部長に選ばれ、ベータの役員を務め、クラスの級長にもなった。また、ROTC（一部の大学で学生が陸軍将校になるための訓練を受ける部隊）のエリート軍団、「鞘《さや》と刀」の部隊長兼会長にもなった。

「大活躍のウォルトン」（一九四〇年の友愛会新聞から）

「サムは類《たぐい》まれな学生である。大学の事務員全員を名前まで知っており、教会では献金係を務め、組織に入ることが好きだ……サムはそのリーダーシップのせいで、だいぶからかわれてもいる。軍服を着ているので『リトルシーザー』と呼ばれ、聖書クラスの級長なので『司祭』というあだ名までもらって、くさっている」

ミズーリ大学にいる間に、私は聖書クラスの級長にも選ばれた。これはミズーリ大学とステファンズ大学の学生からなる大きなクラスだった。物心ついたころから、私は教会に行き、日曜学校にも通っていた。だから、教会は私の人生に大きな意味をもっている。自分が宗教的な人間かどうかはわからないが、教会はいつも重要だと考えていたようだ。

大学時代を通じて、私はいろいろな役職につくことを楽しんだ。だが、のちに市議会などにちょっとかかわったことを除けば、自分の野心を大学のキャンパス内に留めてきた。

一九四〇年六月、私は経営学で学位を取り、卒業を目前にしていた。いつもエネルギーにあふれていたとはいえ、さすがに疲れてもいた。高校時代から自分でお金を稼《かせ》ぎ、衣服は自分で買っていたが、大学に入ってもそれは同じで、加えて授業料、食費、友愛会の会費、デート代も自分で賄《まかな》っていた。両親はできることなら援助したかっただろうが、当時は不況のさなかで、わが家には余分なお金がなかった。高校時代から続けていた新聞配達の仕事を、大学入学後は何人かの助手を雇って、さらに配達部数を増やしたところ、これがけっこうなビジネスになった。私の年収は四〇〇〇ドルから五〇〇〇ドルだったが、こ

新聞配達の仲間たちと。中央の少年の右後方にいるのが私。

れは大恐慌の末期にしてはかなりの高額である。

エズラ・エントレキン（「コロンビア・ミズーリアン」紙の元販売責任者）

「サムは新聞配達員として雇ったのだが、そのうち勧誘のチーフになった。サムは誰よりもたくさん契約をとって来たね。できるヤツだった。一生懸命やるんだ。それに、新聞配達以外にもいろいろやっていて、一時は気を散らしていたな。あまりに抱え込んでいるので、何か一つ忘れてしまうんだ。でも、集中した時には、必ずものにしたね」

新聞配達以外にも、ウエイターやプールの監視員もやっていた。当時、私がどれほど忙しかったかおわかりだろう。また、一ドルでも無駄にしないという私の評判の由来も、これでわかっていただけたことと思う。だが卒業を間近にして、私はもっと本格的な仕事で成功したいと、痛切に望むようになっていた。

商人になるために生まれた

小売業の可能性に最初に開眼したのは、一九三九年、わが家がたまたまヒュー・マッティングリーという人物の隣に引っ越した時だった。彼は最初、理髪店を営《いとな》んでいたが、その後、兄弟でバラエティストアのチェーン化に乗り出し、当時すでに六〇店舗ほどを所有するまでになっていた。私はよく彼と小売業について話をし、そのやり方や繁盛《はんじょう》ぶりを聞かされていた。彼は私に興味をもってくれて、のちには仕事をくれさえした。

しかし、当時の私は、小売業経営に従事しようと真剣に考えていたわけではない。じつをいうと、保険のセールスマンになるつもりだった。高校時代のガールフレンドの父親が、生命保険会社の腕のいいセールスマンで、いろいろ話を聞いていたのだ。当時の私には、彼が世界一稼ぎのいい男のように思えた。保険のセールスなら私にもできる気がしたし、自分に合っていると思った。私はいつも何かしら売ってきたから。子供のころは、「リバティ」誌を五セントで売り、その後、儲《もう》けを二倍にしようと一〇セントの「ウーマンズ・ホーム・コンパニオン」誌を売った。

そのガールフレンドとは別れてしまったが、私には別に大きな夢があった。大学卒業後はペンシルベニア大学のウォートン校で財政学を学ぶつもりだったのだ。だが、これまでと同じように働いたとしても、ウォートンへ行くだけの資金はできないとわかった。そこで、これまでの考えをご破算にし、大学に勧誘に来た二つの会社の面接に行った。両社とも採用を決めてくれたが、私はゼネラル・マーチャンダイズストアの大手、ＪＣペニー社へ行くことに決めた。これを書きながら気づいたのだが、私が小売業に身を投じたのは、それまでの仕事に疲れてしまい、ちゃんとした職に就きたかったからである。

仕事は順調に始まった。卒業して三日後の一九四〇年六月三日、私はアイオワ州デモインのＪＣペニーに配属され、管理職見習いとして仕事を始めた。給料は月七五ドル。その日から私は小売業界に足を踏み入れ、軍隊にいた短い期間を除いての五二年間、この世界で生きることになった。おそらく、私は商人になるべく生まれたのであり、これは運命だったのかもしれない。私は最初から小売業が好きだったし、今でもそれは変わらない。もっとも、すぐに何もかも順調に運んだわけではなかった。

私は物を売るのは得意だし好きなのだが、あいにく、正しい文字の書き方は学んだことがない。ヘレンにいわせれば、私の字は鶏が足で引っかいたようなもので、解読できるのは世界で五人しかいないそうだ。彼女もそのなかに入っていない。このことが就職したてのころ、ちょっとした問題を引き起こしたのである。

ペニーには、ニューヨークからやって来るブレイクという会計監査員がいた。彼は国中の店を回って人事評価をしており、私の店にも頻繁《ひんぱん》にやって来た。大男で、いつもペニーの最高のスーツとシャツとタイでビシッと決め込んでいたのを覚えている。ともかく、私が伝票を書き損じたり、レジを打ち間違えるたびに、彼はひどく気に病《や》むのだった。私は売り上げの事務処理をする間、次のお客を待たせるのが嫌いだったので、そのためにちょっとした混乱を引き起こしたことは認めざるを得ない。デモインにやって来るたびに、ブレイクは私にこういったものだ。

「ウォルトン、もし君の販売成績が優秀でなければ、君をクビにするところだ。君は小売業に向いていないよ」

幸い、私は店の店長、ダンカン・メイジャーズに自分の理想像を見つけた。人をやる気にさせる素晴らしい上司であり、ペニーで数多くの店長を育て上げた立派な人物だった。彼は独特のテクニックをもっており、店長として業績をあげていた。彼の成功の秘密は、私たち部下を朝の六時半から夜の七時、時には八時まで働かせることだった。私たちは皆、いつか彼のような店長になりたいと思っていた。休みの日曜日には、よく彼の家を訪ねたものだ。メンバーはいつも男ばかり八人で、もちろん、仕事の話もしたが、卓球やトランプをして楽しみもした。ある日曜日のこと、彼がボーナスの小切手を私たちに見せたことがあった。その額は六万五〇〇〇ドル。私たちはただ感心するばかりだった。彼を見ていて、私は小売業にますますのめり込んでいった。彼は本当に素晴らしい男だった。

創業者のジェームズ・キャッシュ・ペニー本人が店にやって来るのは、おまけみたいなものだった。彼はのちの私ほど頻繁に店を見回らなかったが、それでも来るには来た。少しの紐《ひも》と紙でどうやって商品をきれいに包装するかを彼自身がやってみせてくれた時のことは、今でもよく覚えている。

結婚したい相手と、やりたい仕事に出会った！

ペニーにはおよそ一年半勤めたが、私の印象では、そこはまさに業界のキャデラックとでもいうべき店だった。だが、そのころでさえ、私は競争相手をつねに調査していた。デモインの私が働いていた地区には三つの店があったので、昼休みにはいつもペニーとは同業で先輩格のシアーズやローカル店のヨンカーズへ行き、店内をぶらついて視察した。

だが、一九四二年初頭まで戦争が長引いてくると、ＲＯＴＣ出身の私としては祖国のためにとの精神から、入隊して海外で戦うことを決心した。だが驚いたことに、ちょっとした不整脈のために身体検査で引っかかり、戦闘員ではなく限られた任務にしか就けないことがわかったのだ。

このことですっかり落ち込んだ私は、ともかく、召集を待つことにしてペニーを辞めた。そして、石油ビジネスでも見てみようかと漠然と考えて、タルサに向けてぶらりと旅に出た。ところが、タルサ郊外のプリオアという町にあるデュポン火薬工場で、働くことになってしまった。そこから近いクレアモアという町で、小さな部屋を借りることもできた。このクレアモアで、ヘレン・ロブソンに出会ったのである。四月のある夜、ボーリング場でのことだった。

ヘレン・ウォルトン

「私は別の人とデートしていたんです。ボールを投げて席に戻って来ると、サムが古ぼけた木の椅子の肘《ひじ》かけに足をのせ、ニコッと笑っていったんです、決まり文句《もんく》をね。『前にどこかでお会いしませんでしたっけ』でも、彼が以前、大学で私の知っている女の子とデートしていたことを思い出しました。私は、彼女と続いているのだと思っていたのですが。まもなく、私たちは付き合うようになりました。私の家族はみな彼が気に入ったので、彼は私だけでなく、家族とも恋に落ちたみたいだ、とよくいったものです」

ヘレンに会ってデートし始めたとたん、私はもう夢中になっていた。彼女は美人で頭がきれ、教養があり、野心もあって、意志が強かった。自分の考えや計画をしっかりもち、私と同様、アウトドア派のスポーツウーマンでもあり、エネルギーにあふれていた。

「私はいつも両親に、活力と情熱にあふれていて、成功を望んでいるような人と結婚するわ、といっていました。たしかに探していた人を見つけたわ。でも、ちょっと、上を狙《ねら》い

晴れの日、49年間の幸せな結婚生活の始まり。

すぎたかな、と時々苦笑いしているの」

　ヘレンと私が恋に落ちたまさにその時、ついに私は召集された。不整脈のために戦場へ行くことはできなかったが、ROTCの出身者として少尉の任命を受けた。軍隊に行くまでに、私は二つのことを決めていた。結婚したい相手と、やりたい仕事である。仕事はもちろん小売業だ。軍隊に入って一年後の一九四三年、バレンタインデーの日に、彼女の故郷オクラホマ州クレアモアで、私たちは結婚した。

　弟のバドは、海軍爆撃機のパイロットとして太平洋で活躍した経歴をもっている。ここで私も彼のように、華々しい体験を語りたいところだが、私の軍隊生活は一介の少尉として、平凡に過ぎた。のちには大尉としてカリフォルニアをはじめ各地を転々とし、飛行機工場や捕虜《ほりょ》収容所で保安係の監督のようなことをした。

結婚して二年後の一九四五年に、私は除隊した。そのころには、私は小売業をやりたいというだけでなく、自分で事業を始めたいと思うようになっていた。私にはペニーでの経験しかなかったが、独立しても成功する自信は十分にあった。軍隊最後の任務地ソルトレイクシティで、私は図書館に通い、小売業に関するあらゆる本を読みあさった。休日には、モルモン教がやっている百貨店、ZCMIに行って研究し、除隊後は百貨店をやりたいと考えるようになっていた。問題はどこで家庭をもつかだった。

ヘレン・ウォルトン

「父はクレアモアに来るよういいましたが、私はいったんです。『パパ、私は彼に自力でやってほしいの。彼にはL・S・ロブソンの義理の息子ではなく、サム・ウォルトンでいてほしいのよ』」

一万人以上の町は立ち入り禁止

ヘレンの父親は優秀な法律家であり、銀行家であり、農場主であったが、彼女は私たちは独立すべきだと考え、私も同じ意見だった。セントルイスが一番いいように思われた。セントルイスには旧友のトム・ベイツがいて、彼もまた百貨店をやりたいと考えていたのだ。トムはシェルビナ時代からの友人で、父親は町一番の百貨店のオーナーだった。それに、私とは友愛会の寮でルームメイトでもあった。私はバトラー・ブラザーズの靴部門で働いていた彼に連絡をとった。

バトラー・ブラザーズ社は、二系統のチェーン店をフランチャイズ方式で経営する小規模な小売業チェーンだった。当時、小規模百貨店だったフェデレイテッド・ストア（今日《こんにち》では全米最大の百貨店チェーン）と、「ファイブ・アンド・ダイム」または「ダイムストア」（バラエティストアの俗称。ダイムは一〇セント硬貨）と呼ばれていたバラエティストア・チェーンのベン・フランクリンである。

トムは素晴らしいアイディアをもっていた。彼と私が共同経営者として二万ドルずつ出資し合い、セントルイスにあるフェデレイテッドの百貨店を買収しようというのだ。ヘレンと私は五〇〇〇ドルほど持っていたし、残りは彼女の父親から借りることができた。義父は私を全面的に信頼し、応援してくれていた。これで、大都市の百貨店のオーナーになるお膳立てはすっかり調ったのだった。

ところが、その矢先、ヘレンがある約束を私にさせたのだ。

「サム、私たちは結婚してから二年間に一六回も引っ越したわ。私はあなたの行くところならどこでもついて行くつもりよ、大都市以外ならね。人口一万人以上の町は駄目よ」

そんなわけで、人口一万人以上の町は、ウォルトン家の立ち入り禁止地域になったのである。それからおよそ二〇年後のウォルマート初期の経営戦略を知っている人は、私の妻ヘレンのこの言葉がその後の方向を決めたのだとわかるだろう。小さな町に出店するというのが、ウォルマートの初期の出店戦略だった。

誰からでも学べる

ヘレンはまた、共同経営もリスクが多いのでやめよう、といいだした。彼女の家族が共同経営で痛い目にあったのだ。やるなら一人で、とヘレンは強硬に主張した。

そこで私は、もう一度バトラー・ブラザーズへ行き、どこかほかに私がやれる店がないか調べてみた。アーカンソー州ニューポートにバラエティストアのチェーン店、ベン・フランクリンのフランチャイズ店舗が一つあった。ニューポートはミシシッピ・デルタ地帯にある、人口七〇〇〇人の綿花と鉄道の町だった。私がまだ軍服を着ていたころ、セントルイスから列車で立ち寄った町で、今や私の夢であるその店についても、少し調べたことがあった。セントルイス出身の男がオーナーだったが、全然繁盛していなかった。損失も出しており、彼は一刻も早く店を処分したがっていた。

今思えば、私はフランチャイズ・チェーンの本部であるバトラー・ブラザーズが、不振店のオーナーを救うために送ったカモだったのだろう。当時私は二七歳、自信満々ではあったが、こうした契約を見定める知識がなかった。私は一も二もなく飛びつき、その店を二万五〇〇〇ドルで買った。五〇〇〇ドルは自己資金、あとの二万ドルは義父からの借金だった。契約に関する無知は、のちに大きなツケとなり、私を悩ませることになった。

だが当時は、ニューポートの町もベン・フランクリンの店も将来性十分だと確信していた。私は一つの目標を立てた。この小さな店を、五年以内にアーカンソー州一の店、もっとも収益性の高いバラエティストアにする、という目標だ。自分にはその能力があると信じていたし、やれると思った。だとしたら、やらない手はない。目標を決めて試してみる。うまくいかなくても、やってみる楽しみはあるのだ。

契約後に初めてわかったのだが、そのベン・フランクリンは本当にスカだった。七万二〇〇〇ドルほどの年商があったが、賃貸料を売り上げの五パーセントもとられた。最初は妥当な線だと思っていたのだが、バラエティストア・チェーン業界としては法外に高い率だということがあとでわかった。それに、十字路をはさんだ向かい側に、強力な競争相手、スターリング・ストアがあった。そこの辣腕《らつわん》店長、ジョン・ダナムは年間一五万ドル、つまりこちらの二倍を売り上げていた。

自信はともかく、バラエティストア経営の経験はまったくなかったので、同じ州の別の町にあるベン・フランクリンに二週間の研修に行くことになった。それを終え、一九四五年九月一日、私は晴れて独立し、自分の事業をスタートさせた。店は典型的な昔ながらのバラエティストアで、間口五〇フィート（約一五メートル）、奥行き一〇〇フィート（約三〇メートル）。鉄道線路に近く、町の中心部の大通りに面していた。当時は各売り場にカウンターがあり、レジスターが置かれ、店員が立っていた。また、客の応対も店員がしていた。セルフサービスという概念がまだ生まれていなかったのだ。

まったくの素人《しろうと》で無知であったことが、かえってその後の私にとって幸運になった。というのも、おかげで、その後ずっと私を支えてきた教訓をそこで学んだからである。それは「誰からでも学べる」ということだ。小売業に関する本はどれも役に立たなかった。おそらく私がもっとも学んだのは、通りの向こうのスターリング・ストアのジョン・ダナムからだった。

ヘレン・ウォルトン

「店を経営するためには勉強することがいっぱいありました。それに、もちろん、サムを駆り立てていたのはジョン・ダナムへの競争心でしょうね。サムは絶えずジョンのやり方を学んでいました。彼のつけた値段、ディスプレー、売れ行きをつねに観察して改善する方法を模索していたんです。パンティの価格競争なんていうのもあったわね。ニューポートを離れたずっとあとも、引退したジョンによく会っていますが、いつも『サムはよく僕

ニューポートに開いた最初のベン・フランクリンの店。

の店に来たな』って笑うんですよ。でも、当時は少しイライラしたのじゃないかしら。それまで、サムほどの競争相手はいなかったでしょうから」

ベン・フランクリンのフランチャイズ制度に従って店を経営することで、多くのことを学ぶことができた。それは素晴らしいシステムで、店を経営するためのノウハウがきわめて効率的に組み立てられていた。それ自体が勉強だった。独自の会計システムやマニュアルがあり、商品一覧表、支払勘定書、損益決算書などがあった。ビート・イュスタデイ（昨日に勝て）という、前年と今年の営業利益や売上高を日々比較できる台帳もあった。自営業者が店を経営し管理するのに必要な道具一式が揃っていたのだ。私には会計の経験がなく、大学でも会計学は得意とはいえなかったので、マニュアルに従って店を経営していた。事実、ほかの面ではベン・フランクリンの規則を破り始めてからも、会計システムだけはそのまま使った。ウォルマートの初期の五、六店でも、なおこの方式を採用していたほどである。

何でも吸収したいという意欲旺盛な二七歳の若造にとって、そのフランチャイズ制度は非常に役に立ったのだが、同時に、フランチャイザーのバトラー・ブラザーズは、各店舗が彼らのシナリオに忠実に従うことを求めていた。店独自の経営をする自由はあまりなかったのだ。商品はシカゴ、セントルイス、カンザスシティなどから配送されてきた。そしてどの商品をいくらで売るべきか、卸値《おろしね》はいくらかを一方的に告げてきた。彼らの商品構成はお客のニーズにかなったものだというのだ。また、店に置く商品の少なくとも八〇パーセントを彼らから買うことになっており、そうすれば年末にリベートがもらえた。もし、六～七パーセントの純利益をあげたいなら、従業員を増やし、多くの宣伝をする必要があるともいわれた。これが、フランチャイズ方式の一般的なやり方であった。

薄利多売の原理を知る

最初はほかによい知恵もないまま、マニュアル通りにやっていたが、すぐに自分で実験を始めた。それが今も昔も変わらぬ私の流儀である。私は独自の販促計画を立て、まもなくメーカーから直接商品を仕入れ始めた。メーカーには何度も足を運んで交渉した。「このリボンとネクタイをバトラー社を通さず直接買いたい、彼らを通すと二五パーセントも余分に払わなければならないから、直接売ってほしい」などと掛け合ったものである。たいていのメーカーはバトラー社を怒らせたくはないので、私の申し出を退《しりぞ》けた。だが、たまに話がまとまることがあり、私のいう通りにしてくれる業者も見つかった。

これが、ウォルマートで現在も続いている商慣習と哲学の多くの始まりである。私はつねに規格からはずれた業者や仕入れ先を探し求めてきた。やがて私は、商品を安く卸《おろ》してくれる業者を求めて、テネシー州まで足を伸ばすようになった。記憶に残っている業者に、ユニオンシティのライト・マーチャンダイジング社がある。私のような小さな取り引き相手に安い卸値で売ってくれる会社だった。

私は一日中店で働いてから閉店間際に店を出て、強風のなか車を走らせた。それからミシシッピ川を渡るフェリーに乗り、テネシー州に入るのだ。私の車には古い手製のトレーラーが連結されていたが、売れそうなものは片っ端からその車とトレーラーに積み込んだ。たいていは婦人用のパンティ、ストッキング、男性用のシャツなどだった。値段を安くして並べると、飛ぶように売れたものだ。案の定、ベン・フランクリンの連中はカンカンになった。彼らの儲けがなくなるうえに、私の買い付けた値段に太刀打《たちう》ちできなかったからだ。

だが、私はテネシー州よりさらに遠くへと触手を伸ばし始めた。そのうち、ハリー・ウエイナーというニューヨークのブローカー（仕入れ代行業者）と手紙で接触することができた。彼のビジネスはきわめて単純だった。さまざまなメーカーに直接出向き、彼らの製品リストをつくる。私のような個人経営店が注文を出すと、彼が五パーセントのマージンをとり、工場に発注して製品を注文主あてに配送させるのだ。五パーセントというのはベン・フランクリンの二五パーセントに比べると、ずっといい条件に思えた。

ハリーとの取り引きで忘れられないのは、最高の商品を仕入れたうえに、価格設定について重要な教訓を学んだことだ。これはその後、ウォルマートの哲学の土台になったものだが、私がそれを思いついたのは彼との取り引きのおかげである。もし「ウォルマートはどうやって成功したか」に興味がおありなら、ぜひとも注意を払って読んでほしい。

ハリーはウエストに伸縮性のあるトリコットのパンティを、一ダース二ドルで売っていた。私たちは同じような商品をベン・フランクリンから一ダース二ドル五〇セントで買い、三枚一ドルで売っていた。だが、ハリーの言い値なら、四枚一ドルで売ることができ、店の宣伝にも大いに役立つのだ。

これはきわめて単純な原理である。同じころ、他の人々もそれに気づき、ついには全米の小売店の販売方法と消費者の購買行動を変えてしまったほどだ。

つまり、ある商品を八〇セントで仕入れたとして、それを一ドル二〇セントで売るよりも、一ドルで売るほうが三倍以上多く売れる、という原理である。一個当たりの利益は半分だが、しかし三倍売れれば総利益はずっと大きくなる。簡単な話だが、これがまさにディスカウントの真髄《しんずい》なのだ。価格を安くして販売量を増やせば、高い価格をつけるより結局は儲かる。業界の言葉でいえば、「薄利多売で儲ける」である。

私はニューポートで初めてこれを思いついたのだが、それを本格的にやるにはさらに一〇年の歳月が必要だった。それに、ベン・フランクリンの制度が厳しすぎて、ニューポートでは続けられなかったのだ。それに、ハリー・ウエイナーのような業者と取り引きする一方で、私は商品の八〇パーセント以上をベン・フランクリンから買うという契約に縛《しば》られていた。約束を破れば年末のリベートがもらえなくなる。そこで、できるだけ外部から仕入れる一方で、八〇パーセントの約束も守ろうとしたのだ。

じつをいえば、私はこの契約を自分に有利になるように、いろいろ工夫していた。当時ベン・フランクリンの現場監督であったチャーリー・バウムは、「七〇パーセントしか買っていない」などとよく文句をいったものだ。そのたびに、私は彼に食ってかかり、激論を闘わしたものである。彼らがあまりとやかくいわなかったのは、私の店がかつての業績不振から一気に好調に転じ、その地区で業績がトップになったからであろう。

変化し続ける

ニューポートでは、短期間にすべてが急速によい方向へ向かった。わずか二年半で義父への二万ドルの借金も返済し、私は大いに満足していた。それは事業が軌道《きどう》に乗った証拠であり、自分の道を着実に歩んでいると実感していた。

私たちは販促のためにさまざまな工夫をこらしたが、それが見事に当たった。まず、ポップコーンの機械を歩道に出したところ、爆発的な売れ行きだった。そこで考えに考えた末、次の手はソフトクリームの機械でいこうと決めた。私は勇気を奮《ふる》い起こして銀行へ行き、一八〇〇ドル借りた。この種の買い物にしては、当時は、天文学的数字のように思えたものだ。銀行から金を借りるのも初めての経験だった。こうして、ソフトクリーム機を歩道に出してポップコーン機に並べたのだが、たしかにこの二つの機械は人目を引いた。これもまた新しい試《こころ》み、実験の一つだったが、実際に利益もあがった。二、三年で借金を返すことができたことに、私は満足した。ばかげたアイスクリーム機のために無一文になった男、などと世間で噂《うわさ》されたくはなかったから。

チャーリー・バウム

「サムの店は大繁盛だった。アイスクリーム機を置いている店なんて、ほかにはなかったからね。皆それがお目当てだったし、本当に素晴らしかった。ところがある土曜日、その機械を掃除し忘れたことがあった。たまたま、その翌日、私は顧客を連れてサムの店のショーウインドーを見せに行ったんだが、なんと、窓にハエがびっしりたかっていたんだ」

事業が順調だからといって、けっして手を抜くことはしなかった。実際、私は絶えず改善するためにあれこれ工夫した。こうした私のやり方が、のちのウォルマート成功の最大の要因になったと思う。私の店はフロント通りに面しており、最大の競争相手であるジョン・ダナムのスターリングが、ヘイゼル通りをはさんだ向かいの角にあった。ダナムの店は私の店より少し狭かったが、私が店を買う前はこちらの二倍の売り上げがあった。それでも、私たちは次第に力をつけ、以前の年商七万二〇〇〇ドルに対して、初年度は一〇万五〇〇〇ドル、翌年には一四万ドル、その次の年は一七万五〇〇〇ドルになっていた。

ついに、ヘイゼル通りの向こうのベテラン、ジョンに追いつき追い越すことができたのだ。だがそんな矢先、彼の店が隣にあるスーパーマーケットのクローガー食料品店（現在全米最大のスーパーマーケットチェーン）を買い取って、店を拡張するという噂を耳にした。そのころには私は地元の人々とも馴染《なじ》みになり、地域の噂にも耳を澄ませていたので、それを知ったのである。

私はただちにクローガーの女地主に会いに、ホットスプリングズへ行った。そして、スターリングではなく私と契約するように何とか説得に成功した。そこをどうするかはまだ考えていなかったが、とにかく、スターリングにだけは渡したくなかったのだ。

結局、そこに大型のバラエティストアを開くことにした。当時、ニューポートには数軒の百貨店があったが、その一つを私のベン・フランクリンの地主が所有していた。そのことが、のちに起こったトラブルと関係があったのかどうか定かではない。だが、その時は思いもしないことだった。

私は計画を立て、看板を買い、ネブラスカの業者から陳列器具を購入し、商品を仕入れた。婦人服、ズボン、シャツ、ジャケット等々、売れそうなものは何でも揃えた。ベン・フランクリンのスーパーバイザー、チャーリー・バウムが開店準備を手伝ってくれた。私の知る限り、この方面で彼の右に出る助っ人はいない。私たちは水曜日に駅で陳列器具を受け取ると、店内に配置し、商品を並べた。そして六日目の月曜日には開店にこぎつけていた。イーグルストアという名前をつけた。

これで私はフロント通りに面して二つの店をもつことになった。私は商品を持って通りを行ったり来たりした。一方の店で売れなければ、もう一つの店で試してみたのだ。二つの店は競争関係にあったが、それほど食い合うことはなかったと思う。当時、ベン・フランクリンはすこぶる順調だった。イーグルのほうはそれほどの儲けはなかったが、向かいの大きな百貨店よりはましだったと思う。私が二つの店を往復していたので、そこで初めてベン・フランクリンの副店長を雇う必要が出てきた。こうして、復員していた弟のバドが、私と一緒に働くことになったのである。

バド・ウォルトン

「あのニューポートの店が、今日のウォルマートの出発点だった。私たちは何でもやった。窓拭《まどふ》き、床掃除、ディスプレー、倉庫の在庫整理、検品。店を切り盛りするのに必要なことは何から何まで。経費は最小限に抑えなければならなかったのだ。経費節減で資金をつくっていった。サムのやり方はいつもまっとうで、つねに新しいことを試みていた。でも、一つだけ、彼を恨《うら》んでいることがあってね。あのいまいましいアイスクリームの機械を掃除させられたことさ。私は子供のころから牛乳や乳製品が嫌いなんだが、リムはそれをよく知っているくせに、わざと私にやらせたんだ。サムは今でもそれを冗談のネタにしているよ」

そのころの私たちは、すべてに満足していた。妻のヘレンと私は地域の活動に熱心なほうで、実際、かなり参加していた。私自身はキリスト教のメソジスト派だったが、地元の長老派教会に参加しうまくいっていた。ヘレンも私も子供のころ教会で教えられたので、子供たちも教会からよい影響を受けてほしいと考えたのだ。教会は、とくに小さな町では、重要な役割を果たしている。社交の場としても、奉仕の場としても、欠かせない存在である。ヘレンは教会の奉仕活動に熱心で、今でも国際的な婦人組織であるＰＥＯに参加している。四人の子供たちも順調に育っていたし、ヘレンもニューポートが大いに気に入っていた。私は教会の理事になり、ロータリークラブで活躍し、町の商工会議所の会頭と産業委員会の委員長を務めていた。町のあらゆる活動にかかわっていたといっていい。

たまたま、私たちの店が面しているフロント通りの向かいに、JCペニーがあった。私たちはそれほど競争することなく、店の店長とも親しくしていた。ある日、ニューヨークからブレイクという身なりのバリッとした監査人が店を見回りに来て、店長とおしゃべりした時、店長が彼にいった。

「そうそう、ニューポートにもペニー出身の男がいるんだ。数年前にやって来て、ベン・フランクリンの売り上げを二倍にし、今じゃ、二つの店をもち、商工会議所の会頭までやってるよ」

店長がそれはサム・ウォルトンという男だというと、ブレイクは卒倒しそうになった。

「まさか、デモインの店にいたあの若造じゃないだろうな。やつがそんなに出世するはずがない」

彼は私の店にやって来て、その男がまさしくあの字の下手《へた》くそな若造だとわかった時、私たち二人は大いに笑い合ったものである。

ニューポートでの私の五年間はきわめて順調で、私は自分の目標を達成していた。あの小さなベン・フランクリンを年商二五万ドル、純利益高三万ドルから四万ドルの店にしたのだ。ベン・フランクリンとしてはアーカンソー州だけでなく、六州全体でも売上高、純利益高ともにナンバーワンだった。バラエティストアとしてもアーカンソー州一であり、おそらく近隣の数州のなかでもトップだっただろう。

もちろん、アイスクリーム機のように、私の突飛な思いつきがすべてうまくいったわけではない。だが、すぐには立ち直れないほどの大きな経営上のミスはしなかった。だが、そもそもの出発点で、私は法律上のミスを犯していたのだ。独立して商売を始めたころの興奮状態のなかで、ベン・フランクリンの借地契約に、最初の五年の契約期間が切れたあとの、契約更新権が私にあるという条項を、付け加えるのを忘れていたのである。

突きつけられた挑戦状

私たちのベン・フランクリンの成功は、百貨店のオーナーでもある地主の興味を引いたのだった。彼は、町にはほかに私が店を出す場所がないことを承知で、いかなる条件でも契約を更新しない、と告げてきた。おまけに、フランチャイズ権、陳列器具、在庫などの一切をかなりの額で買い取りたいと提案さえしてきた。その店を息子にやらせたかったのだ。私は手の打ちようもなく、ただ諦《あきら》めるほかなかった。ただし、イーグルストアの借地権はスターリングのほうに売った。私のよきライバルであり教師であったジョン・ダナムが、念願の店舗拡張ができるようにと。

この時期は、私の実業家人生で最悪の時だった。わが身に起きたことが信じられず、まるで悪夢を見ているような気持ちだった。店を地域一番のバラエティストアにし、懸命に働いてきた。すべてやるべきことはやったのに、町から追い出されるのだ。こんな不公平はなかった。私は借地契約でミスを犯した自分を責め、地主に猛烈に腹を立てた。ヘレンは四人の子供とともにすっかり町に溶け込んでいたので、ニューポートを去ることでがっかりしていた。だが、去らなければならなかった。

私は自分の不運にいつまでもくよくよする人間ではないし、その時もそうだった。真剣にそれに取り組めば、災《わざわ》いも福に転じることができる、というのは時代遅れの格言ではない。私はいつも、トラブルとは自分に突きつけられた挑戦状だと考えており、この時もそう考えた。

こうした経験が私を変えたかどうかはわからない。わかっているのは、それ以降、契約書をもっと注意深く読むようになったことだ。また世間がそれほど甘くないとわかって、用心深くなったことだろう。当時六歳の長男ロブを、法律家にしたいと考えるようになったのは、そのころだったかもしれない。だが、私はいつまでも絶望してはいなかった。挑戦状を突きつけられたのだ。私はそれを受けて立たなくてはならない。最初からもう一度、だが、今度はもっとうまく。

ヘレンと私は新しい町を探し始めた。

第三章　再起をかけた闘い

再出発はたった三〇〇〇人の町から

ヘレン・ウォルトン

「当時、ニューポートは綿花で栄えている町でした。家族はそこで生活を築いてきたので、去らなければならなくなった時は、かなり悩みました。そのことでたびたび愚痴《ぐち》ったものです。ニューポート時代の友だちとは今でも付き合っています」

ニューポートでの体験は私の自尊心を傷つけはしたが、私の手元にはベン・フランクリンの店の売却金として、五万ドル以上が残った。差引勘定では恵まれていたというべきだろう。私には前途があり、経営のノウハウも学んでいた。三二歳にして、商人として羽根が生え揃ったところであり、あとは、新しい店舗を手に入れさえすればよかったのだ。

一九五〇年春、私とヘレンと子供たちは、店舗を探し求めて車で走り回った。いろいろな点で、アーカンソー州北西部が魅力的に思われた。まず、ヘレンにとっては故郷のクレアモアに近いこと。そして私にとっては、ウズラ猟のよい猟場が近くにあることだ。そこはオクラホマ、カンザス、アーカンソー、ミズーリに接する地方で、シーズンごとに四つの州の猟場で猟ができるのだ。

私たちはオクラホマとの州境の町、サイローアムスプリングズで、ある店を買おうとした。だが、オーナーのジム・ドッドソンとの話がつかなかった。彼とは後々までよき友人となったのだが。

ある日、義父と私はベントンビルに立ち寄り、町の中心部を見て回った。当初予想していたよりずっと小さく、また町の大きさからしてバラエティストアが一つあればすむはずなのに、すでに三店もあった。それでも競争好きの私には、この町が再起をかけるのに最適な場所だとひらめいたのだ。ハリソンズという名のバラエティストアを譲ってもらえることになったが、私にはその二倍の広さが必要だった。そこで、隣の理髪店も九九年契約で借りようとした（五年契約にはこりごりだった）。だが、理髪店を所有していた二人の高齢の未亡人が、なかなか承知しなかった。正直なところ、もしヘレンの父親が、私に内緒で交渉の労をとってくれなかったら、ウォルトン家はどうなっていたかわからない。

ヘレン・ウォルトン

「鉄道は通っていましたが、ベントンビルは本当に寂しげな町でした。主にりんごの産地として知られてはいました。当時すでに養鶏《ようけい》も盛んになりかけていたのですが、こんな町に住むなんて、と思ったものです。ニューポートの人口七〇〇〇人に比べて、ここはたった三〇〇〇人。その店も本当にちっぽけな昔の田舎風《いなかふう》のつくりで、レースの缶、帽子の箱、ドレスの型紙など、どこにでもあるありふれたものしか置いていませんでした。でも落ち着いてすぐに、私にはうまくいくとわかりました」

セルフサービス方式を導入する

こうしてまた、私は自分の店をもつことになったのである。ニューポートの店の売上高二五万ドルに比べると、今度の店は前年の売上高が三万二〇〇〇ドルにも達しなかった。だが、私には雄大な計画があったので、そんなことは問題ではなかった。私たちは、バラエティストアと理髪店との境の壁を取り払い、天井《てんじょう》からぶら下がっていた暗い電球を取り外《はず》して、蛍光灯の照明器具を取り付けることから始めた。こうしてまったく新しい店に改造したのである。店舗面積は当時のベントンビルには大きすぎるほどの四〇〇〇平方フィート（約一一二坪）だった。

ベン・フランクリンのチャーリー・バウムが再び、助っ人として駆《か》けつけてくれた。かって彼が取り付けてくれたイーグルストアの陳列器具を取り外し、大型トラックに積み込んで、私が運転してニューポートからベントンビルへと運搬した。積荷がいくつかの点で違法だとわかっていたので、計量所を迂回《うかい》するため、舗装されていないでこぼこ道を走らなければならなかった。途中、トラックが激しく揺れたために、半分は壊れてしまったが、とにもかくにもチャーリーと私は、新しい店に陳列器具を備《そな》え付けることができた。

ちょうどそのころ、新聞にミネソタ州の二つの町のベン・フランクリンで、セルフサービスが開始されたという記事が出た。これは当時としてはまったく新しい売り方だった。私は一晩バスに揺られて、二つの小さな町にこれらの店を見に行った。店内には陳列棚がずらりと並び、平台が店の一番奥に二つあった。店員もいないし、売り場ごとのレジスターもなく、出入り口にチェックアウト用のレジがあるだけだった。私はそれが気に入り、さっそく、自分の店でもこのシステムを採用することにした。

チャーリー・バウム

「ベントンビルに店を移してすぐ、サムは大売り出しをやった。樽《たる》に下着をいっぱい詰めて、店内のあちこちに置いたところ、年配のご婦人がたが樽に近づき、腰をかがめて商品を手に取った。忘れられない光景だった。だが、サムはそれを見て顔をしかめたんだ。『チャーリー、ランジェリー部門を強化する必要があるね』当時は流行の移り変わりが激しく、まったく流行遅れの品もあったのだ」

チャーリーと私がベントンビルに開いた店は、全国では三番目、近隣の八州では最初のセルフサービスのバラエティストアになった。たぶん、町の人は知らなかっただろうが、これは大変な出来事だった。

一九五〇年七月二九日、私たちは初めて「ベントン・カウンティ・デモクラット」紙に、広告を出した。これは現在、ウォルマート・ビジターズセンター（ベントンビルの一号店がウォルマートの発展史博物館になっている）に展示されているが、大改装セールと銘打ち、「洗濯バサミ、一ダース九セント」「アイスティー用グラス、一個一〇セント」「お子さまには無料で風船を」などと宣伝している。すぐにお客がやって来て、その後も続々とやって来た。

店の名は「ウォルトンズ・ファイブ・アンド・ダイム」としたが、実際は、ベン・フランクリンのフランチャイズ店である。この店はニューポートの時と同じように順調にすべりだし、やがて大繁盛した。当時、この地域としては本当に素晴らしい、第一級の店だったのだ。

アイネズ・スリート（ウォルトンズ・ファイブ・アンド・ダイムの店員）

最初のウォルトンズ・ファイブ・アンド・ダイム。

「ウォルトンさんの人柄が、人を惹《ひ》きつけるのだと思います。一ブロックも先から、誰かれかまわず、大声で声をかけるんですから。だから皆に好かれたし、商売がうまくいったのも、彼の友好的な性格のおかげでしょうね。ウォルトンさんはいつも新しいことを思いついて、店で試していました。ある時、ニューヨークから戻って来て、こういったんです。『ちょっと、君に見せたいものがある。これは今年のヒット商品になるよ』見ると、当時ゾウリサンダルと呼んでいたものが箱に詰まっていました。今ではソングスと呼んでいますが。私は笑っていいました。『こんなの売れませんよ。足の指がすれて水ぶくれになるわ』でも彼はサンダルを一組ずつ紐《ひも》で縛《しば》って、通路奥の平台の上にどさっと置いたんです。値段は九九セントでした。これがなんと、飛ぶように売れました。商品があんなに飛ぶように売れるのを初めて見ました。あっという間に一山全部がなくなりました。町の人誰もがそのサンダルを持っていましたよ」

経験の結実

すぐに私は、他の町にも出店する計画を立て、店舗を探し求めて奔走《ほんそう》し始めた。もっと事業を拡大したいという野望もあったが、同時に、一挙に何もかも失ったあの失敗を二度と繰り返さないためでもあった。一九五二年までには、近隣のファイエットビルの町で、老朽化したためにスクラップしようとしていたスーパーマーケットのクローガーの店を手に入れることができた。その店は町の中心部にあったが、間口一八フィート（約五・五メートル）、奥行き一五〇フィート（約四六メートル）しかなかった。おまけに、同じ一角に、同業のウールワースとスコットストアがあった。

この二つの有力チェーン店に、一介の個人経営のバラエティストアが挑戦することになったのだ。というのも、今度の店はフランチャイズではなく独立してやるつもりだった。店の名はベントンビル店と同じ、ウォルトンズ・ファイブ・アンド・ダイムとした。今でも覚えているが、店舗を買った直後、広場で腰を下ろしていると、地元の古老たちが話をしているのが聞こえてきた。

「まあ、せいぜい六〇日、長くて九〇日だな。長くはもたんさ」

だが、私の店が競争相手と異なっていたのは、この店もまた時代を先取りして、完全なセルフサービス方式を採用していたことだ。これがその後も守られてきた、わが社の経営方針の出発点だった。絶えず新しいことに挑戦し、実験し、事業を拡大する、これがわが社の方針なのだ。

どういうわけか、ウォルマートについて長年、人々は誤《あやま》った印象をもっている。つまり、ウォルマートは、一人の中年男のひらめきから一夜にしてでき上がり、奇跡的な成長を遂《と》げた、というものだ。たしかに、一九六二年にウォルマート一号店がオープンした時、私は四四歳だった。しかし、それはニューポート以来の経験の結実であり、ほかで成功した新しい試《こころ》みを実行せずにはいられない私の性分がもたらしたものである。だから、一夜にして成功したという他のサクセス物語も実際は同じなのだろうが、私の場合は、二〇年近くにわたる積み重ねがあったのである。

店長の引き抜き

当然、新しい店を経営していくには、人手が必要だった。私にはそれほど資金がなかったので、恥も外聞も捨てて、優秀な人材を求めて他の店を覗《のぞ》いて回った。これは、小売業者としてのその後の人生を通じて、私が一貫してとった方法である。こうして、私は初めて本格的に人を採用した。最初の店長であるウィラード・ウォーカーである。

ウィラード・ウォーカー（ファイエットビルのウォルトンズ・ファイブ・アンド・ダイム初代店長）

「サム・ウォルトンに初めて会ったのは、彼が義兄のニック・ロブソンと一緒に、私が店長をしていたタルサのTG&Y（バラエティストア）に訪ねて来た時だった。サムは私と一時間ばかり話をし、質問を浴びせかけたあと、帰って行った。私はそのことを忘れていたが、あとで彼が電話してきて、ファイエットビルに新しい店を開くのだが、その店長の採用試験を受けてみないか、と誘ってきた。開店までの数日間の半分は無給で働き、倉庫に寝泊まりする、という条件だった。だが、利益分配制で報酬がもらえるというのが私には魅力的だった。TG&Yに辞表を出した時、副社長はこういったものだ。『いいかい。利益分配制といってもゼロはゼロさ』それでも、私はその仕事を引き受けた。

サムは毎日やって来て、私たちと同じように働いた。そして、ついにガラクタの山から立派な店をつくりあげたのだ。

サムはテネシー州で仕入れた商品をステーションワゴンで運び込んだ。それがことごとく当たってね。最初の年は、ベントンビル店の売上高が九万五〇〇〇ドル、私たちの店が九万ドルだったと思う。のちに、ウォルマートが上場した時、私は当時としては大金を借り集め、株を買いまくった。ある日、サムとバドが店にやって来た時、バドがいった。

『ウィラード、君が正気なら僕は何もいうつもりはないがね。君のほうが僕より信念があるようだ』私には会社が発展するのがわかっていた。経営政策は間違っていないし、サムは信じるに足る人物だからね」

その後も共同経営ということが魅力になって、多くの優秀な店長を集めることができたが、ウィラードほど多くの株を買った者はいない。もちろん、現在、彼はそのことに満足している。

当時は、店の宣伝となるアイディアや商品をつねに探し求めていた時期だった。フラフープがブームになったのは、ちょうどそのころである。大都市の店はどこもこれを大量に置いていたが、合成樹脂製の本物は値段が高く、入手が困難だった。そんな時、例のサイローアムスプリングズの店を売ってくれなかった男、ジム・ドッドソンが電話をかけてきた。フラフープと同じサイズの管をつくる業者を知っている、ついては半分ずつ資金を出し合い、自分たちのフラフープを製造してはどうか、というのだ。

私たちはすぐに実行に移した。彼の屋根裏部屋でフラフープをつくり、彼の店と私の店で大量に売ったのだ。アーカンソー北西部の子供は、誰もがフラフープを一つずつ持つという規則でもあるのかというほどの売れ行きだった。結局ジムはその後、ミズーリ州コロンビアのウォルマートの店長になって、一五年も働いてくれた。

「他社から学ぶ」ことこそ成功への近道

当時、店の陳列器具はすべてベン・フランクリンから購入していたが、当時の規格として、陳列棚などはすべてが木製だった。そこで私はスターリングではどうなっているか、視察に行った。

このように、私がやったことの大半は他人の模倣である。スターリングではすべて金属製の陳列器具を使っていた。私はベントンビルのジーン・ラウアーという男に頼んで、ファイエットビル店用に金属製の陳列棚をつくってもらった。こうして私の店は、一〇〇パーセント金属製の棚を備えることになったのである。今日《こんにち》ではどこでも金属製を使っているが、バラエティストアとしては私の店が最初だったと確信している。ジーンはウォルマート一号店の什器《じゅうき》も手がけてくれ、引退するまでの二一年間、わが社のために働いてくれた。引退後はウォルマート・ビジターズセンターで働いている。

チャーリー・ケイト（ファイエットビル店の在庫係、のちウォルマートの店長）

「サムはいつも古いプリマスを運転して、ファイエットビル店にやって来た。車いっぱいに荷物を積んでいるから、運転するのも窮屈そうだった。何を積んでいたかって？　三枚一ドル、四枚一ドルの婦人用のパンティや、パンティストッキングさ。サムは店に来ると、奥の陳列台に陣取って、こういった。『さあ、チャーリー、こっちの特売用のケースには三枚一ドル、あっちのケースには四枚一ドルのパンティを入れてくれ。そして、その間にストッキングのケースを置くんだ。あとは売れるのを見ているだけでいい』実際それはよく売れた。すごい勢いで」

ショッピングセンター開発に失敗！

私が二つの店やテネシー州の仕入れ先、それにカンザスシティのベン・フランクリン地区本部などを駆け回っていた間に、弟のバドも借金をして自分の店をもった。ミズーリ州の人口二〇〇〇人の小さな町で、ベン・フランクリンを開いたのだ。私たちは連絡を取り合ってはいたが、一緒に事業をしていたわけではなく、バドは所帯をもって独立し、うまくやっていた。ある時、カンザスシティへ行ったところ、ラスキンハイツという巨大分譲地で、ある計画が進んでいるという噂《うわさ》を耳にした。その分譲地の真ん中に、一〇万平方フィート（約二八〇〇坪）のショッピングセンターができるというのだ。当時としてはまったく新しい売り方だった。中央に、A&P（スーパーマーケット）、ベン・フランクリンが入り、端にクラウン・ドラッグストア、その間にいくつかの小店舗が入る予定だった。

私はすぐにバドに電話して、現地に呼び出した。「ここに賭《か》けてみる気はないか？」というと、バドは「やってもいい」といった。そこで、私たちは借りられるだけの金を借り集めて、ラスキンのベン・フランクリンに半分ずつ出資し合うことになったのだ。

当時、私のなかにまだ小売業の将来性に対して一抹の不安が残っていたとしても、ラスキンハイツでの成功がそれを吹き飛ばしてしまった。この店の売り上げはおもしろいように伸びていった。一年目は売上高二五万ドル、純利益高三万ドルだったが、売上高はすぐに三五万ドルになった。ショッピングセンターがこれほど人の心を捉《とら》えたのを見て、「ああ、これは今後起こることの前触れだ」と予感した。

そこで、私はまとまった金もないのに、アーカンソー州に自らショッピングセンターを開発する事業に乗り出したのである。私はこの事業のパイオニアになるという考えに取り憑《つ》かれて、リトルロックへ向かった。よい区画を手に入れかけたのだが、スターリングと手を組んだ大手タイヤディーラーが私を出し抜いてそこを買ってしまった。ちなみに、それがその町最初のショッピングセンターになった。

それでも、私は強気だった。一九五〇年代なかばに、アーカンソー州にショッピングセンターを開発するという計画を売り込もうとして、二年間近くも奮闘した。今にして思えば一〇年早すぎたのだが。ついに、ある土地の選択売買権を手に入れ、地区の通りを一本舗装するという条件で、クローガーとウールワースとの賃貸契約にこぎつけた。私はさっそく舗装に必要なお金を集め始めた。だが、そのうち事態がこじれにこじれてしまった。

ついに、敗北を認めざるを得なくなった私は、この事業から一切手を引き、再び小売業に専念する決心をしたのだが、その損失は二万五〇〇〇ドルにも達した。ヘレンと私が一ドルずつ数えていたころのことである。これは私の事業家としてのキャリアのなかでも最大の失敗だったといえるだろう。たしかに、この経験から不動産業について多くのことを学んだ。それがのちに何かの役に立ったこともあるかもしれないが、それにしても、もっと安く学ぶ方法があったはずである。

デビッド・グラス

「サム・ウォルトンが他の人々と違っている点が二つある。一つは、毎朝、何かを改善しようと決心して起床すること。第二は、間違いを犯すことを恐れないことだ。彼は間違っていたとわかると、それをあっさり捨てて、すぐに軌道《きどう》を修正する」

不動産で失態を演じている間も、むろん私は店の経営には力を入れていた。実際、一九五七年五月二〇日のあの日まで、すべては順調だった。その日のことは一生忘れられない。バドが電話をかけてきて、ラスキンの店を竜巻が襲ったと知らせてきたのだ。「まあ、窓ガラスが少し吹き飛ばされた程度だろう」と答えたが、あとで急に心配になってきた。現地との連絡がつかなかったので、自分の目で確かめようとカンザスシティに出向いた。着いたのは午前二時、なんと、ショッピングセンター全体がほとんど壊滅状態だった。従業員で重傷を負った者はいなかったが、店自体はほぼ完全に消えていた。

商品や設備に保険を掛けていたとはいえ、バドと私には大打撃だった。その店は私たちの最高の店であり、二人が夢中になっていた店だった。それが一瞬にして跡形もなく消えてしまったのだ。私たちはすぐに再建にとりかかり、なんとか営業再開にこぎつけたが、そのころには、私には回るべき場所が多すぎて、運転に時間をとられ、他のことに手が回らなくなっていた。飛行機を使ったらどうか、と思いついたのはそのためである。

飛行機と出店熱

バド・ウォルトン

「ある日、サムが電話でこういった。『カンザスシティに来てくれ。飛行機を買いたいんだ』私は仰天した。つねづね、サムは最悪のドライバーだと思っていたし、父でさえ自分が乗る車はサムに運転させなかったほどだから。私は『すぐに命を落とすはめになる』と思い、彼を思い留まらせようとした。だが、彼は一人でも見に行くと言い張った。

結局、私は行かなかった。だって、彼にとって自殺行為だからさ。だが、あとで彼が電話をしてきて、例の飛行機は買わなかったが、オクラホマシティでエアクーペを買ったと告げた。ベントンビル空港で、サムの飛行機なるものを見た時のことは、一生忘れられないね。洗濯機用のモーターが搭載されていて、ブルルンといっては止まり、またブルルンと繰り返すんだ。外見も飛行機にはとても見えなかった。私は二年近くもその飛行機には近寄らなかったよ。

だが、リトルロックあたりにいくつか店をもつようになったある日、サムが『さあ、リトルロックへ行こう』といいだした。しぶしぶ、初めてサムの操縦《そうじゅう》する飛行機で森や山を越えたんだが、あれは私の人生でもっとも長い旅だったな。これが、ウォルマートの航空時代の幕開けだった」

バドはそういうが、私はあの二人乗りの飛行機が気に入っていた。向かい風でさえなければ一時間に一〇〇マイルも飛べるし、目的地へ最短距離で行けるからだ。私は長年、何千時間も飛行機を操縦しているが、エンジンが故障したのは一回しかない。あのエアクーペでフォートスミスから飛び立って、川を越えようとした時、排気管が吹き飛んだのである。世界の終わりかと思うような音だった。モーターが完全に止まったわけではないが、エンジンを切るしかなかった。一瞬、これで終わりかと思ったが、エンジンを止めたまま旋回して、何とか着陸できた。

空を飛ぶようになると、私は出店熱に取り憑かれた。大半はベン・フランクリンのフランチャイズ店だったが、アーカンソー州ではリトルロック、スプリングデール、サイローアムスプリングズに、カンザス州にも二つの町に店舗をもった。これらの店はすべてバドと私がそれぞれ合資会社として経営した。私の父、ヘレンの兄弟のニックとフランク、子供たち、その他の人々が共同経営者になっていた。子供たちは新聞配達で貯めたお金を投資したのである。

ジョン・ウォルトン（次男。カリフォルニア州でヨットの製造会社などを経営）

「信じがたいことだが、新聞配達で稼《かせ》いだ金と陸軍でもらった給料が、今では四〇〇〇万ドルにもなっている。これらの店に投資してきたおかげでね」

愛機とともに（1991年）。

一つの店で儲けた金はすべて次の店に投資する、その繰り返しだった。また、ウィラード・ウォーカー以来、店長はすべて共同出資者として採用した。たとえば、仮に店の資本金が五万ドルだとして、店長が一〇〇〇ドル出資すれば、二パーセント分その店の所有者になれるわけである。

ゲリー・ラインボース

「サムは一店につき、社員による一〇〇〇ドル以上の出資をすることを認めなかった。そのうちの六〇〇ドルは貸し付け、あとの四〇〇ドルで額面一〇〇ドルの個人所有の株を四株もらえた。彼が保障してくれたのは毎年利子を払うということだけで、利子は、当時四・五パーセントだった。ある時、別の店の店長が電話してきて、『君は店に出資する気かい』と聞いたので、『たぶん』と答えると、彼は『自分の金を貸して、彼に儲けさせるなんてご免だね』といった。そこで私は、ウォルトン氏に電話した。『彼はあの店に出資しないそうです。僕が代わりにしてもいいですか』彼がもちろん、といったので、私は二倍の出資をすることができた。こうしたことが、何度かあった」

わが社について調べている人々はこのころのことにほとんど関心を払わないが、じつはこの時期はきわめて順調な成長期だったのだ。一五年の間に、私たちは独立系バラエティストアとしては、アメリカ最大の経営者になっていた。とはいえ、事業そのものには限界があるように思えた。一店舗当たりの売上高がわずかだったので、全体でも大した額にならなかったのである。一五年たった一九六〇年でさえ、一五店舗で一四〇万ドルの年商しかなかった。

ここまで読めば、もうおわかりだろう。私は、自分の努力に対してもっと報《むく》われる事業をしたかったのだ。そして、その新事業を真剣に模索し始めた。

ディスカウントストア時代の幕開け

最初の大きな手掛かりはミズーリ州のセントロバートにあった。そこで学んだことは、当時ファミリーセンターと呼ばれていた、より大型の店舗を建てれば、一店舗当たり二〇〇万ドルを超す年商になるということだ。これは小さな町のバラエティストアでは考えられないような額だった。このことは程度の差はあれ、アーカンソー州のベリービルや、このベントンビルでも証明された。

草創期《そうそうき》のディスカウントストアの噂が私の耳にも入った。アン&ホープ（その創業者のマーティ・チェイスはディスカウントストア・ビジネスの父といわれている）、スパルタンズ・アンド・マンモスマート、ツーガイズ・フロム・ハリソン等々が北東部で一斉にディスカウントストアを始めていた。一方、私はかつてニューポートで、パンティの売価を安くして大量に売り、儲けたことを覚えていた。そこで私は東部から西部まで全国を回って大型店のコンセプトを学び始めた。カリフォルニアでは、ソル・プライスがディスカウントストアのフェドマートを一九五五年に始めていた。

地元に近いところでは、ハーブ・ギブソンが、「安く仕入れ、高く積んで、安く売れ」という単純なスローガンのもと、自分の店を始めていた。彼はどこよりも安く、どこよりも大量に売っていた。ダラス周辺などに次々と出店し、やがて一九五九年、ハワーズという名のフランチャイズ店でアーカンソー北西部に進出してきた。それはフォートスミスで大成功を収めたあと、ファイエットビルの中心街にも出店し、ついに私たちのバラエティストアと競争を始めたのだった。

行動を起こさなければならないとわかっていた。当地でディスカウントストアをやっているのは彼だけだったが、東部を見てきた私には、彼がやろうとしていることがわかっていた。地元ではそれを理解できた数少ない人間の一人だったと思う。そのころには、ディスカウントストア・ビジネスに将来性があることもわかっていた。だが、私はフランチャイズ制度に慣れており、それを続けたかった。ベン・フランクリンでの体験におおむね満足していたこともあるが、あれほど大規模な支援システムをもつ会社を設立することに躊躇《ためら》いがあったのだ。

そこで、私は使い慣れた黄色のノートを抱え、初めてシカゴのバトラー・ブラザーズの本社を訪ねた。そして、私がディスカウントストア・ビジネスに乗り出すのを支援してほしい、と頼んだ。バトラー社に仕入れ部門を担当してほしかったのだ。この時バトラー社が同意していれば経営も楽になり、私たち家族もこれまで同様、平穏な暮らしを続けられただろう。だが、彼らは関心を示さなかった。そこで次にギブソンに接触したが、彼もすでに自分のフランチャイズ店をもっていたので、一緒に組むのは無理だとわかった。

看板に込めた思い

残された道は二つしかなかった。近い将来ディスカウントストア・ビジネスの波が押し寄せて来て、大打撃を受けるとわかっていながらバラエティストアに留まるのか、それとも、自らディスカウントストアを始めるのか。もちろん、私はただ餌食《えじき》にされるのを待つつもりはなかった。たまたま、ベントンビルのすぐ隣は、ロジャーズというかなり大きな町だった。そこではマックス・ラッセルという男がベン・フランクリンのフランチャイジーをしていたので、私たちは出店できずにいた。私はこのラッセルに共同経営で人型店をやろうと提案し、説得に努めたが、彼も興味を示さなかった。

だが、私は計画を進め、ロジャーズに店舗を建設し始めた。これは家族をも巻き込む大事業だった。この店に関しては、ベン・フランクリンを当てにできなかったので、スプリングフィールドのある卸売《おろしうり》業者と取り引きすることにした。

このウォルマート一号店には誰も賭けたがらなかった。バドが三パーセント、アビリンのTG&Yから引き抜いたドン・ウィテカーが二パーセント出資してくれたが、残り九五パーセントは私が出資しなければならなかった。ヘレンはすべての手形に私とともに裏書きした。彼女の口添えで、私は自分一人より多くの金を借りることができた。家も土地も一切合財を抵当に入れた。そうでなくても、当時の私たちは、首まで借金につかっていたのである。

だが、今度こそ、本格的にディスカウントストア・ビジネスに入ろうとしていた。この難産だったウォルマート一号店から今日に至るまで、挑戦の連続ではあったが。

ボブ・ボーグル（ベントンビルのウォルトンズ・ファイブ・アンド・ダイムの初代店長）

「一九六二年の春のことだ。サムの操縦する飛行機に乗ってフォートスミスに向かう途中、サムがポケットからカードを取り出して、私に手渡した。そこにはいくつかの名前が書いてあった。サムは、どれがいいと思うか私に尋《たず》ねた。どの名前も三つか四つの単語があったね。『私はケチですからね。ウォルトンという名前を入れ、あとは買い物する場所だとわかる言葉だけでいいと思いますよ』私はそういって、カードの一番下に『W－A－L－M－A－R－T』と走り書きした。『これだと字数が少ないので安くすみますよ。たった七文字ですから』私はベン・フランクリンという看板を買ったことがあって、文字の取り付け代やネオンの修理代に金がかかるということを知っていたのだ。サムが何もいわなかったので、その話題はそれきりになった。

数日後、工事の様子を見に行ったところ、看板屋のレイバーン・ジェイコブズがすでに『W－A－L』までの取り付けを終わり、『M』の文字を持ってはしごを登るところだった。これなら別に天才でなくても、どんな名前になるかわかるさ。私は思わずニヤリとしたね」

看板についてはは大事なことがもう一つある。レイバーンに、一方の端に「低価格販売」、他方の端に「満足を保証」と書いてもらったのだ。この二つは今でもわが社の基本理念となっている。

ウォルマート一号店、開店する

何年にもわたってディスカウントストアの研究をし、半信半疑で実験もしてきたが、ついに全力をあげてこの世界に飛び込むことになったのである。一九六二年七月二日、ウォルマート一号店がついに開店したのだった。だが皆が皆、それを喜んだわけではない。

リー・スミス（ウォルマートの初期の従業員）

「ロジャーズには別の人が経営しているベン・フランクリンがあったので、一号店がオープンした時はちょっとした騒ぎでした。開店の日、買い物客の群れに混じって、シカゴからやって来たベン・フランクリンのお偉いさんがたが、まるで軍事使節団のように行進して来たんです、全員ストライプのスーツに身を固めて。そして、店の前にいた私に、冷たい声で『ウォルトン氏はどこかね』と聞くと、ありがとうもいわずに奥のサムの事務所に向かいました。

1962年7月、ウォルマート1号店がついにオープンした。

彼らは三〇分ほどで戻って来ましたが、また、さよならもいわずに行進して出て行きました。そのあとサムが店長と私に話してくれたんですが、最後通牒《つうちょう》を突きつけていったそうです。ウォルマートのような店をもうつくるな、というわけです。サムはベン・フランクリンをいくつももっていたので、内心脅威を感じたと思います。でも、それで引き下がる人ではないと、わかっていました」

正直にいうと、ロジャーズのウォルマート一号店はそれほど業績がよかったわけではない。年商一〇〇万ドルだったから、年商二〇万ドルから三〇万ドルの私たちの他のバラエティストアよりよかったのはたしかだが、あのファミリーセンターのセントロバート店の年商は二〇〇万ドルもあったのである。ロジャーズ店を出してから二年間というもの、私たちは息をひそめていた。その後、小さな町ハリソンと近くのもっと大きな町スプリングデールに二号店と三号店を出店した。ここでは当然、デビッド・グラスの話を紹介すべきだろう。これはすでに語り草になっているが、ウォルマートの偵察に来たデビッドが、ハリソン店の様子を見て仰天した話である。

デビッド・グラス

「当時、サム・ウォルトンという男がおもしろい商売を考えているらしいという噂が聞こえてきた。そこで、わざわざスプリングフィールドからウォルマートの様子を見に行った。私が知る限り、ハリソンのその店は最低だった。サムは、歩道にトラック二台分のスイカを積み上げ、駐車場ではロバを使ったイベントをやっていた。気温が一一五度（摂氏四六度）もある日で、スイカは割れ、ロバは駐車場を走り回り、もうメチャメチャだった。店の中も同じありさまで、床も泥《どろ》だらけだった。人はいいのだろうが、この男とは付き合うまいと思った。とにかく、ひどいものだった」

デビッドのいう通り、たしかにひどかったと思う。だが、彼はたまたま最悪の日にぶつかったのだ。当時の店はわずか一万二〇〇〇平方フィート（約三四〇坪）しかなく、天井までの高さは八フィート（二・四メートル）、床はコンクリートで、陳列棚も白木の厚板だ

１号店開店大売出しの広告。

った。それに比べ、同じハリソンのダウンタウンにあるスターリングは巨大店で、床はタイル張り、照明も明るく、什器も最高で、商品の陳列にも統一がとれていた。私たちのほうは何もかも一緒くたに並べ、売らんかなの姿勢が見え見えで、本当に醜悪《しゅうあく》だった。

　ただし、売価はスターリングよりも二〇パーセントも安かった。私たちは、人口六〇〇〇人の町で、ただ値段が安いという理由だけで、お客が納屋《なや》のような店で商品を買ってくれるかどうか試していたのだ。答えは「イエス」だった。お客は来てくれたし、買ってくれた。お客は立派な店より安い商品を望んでいることがわかったのだ。

　一方、スプリングデールでは別のこと、つまり、より大きな町では、大型で内装もいい店が本当にうまくいくのかどうか、試していた。スプリングデールのウォルマートは三万五〇〇〇平方フィート（約九八〇〇坪）あったが、この店はすぐにウォルマートの売り上げトップになった。

　おそらくあの日、ハリソンでは、多くの人がデビッドと同じ光景を目撃したことだろう。だが、私自身はかなり満足していた。三つのディスカウントストアを経営して、それがうまくいくとわかったからだ。ウォルマートは幸先のよいスタートをきり、将来性も十分だった。

だが、そのころには、ギブソンズをはじめ他のディスカウントストアも小さな町に目を向け始めていた。小さな町の可能性に気がついたのだ。私たちは急いで多店化をする必要に迫られていた。

＊訳注
米国における小売企業の業態類型（フォーマット）

●ディスカウントストア
売り場三〇〇〇坪前後で、商品は大衆・実用品だけに絞った大型セルフサービス店。非食品フォーマット中最大の勢力である。

家庭雑貨・消耗品、ヘルス&ビューティ（HBA）、ホーム関連用品、ホーム・ファッション、玩具、スポーツ、オート、ガーデン用品などを含む。大衆的で客層が広く、購買頻度《ひんど》の高いベーシックな商品に限るが、一方、流行の商品も揃っている。食品はグローサリー（生鮮食品を除いた食品）やスナックのみで、生鮮は扱わない。

何でもあるようで、しかし大型家電や家具、スーツなど、高額品は購買頻度が低いので扱わない。一流ブランド品（ナショナル・ブランド）は三〜四割引きで販売し、プライベート・ブランド（チェーンが独自に開発した商品）はさらに割安で、日本型スーパーストア（ダイエーやイトーヨーカ堂など）の半額かそれ以下の価格だ。コミュニティー型（中規模ショッピング・センター（SC）の核店となり、客の来店頻度は月に二〜四回。店内では一六〇リットル以上の大容量のカートを使って商品を購入する。営業時間帯は朝八時〜夜一〇時までが普通で、ウォルマートには二四時間営業の店もある。ウォルマートのほかにターゲット、Kマートなどがある。

日本にはまだ本格的なディスカウントストアがないが、イオン・グループの「メガマート」と「ミスターマックス」の二社がそれを目指している。

●スーパーセンター

ディスカウントストアの横にスーパーマーケットを組み合わせたフォーマットで、チェックアウトは一ヵ所にまとめている。

ウォルマートは米国内でディスカウントストアの出店が飽和状態に近づいているため、生鮮を含む食品部門を追加することで、規模を拡大中。出店立地はディスカウントストアと同様に、コミュニティー型（中規模）SCである。日本に出店しているフランスのハイパーマーケットのカルフールに似ているが、レイアウトは異なる。

日本ではイオン・グループがディスカウントストアの「メガマート」とスーパーマーケットの「マックスバリュー」を組み合わせてスーパーセンターの実験を始めている。

●メンバーシップ・ホールセール・クラブ

会員制の消費生活財主力のセルフサービス卸売店《おろしうり》。通常小売価格の三～四割引きで販売する。食品（生鮮の一部を含む）、家庭用品、衣料、文具、家電、スポーツ、ホーム関連用品など広い分野を扱うが、各品種の品目数は少ない。合計で三五〇〇～四〇〇〇SKUと絞っていて、売り場面積が一〇〇分の一の日本のコンビニと同じである。

各商品部門の代表的な品目を一品大量陳列をしているのである。売価を低く抑えるために粗利益率《あらりえきりつ》は一〇～一二パーセントと低く、そのため経費率を七～八パーセントで賄《まかな》うことが成功の鍵となる。

お客はパパママ・ストア（夫婦で経営しているような生業零細店）や小規模フードサービス業者が仕入れに、そして一般客なら消費頻度の高い品を安く、まとめ買いする目的で来店する。日本にはこのフォーマットとして全米第一位のコストコがすでに進出している。

●スーパーマーケット

生鮮食品とグローサリー（生鮮食品を除いた食品と日用品雑貨）に購買頻度が高い非食品を加えた、売り場面積八〇〇～一〇〇〇坪のセルフサービス店。ネバフッド（小型）ショッピングセンターに入居。その敷地は八〇〇〇～一万二〇〇〇坪もある。お客は週に二回買い物に訪れ、非食消耗品も購入する。

住宅地周辺に必ず数店あり、生活者にはもっとも身近なフォーマット。ウォルマートはスーパーセンターで食品小売りの経験を重ねてきたため、もっとも売上高占拠率の高いフォーマットであるスーパーマーケットのチェーン化の実験を始めた。

スーパーセンター、ディスカウントストアより商圏人口が小さくて成立するため、軌道に乗れば一大勢力になる。

第四章 流れに逆らい、川上を目指す旅

業界の異端児

チャーリー・ケイト

「ウォルトン氏はウォルマートを始めた当初から、今度の店はこれまでの店とまったく違うのだということを鮮明にした。彼は本格的なディスカウントストア・チェーンをつくりたかったのだ。いくつかの商品の値引きではなく、『すべての商品を値引きしたい』といっていた。だから、私たちはいつも他店より少しでも安くしなければならなかった。もし、ある商品が他のチェーン店で二五セントで売っているとしたら、うちは二一セントで売ったものだ」

スプリングデールでウォルマートを開いた時から、私はたしかな手応えを感じていた。

端を行くこと、である。

つまり実験し、新しいことに挑戦し、小売業の現状について絶えず学び続け、業界の最先えていた。だがこれは、それまでわが社がずっとやってきたことの延長にすぎなかった。的《てき》だった。ウォルマートの従業員もまた、サムのいつもの突飛な思いつきにすぎないと考これは成功するぞ、と心底思えたのだ。だが当時は、バドをはじめ、ほとんどの人が懐疑《かいぎ》

今ごろになってようやくわかってきたのだが、私の性格には互いに矛盾《むじゅん》する二つの面がある。私の本質的な価値観、つまり教会や家族、地域活動、政治などに関しては、私はかなり保守的で体制側の人間である。だが、こと事業となると、どういうわけか体制に反抗し、改革し、人々の先を行きたいという衝動に駆《か》られるのだ。業界では私はつねに現状を揺さぶり、混乱を生み出すのを好む異端者であった。時には、既存の体制に腹を立てたこともある。じつをいえば、バトラー・ブラザーズにディスカウントストア・ビジネスの考えを拒否された時、私は少し腹を立てた。おそらくそのことが私を発奮させ、自力で川上を目指そうという気にさせたのかもしれない。

ドン・ソーダクィスト(ベン・フランクリンの元社長、現ウォルマート最高業務責任者《COO》)

「初めてサムに会った一九六四年当時、私はベン・フランクリンのデータ処理係をしていた。サムはベン・フランクリン最大のフランチャイジーであり、またすでにウォルマート

一号店を開始してもいた。彼は小さな町にディスカウントストアを出すため、フランチャイズ権をとろうとしてわが社にやって来たのだが、役員たちはそれを拒否した。

その会談のあと彼は私に会いに来て、すぐにコンピュータについて尋《たず》ねたのだ。コンピュータをどう使っているのか、今後どう使っていくつもりか等々、何でも知りたがった。そして、私の話したことをすべて、黄色のノートに書きつけていた。

次の日の土曜日、私は普段着のまま近くのディスカウントストア、Kマートまで買い物に行った。衣料品売り場をぶらついていると、店員と話し込んでいる男がいた。『あれは昨日会った男のようだが』と思って近づいてみると、男は店員にこんな質問をしていた。『どのくらいの間隔で発注するの？ ……ああ、なるほど……量はどれくらい？ ……それで、火曜日に発注すると、いつ商品が入荷するんだい？』彼は聞いたことをすべて青い手帳に書き留めていた。次には四つん這《ば》いになって陳列台の下を覗《のぞ》き、引き戸を開けて、『発注する時、ここに残っている量をどうやって調べるの？』と尋ねた。

私は、サムに声をかけた。彼は四つん這いのまま私を見上げていった。『やあ、ドン。ここで何をしているんだい？』『買い物だよ。君こそ何をしてるんだ？』『自己教育の一環さ』もちろん、今でも彼は同じことをしている。もっとも、今は小型テープレコーダーを使っているが」

私が独力でディスカウントストアのチェーン化を進めているのを知った人は、私の頭が完全におかしくなったと思ったに違いない。当時のことを振り返ると、思わず笑いたくなる。一九六二年当時、ディスカウントストア業界はまだ草創期《そうそうき》で、ギブソンのようにキャデラックを乗り回し、大金を思うままに動かせる男たちであふれていた。だが一九六二年までこの業界には、本当の意味でいい創業者はいなかった。

記念すべき一九六二年

一九六二年は、四つの会社がディスカウントストアのチェーン展開を始めた記念すべき年である。まず、八〇〇店チェーンをもっていたSSクレスゲ（バラエティストア）が、ガーデンシティにKマートを出した。次に、小売業界の最古参ウールワース（バラエティストア）が、ウルコをスタートさせた。三番目は、ミネアポリスの百貨店チェーンのデイトン・ハドソンがターゲット一号店を開店した。そして最後に、アーカンソー州の片田舎《かたいなか》ロジャーズで、どこにも属していない一介の小売業者がウォルマートを開いたのだった。

当時、そしてその後もしばらくは、この最後の男に注目した人はほとんどいなかった。五年後も、Kマートの二五〇店に対し、ウォルマートは一九店、売上高はKマートの八億ドルに対し、こちらは九〇〇万ドルだった。だが、その後の三〇年間で、初期のディスカウントストア企業のほとんどは消え、この四つのチェーンのうち三つが順調に伸びて、業界の最大手になった。撤退したのはウールワースのウルコで、一方、規模も収益もトップになったのはアーカンソー州の片田舎の小売業者だった。私が思わず笑いたくなったのは、当時、こうなると人に信じてもらうのは、とても無理な話だったからだ。私でさえ、時に信じられないのだから。

しかし、生涯流れに逆らい川上を目指して泳いできて今いえるのは、ウォルマートの驚異的な成功の秘密の一端は、まさにこうした逆境のお陰だったということだ。絶好のチャンスの多くは必要に迫られて生じてきたものである。片田舎の小さな町で、資金もなく十分な融資も受けられずに始めたために、自ら学び行動せざるを得なかったことが、わが社のその後の発展に大いに役立ったのである。仮にウォルマートに十分な資金があったり、かつて私が望んでいたように大企業の系列に入っていたなら、ハリソンやロジャーズ、スプリングデールなどの小さな町にはおそらく出店しなかっただろう。この時期、私たちは最大の教訓を学んでいた。アメリカの小さな町には、誰も思いもよらないほど多くのビジネス・チャンスが転がっている、ということである。

「低価格販売」と「満足を保証」

クラレンス・ライス（ウォルマート一号店の二代目店長）

「スプリングデールにウォルマート三号店を出した時、サムは不凍液に赤札の安値をつけたいといった。そこで、トラック二、三台分の不凍液を仕入れ、一ガロン一ドルという値をつけた。さらにクレスト練り歯磨きを一本二七セントにした。おかげで、不凍液と練り歯磨きを買いにわざわざタルサからやって来る客もいてね。店があまりに混雑したので、消防署が来て、店を五分だけ開けて客を入れ、店内がすいてくるまで次の客を入れなかったほどだ。サムは釣りの道具箱をレジ代わりにして、猛スピードで会計をやっていたよ」

バラエティストア以来のサービスと満足の保証は引き続き守ってはいたが、正直なところ、あのころは今日《こんにち》のように品質重視を守っていたとはいいがたい。どこよりも安い価格で、という考えに取り憑《つ》かれていたのだ。私たちは完全にその考え方に徹し、経費を抑えるために誰もが必死に働いた。洒落《しゃれ》た店を建てたいとは思ったが、家賃は抑えなくてはならず、一平方フィート（三〇センチ四方）につき一ドル以上払いたくなかったのだ。実際、店の見映《みば》えは悪く、店とも呼べないほどだった。

アーカンソー州モリルトンに開いた八号店はまさに見ものだった。コカ・コーラの古い工場を借りたのだが、そこは五つのスペースに区切られていた。陳列器具を潰《つぶ》れかかったギブソンズから安く買い、それを梱包用の針金で天井《てんじょう》から吊《つ》るした。服は天井まで伸びたパイプに何段にも吊るし、棚は壁に針金で取り付ける始末だった。だがこれは本当に小さな町での話であり、この八号店もまた一つの実験だったのだ。

私たちには一定の方式というものがなかった。発注計画も定番商品もなく、コンピュータなどもちろんなかった。今考えると、当時のやり方は欠陥だらけだったかもしれない。だが、商品を少しでも安く売ることには徹していた。そして、その後一〇年間というもの、このやり方で拡大し続けたのである。また、小さな町という市場で顧客とのよい関係を築くこともでき、それが売り上げ上昇につながった。つまり、ウォルマートといえば、お客はすぐに低価格と満足の保証を思い浮かべるようになったのである。ウォルマートがどこよりも安く、万一商品が気に入らない場合はいつでも返品できる、ということが人々の間に定着したのだった。

クラレンス・ライス

「ロジャーズ店ができて一年ほどは、すべての商品が雑然と平台に積み上げられていた。ある時、サムが私に商品を仕分けするように指示したのが、部門別管理制の始まりだった。だが、一番記憶に残っているのは売価のつけ方だ。商品が入荷するとそれを床に並べ、送り状を取り出すんだ。売価についてサムは妥協を許さなかった。たとえば、送り状にある定価が一ドル九八セントで、仕入れ値がわずか五〇セントだったとしよう。最初、私はこういったものだ。『定価は一ドル九八セントですから、一ドル二五セントにしましょう』だが、彼はこういった。『駄目だ。五〇セントで仕入れたんだから、それに三〇パーセント上乗せするんだ。それ以上は駄目だ。安く仕入れた分の儲《もう》けは、お客に還元するのだ』もちろん、それがわが社の経営方針になった」

初めは独力でやっていくのは、いら立つことが多かった。定番商品がないうえに、在庫補充システムもなく、ベン・フランクリンにあったような在庫目録もなかった。決まった仕入先があるわけでなく、後払い仕入れができなかったから、営業マンが店にやって来るのを捕まえて、できる限り好条件で取り引きする以外なかった。プロクター＆ギャンブル（P＆G）、イーストマン・コダックなどの大手サプライヤー（商品納入業者）にはなかなか来てもらえなかった。たまにやって来ても、卸値《おろしね》も売価も一方的に決められた。P＆Gは一〇日以内に支払うと二パーセントの割り引きがあったが、一〇日以内に払えないと割り引きを取り消された。あえていえば、あのころ私たちは多くの卸売《おろしうり》業者の傲慢《ごうまん》さの犠牲者だった。彼らの態度は、「お前たちなど必要ない」といわんばかりだった。私にはまったく理解できない。私にとってお客はお客であり、売れるものは何でも売ろうと努力するのが当然なのだ。

最大の問題は、ヘルス＆ビューティ商品（衛生・美容商品、以下ＨＢＡ）を低価格で買い、在庫を保つことだった。これが初期のディスカウントストアの商品戦略だったのである。ディスカウントストアの基本商品戦略は、歯磨き剤、マウスウォッシュ、頭痛薬、石《せっ》鹸《けん》、シャンプーなどのベーシック・アイテムに仕入れ値ギリギリの安値をつけ、お客の注意を引いて店に来てもらうことだった。初期の経営者はこれを「イメージ商品」と呼んでいた。こうした商品をお買い得品として新聞で広告し、店内に高く積み上げれば「本当に安い」と評判になる。他の商品もすべて安くなっているのだが、三〇パーセントの値入れ率（売価を決める際の仕入れ原価への上乗せ分）を上乗せしているのに対し、HBA商品は原価販売なのである。

「今すぐ実行して、やり遂《と》げよう」

日々の業務に手一杯だったので、会社の組織をつくりあげる時間はなかった。私は本部事務所をベントンビルから近くの古いガレージに移し、三人の女性と経理をやっていた。私たちは六〇年代初めまでに、バラエティストア一八店とウォルマート数店をもつようになっていた（ウォルマートの初期の何年間かは、ベン・フランクリンとウォルトンズ・ファイブ・アンド・ダイムも引き続き経営していたが、やがて次第にそれらを減らし、大半はウォルマートにかえていった）。本部事務所の壁際には、店ごとの伝票や帳簿を入れておく仕切り棚を置いていた。各店舗に一冊ずつ青いバインダー式の帳簿があり、新しい店が増えるたびに、棚の仕切りも増やしていった。少なくとも二〇店目まではそうしていたと思う。

最近はＬＩＦＯやＦＩＦＯなどモダンな会計法が多々あるが、そのころ私たちがやっていたのはESP法だった。この方法でやると、月締めの帳簿処理をすばやく終えることができた。これはごく原始的なやり方で、帳尻が合わない時は、それをESPの項目に入れてしまうのだ。ESPとは「どこかに間違いあり(error some place)」の略語である。

帳簿づけが終わると店ごとに損益計算書をつくり、できるだけ早く店長に送った。これは現在でも行われている。問題があれば私がただちに店長に会いに行った。店長はほとんどが店の出資者でもあったので、私と同じくらい解決に関心をもってくれた。私は必要なことをすべて書き込めるように、シートを張り合わせてつくった大きな原簿を持っていた。店ごとに一五くらいの項目があったと思う。売上高、経費、純利益、値引き率、光熱費、通信費、保険、税金等々、あらゆる項目があった。私は毎月それらを自分の手で記入した。そうすると覚えやすいからだ。私が店に行く時はこのシートをポケットに入れて行くので、誰もが自分の店の状態を正確に把握《はあく》できた。

数年間は、会社とはつまり、私と店長たちのことだった。店長のほとんどはバラエティストアの出身だったが、やがては最高のディスカウントストア商人の一群へと変貌《へんぼう》していった。私たちは互いに協力し合っていたが、同時に、各店長には何でも思いついたことを試してみる自由が大幅に与えられていた。

経営責任者に一番近かったのは、例のTG&Yから引き抜いたドン・ウィテカーだった。その後、彼はディストリクト・マネージャー(地域別統括者。一〇~二〇店担当で普通はエリア・マネージャーと呼ぶ）の第一号になった。ドンは高校をなんとか卒業した程度で、英語の文法はメチャメチャだった。目が片方しか見えず、時に妙な目つきで人を見るので、おかしく思うこともある。だが、私の人生で出会った人々のなかでも、もっとも素晴らしい人物の一人に数えられる。働き者で有能で、頭の回転が早かった。心は広いのだが無愛想なので、若い人を震え上がらせることもあった。彼はたしかにボス的素質をもっており、自分が望んだことは部下に必ずやらせた。ここで彼を取り上げるのは、わが社の草創期に、彼の存在がきわめて大きかったからである。「最先端を行こう。正しくやろう。今すぐ実行して、やり遂げよう」という会社の理念を打ち立てたのは彼だった。

クロード・ハリス（ウォルマート最初のバイヤー）

「サムには人の性格や誠実さを見抜く鋭い目があった。間違った人選はしなかった。実際、あのころの店の状態を考えれば、悪い店長が一人か二人いるだけで、会社は潰れていただろうと思う。サムは他の店を回って店長に会い、自分の店を見に来るように誘うんだ。次には、ヘレンと一緒に相手を家に招待し、アイスクリームをご馳走《ちそう》する。そして、必ず本人および家族が教会に行っているかどうか尋ねた。サムは店長以上の人物、自分と一緒に進んでいける人物を探していたんだと思う。進歩的でもあったね。次に何が必要かを知っていて、それを探し求めて、やがては必ず手に入れていた」

クロードを引き抜いた時、彼はウールワースで働いていた。四分の一くらいはネイティブ・アメリカンの血が混じっており、高校を出てすぐにウールワースで働き始めたのだ。ドンやクロードはじめ、当時は大卒者は一人もいなかったので、私が大卒者を雇うのを好まなかった。大卒者は床磨きや窓拭《まどふ》きなどはしないものと思われていたのだ。当時の新人教育の方法は、職場に新人が到着すると、台車を渡し、三〇分以内に奥の倉庫から商品を運ばせるというものだった。誰もが同じ環境、理念、教育のもとで育っていった。私たちは今すぐ実行する行動派、前進型の人物を探していた。

クロードには子供が四、五人おり、当時年収は一万ドルほどだった。ソーダ水売り場の前で彼と初めて立ち話をした時、彼が給料から貯金をしているのを知った。私は、自分の家計の管理ができる者なら、店の管理を任せてもいいと思っていた。そこで彼にファイエットビルの中心街の東側にあるバラエティストアを任せることにした。だが、その地区にはすでにチャーリー・ケイトが店長をしているうちのバラエティストアがあり、当時はチャーリー・バウムがスーパーバイザー（現場管理の指導者）として指導していた。チャーリー・バウムは電動鋸《のこぎり》とも競争するくらい競争心が強かったので、クロードにとっては大変な試練だった。だが、クロードはきわめて優秀で人柄も好かったので、チャーリーもある程度クロードと協調せざるを得なかった。

クロード・ハリス

「私の店はあまり儲かっていなかったんだ。あの地区にはギブソンズもあって、初めからそこことの競争だった。向こうのディスカウントストアはうまくいってたね。HBA商品で客を引きつけていたんだ。こっちもその手を使わない法はないと思い、店内を模様替えして、ある卸売業者から売薬を安く買い叩《たた》いて、山ほど仕入れた。あのファイエットビル店のHBA部門が、わが社最初の確立した商品部門になったんだよ。おかげで、親友を失いそうになったがね。チャーリー・バウムはそれこそ心臓麻痺《まひ》を起こさんばかりだった。どうなることかと思ったが、サムは理解してくれた。どんどんやるようにいわれたんだ。彼自身いつも何かに挑戦していたからね。どんな提案にも耳を傾けることが彼の成功の一因だと思う」

売れ筋《すじ》商品と重点販売

ウォルマートのために商品買い付けを始めた時、私はよくクロードを連れて行った。まもなく彼はウォルマート全体の仕入れ部長になった。彼は買い付けの経験などまったくなかったが、ほかに適当な者がいなかったのだ。わが社がプロのバイヤー、あるいは少しでも仕入れの経験のある人材を採用したのがいつごろだったか覚えていない。いずれにしろ、ずっとあとのことだ。

草創期の店長たちと私に共通していたのは、商品対策を考えること（マーチャンダイジング）が好きだったことだ。誤解しないでほしいのだが、当時の店は商品対策が素晴らしかったといっているのではない。むしろ、品揃えという点でも、ディスプレーの点でも、あまりぱっとしなかった。本格的な商品調達システムもなく、買えるところで買わなくてはならなかったからだ。だが、私たちは新しい商品を見つけるのが好きで、店長にはいろいろ試してみる自由があった。

チャーリー・ケイト

「サムは私たちに、毎週レポートを提出させたが、それには必ず『一番の売れ筋』を書かなくてはならなかった。そうやって、売れる商品に注目することを教えた。万一、そういう商品はないなどと書けば、サムの機嫌は悪くなった。商品研究が不十分だと考えて、自分で調べにやって来るんだ。彼に初めて会った一九五四年以来、ずっとそうしていた」

これを告白するのは少々気恥ずかしい気もするが、私は大人になって以来、商品対策を考えない日は一日たりともなかった。わが国の小売業者のなかでも、品揃えと重点販売の重要性をもっとも強調したのは私ではないかと思う。私はそれに情熱を注《そそ》ぎ込んできた。

たぶん、何かありふれた商品を一つ選んで、それに人々の注意を引きつけることが好きなのだろう。当時は天井からぶら下げれば何でも売れるといっていたものだ。そこで、特定の商品を大量に仕入れて、人目を引くように演出した。すると、普段の売り場に置いていてはあまり売れない商品が、飛ぶように売れた。これこそ創業時からのわが社の独特なやり方であり、他社にとってわが社が手強《てごわ》い競争相手となった要因の一つであった。そのために、時には大騒動もあったが。

フィル・グリーン（初期のウォルマート店長）

「サムと私は商品選びを楽しんだものだ。サムは三種類ほどの新聞を買って来させ、こういうんだ。『さあ、フィル、週末の広告づくりを始めようじゃないか』そこで、店内を回って、大量に在庫があるソックス、パンティストッキング、くず籠《かご》、箒《ほうき》、セーターオイルなどを探して二〇点ほど選び出す。次に、ハサミを持って床に座り込み、他社の新聞広告からオイル缶の写真を切り抜く。それを台紙に貼って、そこにわが社の商品のメーカー名や値段を書き込むのさ。それを、ソックス、パンティストッキング等々、順番に繰り返すわけだ。つまり、新聞に載った他社の広告を利用して、自分たちの広告づくりをやったんだが、これがじつにうまくいったものさ。私たちのつけた値段が本当に安かったからね。サムは、広告を出すなら他の店と同じ値段では意味がない、というんだ。サムはダイムストアの出身なので、最初はすべての商品に同じ値入れ率を上乗せしようとした。でも、目玉商品が一つあればいいことに気づいてからは、歯磨きチューブ一本一六セントなんていう破格の値もつけたりした。在庫が続くか心配したものさ」

少しあとのことだが、フィルはわが社の歴史上もっとも有名な、ある商品の特売をやった。五二号店を開くために、彼をホットスプリングズに送り込んだ時のことだ。すでにKマートの店がある町に出店するのは初めての経験だった。フィルはKマートが競争相手のいないのをこれ幸いと、かなり高値をつけているのを確認した。そこで合成洗剤の大安売りをすることにしたんだが、それが世界最大の洗剤ディスプレーになったのである。

彼はある卸売業者と、大量の洗剤をまとめて買えば一ケース当たり一ドル安くするという取り引きをまとめた。その量ときたら途方もない量で、しかもその洗剤の箱は巨大サイズだった。次に彼は広告を出し、通常は三ドル九九セントの洗剤に一ドル九九セントの値をつけた。仕入れた量を知った時、私たちは皆、ついにフィルの頭がおかしくなったと思ったほどだ。天井まで届く洗剤のピラミッドが、延々一〇〇フィート（約三〇メートル）近くも並んでいた。その陳列の奥行きは一二フィート（約三・六メートル）、通路は店の奥まで洗剤の一品大量陳列で完全にふさがれ、人一人がようやく通れるくらいだった。

フィル・グリーン

「サムは重点販売については何でもやりたいことをやらせてくれた。だが、あの時はさすがに店まで来て、そんなに売れるはずがないと私を叱《しか》ったものだ。でも、あまり人掛かりだったのでニュースになり、皆が見に来てくれたおかげで、一週間で売り切れたよ。

もう一つ、私がベントンビルの連中を驚かせたことがある。ある日、オハイオ州のマレーという会社の男が電話で、シーズンの終わりに芝刈り機を一台一七五ドルで売るつもりだが買わないか、と聞いてきた。うちの店で四四七ドルで売っていた商品だったので、二〇〇台買うと答えたんだ。相手はびっくり仰天していたがね。その芝刈り機を一列二五台、八列にして店の前に並べ、『マレー芝刈り機　八馬力　一九九ドル』と書いた大看板を立てたんだ。一台残らず売ったよ。私は根っからの商略屋なんだ。草創期のウォルマートの店長は、重点販売をするには最高の立場だった」

現在のウォルマートはあのころのような突飛さはなくなったかもしれないが、わが社は今でも重点販売をするには最適の場である。それはわが社の伝統であり、これからも守っていくべきだと考えている。私は長年、重点販売を楽しんできた。ちょっとしたアイディアで、商品は驚異的に売れるのだ。

ヒット商品選びこそ喜び

よく、ウォルマートの歴史で何が一番印象に残っているか、という質問を受けるが、そんな時私は、売上高が一〇億ドルを超えた時だとか、一〇〇億ドルを超えた時と答えた。だが本当は、エンドキャップ（ゴンドラエンド＝第三磁石売り場）やアクション・アレー（レジ前の主通路）のテーブルに、ありふれた日用品を人目を引くように積み上げて、大量に売った日の思い出が一番印象深い。大収穫があったわずかな日を覚えているという点で、真の商人は真の釣り人に似ているかもしれない。

大半の読者にはこんな話は退屈かもしれないが、私がこれまでに一番多く売った商品の一つはベッドメイトという名のベッドパッドだった。私は時々、時勢に遅れないように自分のオフィスを出て待合室で待っているベンダー（卸売業者）の営業マンと話をするのだが、この商品を見つけたのもそんな時だった。当時、うちの店ではその商品を置いていなかったと思うが、なぜか、これは未開拓の商品であり売れると感じた。そこでその商品を大量に買い込み、売価をだいぶ安くして派手《はで》に売り出した。結局、この商品はうちの核商品の一つになってしまった。先日調べてもらったのだが、一九八〇年に初めて置いて以来、これまでに五五〇万個のベッドメイトを売ったことになる。

また、待合室で魔法瓶《まほうびん》のメーカー、アラジン社の営業マンと話し込んだこともある。私は例のように、うちの店で特売をするのに適当な商品はないかと彼に尋ねた。彼はサンプルの赤と青の半ガロン入り魔法瓶を取り出し、「これはきっと売れますよ」といって、卸値や売価について話し始めた。私は彼と交渉した結果、卸値を少し負けさせた。売価はさらに割引率を高くしたところ、これがおそろしいほどの売れ行きだった。店中を魔法瓶だらけにして、貨車数台分を売ったのである。

しばらくの間は、私の選んだ商品があまりによく売れるので、自分は商品選びの天才ではないかとすら思った。だが、ついに私は気づいた。従業員は私が店をよく見回るのを知っているので、私（すでに会長になっていた）が選んだ商品を、前面に押し出す傾向があったのだ。もっと自重しなければならないと考えたのは、私がムーンパイの特売を進めた時のことだった。この商品もまた、私がもっとも多く売った商品の一つなのだが。

これは南部では人気のあるマシュマロのお菓子だが、ある時私は、テネシー州のある店で売り場主任の女性が人目につく場所に置いているだけで、信じられないほどムーンパイを売り上げている場面に出くわした。私はその女性のアイディアを持ち帰り、仕入れ担当者と話し合ってから、ムーンパイのメーカーと交渉した。そして、店の目玉商品として、通常よりはるかに安値で大量に買い付け、それを五個一ドルで売り出した。結局、一週間で五〇〇万個、一〇〇万ドル分を売り上げた。会社全体としてもそれはヒット商品になったのだが、そこで問題が起きたのである。

私の選んだ商品ということで、皆が気をきかせて、ウィスコンシン州にも出荷してしまったのだ。ウィスコンシン州の人はムーンパイなど聞いたこともなく、誰もあまり関心を示さなかった。会社が大きくなってからは、こうしたミスにも気を配る必要が出てきた。

デビッド・グラス

「わが社にはVPIと呼ばれる商品の販促コンテストがあるのだが、サムは取り引き先から信じられないような譲歩を引き出すので、誰も彼に太刀打《たちう》ちできなかった。それに、サムのやり方は独特だった。ムーンパイの時は、アクション・アレーに陳列台を置き、売れると思われる量に応じて、バニラ、チョコレート、キャラメル味などに分けて、一五ケース分のムーンパイを一品大量陳列した。

あのベッドメイトの時も、通常なら一ヵ月に数個売れる程度の商品なのに、サムはアクション・アレーに陳列台を置き、自分でディスプレーを工夫して、そこをいつもベッドメイトでいっぱいにしておくよう指示した。もちろん爆発的に売れた。

でも、サムにミノーバケツ（釣り用の餌《えさ》を入れるバケツ）のことも聞いてみるといいよ。彼にとって最悪の商品だったからね。あれは、私がセネカ・アップルジュースで優勝した年だった。すごかったね、アップルジュースが何トンも売れたんだから。そこで私は、店の入り口にミノーバケツを持って来させ、中に氷を入れてジュースを冷やして、お客に試飲させたんだ。サムが来るとわかっている店を選んでやったのさ。彼はカリカリしていたが、でも、彼のミノーバケツはあっさり引っ込めたよ。

こうした重点販売は楽しいものだが、本来の目的は、店長はじめ店のすべての者に、次の教えを浸透させることにあるのだ。つまり、自分の店には、よく目を見開いて観察し、重点販売の工夫さえすれば、爆発的に売れて大きな収益につながる商品がいっぱいある、という教えだ。こうした姿勢がわが社の床面積当たりの売上高を劇的に伸ばしてきたのだ。わが社は毎年、前年比売上高、二桁《ふたけた》の伸長率を示しているが、それは商品第一主義でやってきたおかげだね。

小売業には、経営に力を入れるやり方と、商品に力を入れるやり方があってね。経営優先主義では、経費を抑えて効率を高めることを重視するが、本当に商品優先の会社はつねに経営の改革にも取り組んでいるものだ。だが、経営が優先されると業績は横ばいになり、やがては下降していく。最初は商品優先だったのに、いつの間にか路線が変わった会社を、私はたくさん見てきた。

サムは商品の重点販売計画が大好きで、マニアといってもいいほどだが、それは一種のゲームでもあった。私たちは皆、それを楽しんでやったものだ。だが同時に、それがわが社の驚異的業績やどこにも負けない競争力の原点になってもいるのだ」

ところで、今私が重点販売計画を進めている商品は、社内コンテストで絶対勝つと思う。ハロゲンのヘッドライトなのだが、私はこの商品でゼネラル・エレクトリック社の最高経営責任者《CEO》ジャック・ウェルチと組んでいる。このように、今ではわが社も、大ナショナル・ブランド・メーカーと最高の条件で協力し合えるまでになっている。

「欠点は探すな、長所を探せ」

ここまでウォルマートの草創期について述べてきたが、この時期、私たちは重点販売という方法で多くの欠陥、仕入れ体制の不備、理想とはほど遠い品揃え、本部支援機構の不在などを補ってきた。これが逆流を上っていく方法でもあった。商人に徹することで数々の欠陥を補ってきたのである。

逆流を泳ぎきれたもう一つの理由は、創業当初から、全店長を集めて反省会をしてきたことである。店長全員が揃うこの反省会が、実質上の仕入れ会議でもあり、営業企画会議にもなった。会議は土曜日の早朝、ベントンビルの本部かまたはどこかのモーテルの一室で行われた。購入した商品とかかった経費を検討し、次はどの商品の特売をするか、何を仕入れるかなどの計画を立てたのである。これはうまく機能したので、会社が発展してからも、わが社独自の慣習になった。こうして現在の土曜の早朝会議が始まったのである。

この反省会の目的は、全員に現状を知ってもらい、どこが間違っているかを認識してもらうことだ。私を含めて、大きなミスを犯した場合は、原因について全員で話し合い、どうやってミスを正すかを考えた。そうやって翌日にはまた前進していったのである。
経験不足やシステムの不備を補うために、もう一つ私たちが努力したことがある。それはできる限り時間をさいて、競争相手を視察（ストア・コンパリゾン）することだ。これはそもそもの最初から私がやってきたことであったが、全店長にもそうするように口をすっぱくしていってきた。

チャーリー・ケイト
「ほかの店に行って、競争相手を視察しろ、とサムは何度もいったものだ。『あらゆる競争相手を研究しろ。欠点は探すな。長所を探せ』一つでも何かを得たら、視察対象店に入る前よりそれだけ進歩したのだ。私たちは他人の間違いには興味はない。正しいことに興味があるのだ。そして、誰でも一つはよいことをしているものだ」

クラレンス・ライス
「同業のギブソンズがロジャーズに進出してからというもの、私たちは二つの店を往復しながら暮らしているようなものだった。私の助手のジョンとラリーは、ギブソンズの店内を回って商品の価格を記憶し、店を出てからそれを書き留めていた。それだけではなかった。その店の後ろに大きなゴミ箱があったのだが、二人は夜になると、そのゴミ箱まであさって価格を調べたものだ」

ウォルマート流「商品買い付け旅行」

当時の私たちには、恥ずかしいと感じるゆとりすらなかった。小売業の慣習などはすべて無視していた。ニューヨークへの商品買い付け旅行は、その最たるものだろう。当時、私たちはスプリングフィールドの卸売業者、ジム・ヘイクを一種のブローカーとして雇っていた。彼からはたくさん仕入れてもいたが、ある時、買い付けのためにニューヨークへ行くので、案内人を紹介してほしいと彼に頼んだ。彼は純朴できわめて人が好かったので、ドン・ウィテカーと私を連れてニューヨーク中を案内し、自分の仕入れ元にまで連れて行ってくれた。私たちはそこで女性用や幼児用のドレスやブラウスを買ったのだが、ほとんどが単品ばかりだった。普通のチェーンなら部門ごとに専門のバイヤーがいて、一定の商品を系統立てて買うものだが、私たちは特売に使えそうな本当のお買い得品を探すことにすべてを賭《か》けているような店だった。ニューヨークの人たちが私たちの考えを理解してくれたかどうかはわからないが、とにかく私たちはそうやってきた。

ゲリー・ラインボース

「サムは最初から、ニューヨークに飲み込まれてはいけない、ということを私たちに叩《たた》き込もうとしていた。どこへ行くにも足を使い、タクシーはけっして使わなかった。リムは買い付け旅行に一定の公式をもっていた。旅費は仕入れ額の一パーセントを超えるべからず、というものだ。そんなわけで、マディソン・スクエアガーデンあたりの小さな宿に皆で一緒に泊まったんだ。

サムはいつも早朝か、夜遅くに会ってくれる人を探した。ニューヨーカーにそんなことを求めるのは無理なのだが。でも、サムはいつだってそういう人を見つけてきた。そうする理由は、第一に旅行をなるべく短縮したかったからであり、第二に私たちを一日中働かせたかったからだ。

私たちは分かれて、あらゆるサプライヤーのショールームを見て回った。夜中の一二時半前に仕事が終わることはなかった。それから、サム以外はビールを飲みに出かけた。彼が『明日、六時に食堂で会おう』というので、『そんなに早く会っても、どこのビルにも入れませんよ』と答えると、『何かすることが見つかるさ』というんだ。翌日、彼は守衛に、建物の中に入れてくれるように頼み、私たちは建物の中、ショールームの外で店が開くのを座って待っている、というわけだ。

すでにいったように、サムは、ニューヨークにいるからといって、彼らの流儀でやる必要はない、ということを示したかったのだと思う」

ゲリーは私の意図したことを的確にいってくれたと思う。なぜなら、私たちはどこにいようと、ウォルマートにはウォルマートのやり方があるということを、皆に教え込もうとしてきたからだ。わが社のやり方はほかとは違い、慣れるには少し時間がかかるかもしれない。しかし、実直で誠実で、理解しようと思えば簡単に理解できるやり方なのだ。たとえ他人がわかってくれなくても、私たちは自分の信じる道を進むだけである。なぜなら、それがきわめてうまくいったことが証明されているのだから。

私たちは逆流を上り、川上を目指して旅してきた。そしてこのことが、私たちを強く、たくましく、賢《かしこ》くするとともに、この旅を楽しみもした。今さらやり方を変えて、川下に流されて行く他の連中と一緒になる必要などないのである。

第五章　家族の絆《きずな》を育てる

理想の家族像

アリス・ウォルトン（長女。投資会社経営）

「子供のころから、私たちは店の仕事を何かしら手伝っていました。五歳の時には、キャンディ売り場やポップコーン売り場に立っていました。仕事は生活の一部になっていて、夕食の時にもいつも話題にのぼりました。借金の話も聞いていましたから、子供心に心配して、友だちに泣きながら打ち明けたこともあります。『私たち、どうしたらいいのかしら。パパには借金がたくさんあるのに、まだお店を増やそうとしているの』」

ウォルマートを開店する前は、私たち家族も、当時の普通の家族とさほど変わりなく暮らしていたと思う。ヘレンと私には計画があり、子供は四人ほしかった。ヘレンは、四人とも三〇歳前に産んで、成長した子供や孫たちと長く楽しく暮らしたい、といっていた。そしてその通り、ニューポートを離れるまでに、四人の子供ができた。三人の男の子、ロブ、ジョン、ジムと、赤ん坊だった女の子、アリスである。

ヘレンが小さな町に住むことにこだわったのは、一つには、私たちが育った環境と同じ環境のなかで子供を育てたい、という願いからだった。そして、私たちはその通りにやった。ただし、当時は大恐慌ではなかったので、夕食のおかずの心配をする必要はなかったが。

私たちのもう一つの目標は、家族の絆を築くことだった。ヘレンはいつもそうした家族の絆を感じながら育ってきた。ロブソン家が資産管理のうえで、私に大きな影響を与えたことは前にお話ししたが、それだけでなく、豊かで幸福に輝いているこの一家は、若い私にとって理想の家族像でもあった。もちろん、ヘレンにとっては、それが考えられる唯一の家族像だった。

私にも少年時代のいい思い出はたくさんある。だが、つらくて話せないような思い出もあった。しかしヘレンが、そのことが私に重大な影響を及ぼしているというので、手短に語ることにする。簡単にいえば、私の両親は仲が悪く、喧嘩《けんか》が絶えなかったのである。私は二人とも愛しており、二人とも素晴らしい人間なのだが、夫婦としては相性が悪く、つねに争っていた。両親はひたすら、バドと私のために一緒に暮らしているようなものだっ

家族写真、子供は左からジム、ロブ、ジョン、アリス。

た。実際、私たちが成長してから、両親は一時、別居したこともある。母は戦時中、カリフォルニアへ引っ越して、軍需工場で働いていた。

長男として成長していく過程で、両親の不和は私にとって、大きな心痛の種だった。このことが私の性格にどんな影響を及ぼしたかは、よくわからない。私が絶えず何かに忙殺されていたのは、一つにはこれが原因とも考えられるが。ただ私は、自分が将来家庭をもったら、争いのある家庭にはしないと、若いうちから決心していた。

そんなわけで、ヘレンと私は家族の絆を育てるために最善を尽くしてきた。また、子供たちには私たちがしてきた通り、さまざまな活動に参加する機会を与えた。彼らはボーイスカウトに入り、私がスカウトマスターを務めたこともある。息子たちは全員フットボールをやり、活躍もした。事実、三人とも州選抜チームのメンバーに選ばれるほどで、ジムの卒業間際には、ウォルトン家の者がいなくてはチームが勝てないので、コーチがアリスをチームに勧誘しようとしている、という噂《うわさ》が流れたほどだ。たぶん、アリスならそれなりにやってのけただろう。私は金曜の晩には必ず家族と一緒に過ごすことにしていたので、家族でやるゲームに参加し損なったことはめったにない。子供たちは新聞配達をしたが、私がそれをいいトレーニングの場と考えていたのはご承知の通りである。アリスは子供のころから、馬術にかかわっていた。そして当然、家族は教会に行き、日曜学校へ通った。一時は私が日曜学校の教師を務めたこともある。

ヘレン・ウォルトン

「サムが一時、日曜学校で教えていたのは本当ですが、その間も相当に忙しかったわね。ニューポートにいた一時期は、土曜の夜一〇時まで働き、次の朝すぐにまた仕事に戻るという状態でした。交替で子供を日曜学校に連れて行く約束だったんですが……。一人で四人の子供の着替えをさせ、日曜学校に連れて行くのは、本当に大変でしたよ。ウォルマートを始めてから、家族がサムと過ごす時間が減ったのはたしかですが、それ以前にもほとんどの時間は働いていましたね」

店の仕事には家族全員で参加

夫婦が力を合わせて育てるなかで、子供たちはアメリカ中部や中南部の伝統的価値観、つまり、勤勉、誠実、隣人愛、倹約などの大切さを学び、それを尊《とうと》ぶ態度を身につけていった。ヘレンが子育てを私の分まで引き受けてくれたので、私は長時間、少なくとも一週間に六日は働くことができた。土曜日は店にとって大事な日なので、私は朝から夜まで働いていた。私に関する限り、自分たちの価値観に従い、それを実行していた。わが家が普通の家庭と違うところがあるとすれば、それはアリスがいうように、店の仕事に家族全員が参加していたことだ。

ロブ・ウォルトン（長男。弁護士・ウォルマート社取締役会会長）

「私たちはいつも放課後、店の掃除をしたり、荷物を運んだりして働いた。夏休みにはもっと仕事が増えた。運転免許を取ったばかりのある晩、セントロバートのベン・フランクリンまでトラック一台分の荷物を運んだこともある。ベン・フランクリンとしては最大の規模として知られていた例の店だ。当時、小遣《こづか》いをもらっていたが、友だちのなかでは少ないほうだったと思う。とくに貧しいとも感じなかったが、あまりお金はなかった。父は倹約家という言葉が一番ぴったりするだろうな。でも、いつも店に投資させられてきた。私はあのセントロバート店に投資して、大儲《おおもう》けしたよ。お陰で自分の家ももてたし、いろいろなもの、父にいわせれば贅沢品《ぜいたくひん》も買えるようになった」

家族旅行でも店舗を視察

子供たちは当時、こき使われていると思っていただろうが、それほど働かせたわけではない。ただ、労働の価値を教えていただけだ。それに、店でも家庭でも、私には助けが必要だった。私には芝を刈る時間もなかったのだ。いずれにしろ、三人の立派な息子と一人の健康な娘がいるのに、私が芝刈りをする理由がどこにあろう。とはいえ、いつも働くばかりではなかった。ヘレンと私は、子供たちを旅行やキャンプに連れて行き、家族がなるべく一緒に過ごせるように努力した。子供たちは時に、こうした旅行を強行軍だと感じたと思うが、しかし私は、こうして多くの時間を一緒に過ごしたからこそ、今日《こんにち》のように強い家族の絆が生まれたのだと考えている。全国を旅行して回った楽しい思い出はたくさんあるが、とくに、あの素晴らしいデソトのステーションワゴンでの旅は最高だった。

ジム・ウォルトン（三男。ウォルトン一族の持ち株会社経営）

「臨機応変でなければならない、というのが父の口癖《くちぐせ》だった。家族旅行でも仕事の旅行でも、旅行中に必ず一回は旅程を変更したものだ。のちに、ライターたちが父を称して、複雑な企画を直感的に組み立て、精密にそれを実行する大戦略家、と書いているのを見て、思わず笑ったものだ。父は計画を変更する名人で、それで成功したんだからね。どんな決定も絶対ということはあり得なかった」

ヘレン・ウォルトン

「ウォルマート開店までは、サムもそれほど年中拘束《こうそく》されていたわけではありません。最初のころは、一年に三〇日間は休暇をとっていましたね。一九五六年には、アーカンソー州全体を見て回りました。いろいろな公園でキャンプをするうちに、家族全員がこの州のとりこになってしまって。そのよさが本当にわかってきたの。素晴らしい体験でしたね。イエローストーンまで足を伸ばしたこともあるし、メサバーデやグランドキャニオン、東海岸にまで長旅をしたこともあったわね。車の中は子供やキャンプ用品でいっぱいだったけれど、そうしたことも私は気に入っていました。キャンプは私たちの生活で、重要な役割を果たしていたんです。

どこへ行っても、サムは店さえ見つければ、必ず車を停めて覗《のぞ》きに行ったものです、どんな店でも。なかにはサムが知っている店もありましたね。私は子供と車に残るんですが、子供たちは『いやだー、パパ、またお店なの』と不満顔でした。でも、私たちはそれに慣れてはいましたが。のちには、途中にディスカウントストアのKマートがあると、けっして素通りしませんでしたね」

アリス・ウォルトン

「旅行は本当に素晴らしかったわ。ステーションワゴンに母と子供たち四人と犬、それに屋根にはカヌーを乗せ、手製のトレーラーを牽《ひ》いて出かけるの。毎年夏ごとに、いろいろな場所に行きました。父は目的地に着くと、私たちにテントを張らせ、一人で店を見に出かけてしまうんです。キャンプでは、皆が協力して作業をすることを学び、誰もが仕事を割り当てられていました。そして、夜は、皆で一緒に祈ったものです。

父は信じられないほど長時間働き、旅行もたくさんしていたのに、私は父がそれほど家を留守にしているとは感じませんでした。私たちと過ごすために、特別に時間をとってくれていたんですね。父は楽しい人でした。子供と野球をするのが好きで……。私はいつも父につきまとっていたので、店にもよく行きました。中学、高校に進むと、父は馬術ショーの会場へ私を車で送ってくれました。母は父がそこで見物していると思っていたようですが、私と父は協定を結んでいたんです。会場で私を車から降ろすと、私が馬術をやっている間、父は店を見に行くんです。いつも店のことがついて回りました。父が応援してくれなかったとか、フェアでなかったというわけではありません。それが父の仕事でしたし、私たちも理解していました」

ロブ・ウォルトン

「父がたびたび店に立ち寄ったことは覚えているが、旅行については楽しい思い出ばかりで、そのために邪魔されたという記憶はないね。グランドティートン国立公園へ行った時は、山登りをして、フィッシング・キャンプで数日間滞在する機会があったんだが、当時としては金がかかりすぎることが問題だった。そこで、家族全員の投票で決めることになり、結局、行くことになったんだ。楽しかったね。でも、そのためにあり金を使い果たしてしまい、ブラックヒルズにはちょっと立ち寄っただけで、急いで帰って来たのだが。

東部への旅行はとくによく覚えている。家族六人とタイニーという、あまりぱっとしない犬一匹が、例の手製のトレーラー付きワゴンで、ニューヨークに乗り込んだんだ。この旅行には特別な思い出があってね。オリジナル・キャストの『キャメロット』を観たんだ。ジュリー・アンドリュース、リチャード・バートン、ロディ・マクドウォール、ロバート・グーレが出演していた。家族は全員バミューダ・パンツ姿だったがね」

もちろん、彼らの話は本当だ。私はいつも店を覗いていたし、今でもそうしている。事実、世界中の店を訪れ、素晴らしい発想をもらってきた。なかには、あまり役に立たなかったものも少しはあるが。店舗視察（ストア・コンパリゾン）は、週末出勤と同様、小売業で成功するには不可欠なことである。子供たちが楽しいことを覚えていて、私が留守がちだったことや、かまってやれなかったことをあまり恨《うら》んでいないのがうれしい。そうならなかった理由は、一つには、ヘレンと私がいつも子供たちを仕事に参加させ、最初から何でも話してきたからだと思う。だがうかつにも、アリスが子供心に借金のことを苦にしていたとは知らなかった。しかし、世界にはもっと恐ろしいことや不合理なことがいっぱいあると、アリスにも今はわかっているだろう。子供たちは店で働き、店に投資し、店で買い物をしていた。

無理強《じ》いは禁物

ヘレン・ウォルトン

「あの最初のベントンビル店で、私は商品ロス（原因が解明されていない在庫高不足。万引きを含む）に一役買っていました。必要なものがあると店へ行き、持ち帰っていたのです。お金を払わなくてはならないとは夢にも思いませんでした。でも、けっしてしてはいけないことだったんです。つまり、私が商品を持って行くのを見て、店のほかの人も、自分も持って行こうと考えますからね。店がウォルマートへ発展した時、お金を払わなくてはならなくなってショックでした。

また、クリスマスが近づくと、福祉事務所からサンタクロースに来てもらえない子供のリストが送られて来ます。年齢やサイズなどが書いてありました。ある晩、子供たちを連れて店へ行き、贈り物にする品を集めさせました。わが家の子供たちに、世間のことを理解させ、わが家がいかに恵まれているかを教えたかったのです。私たちは本当にちっぽけな、田舎町《いなかまち》の店主でした」

私がけっしてしなかったことは、子供たちに無理強いすることだった。それを私は誇《ほこ》りに思っている。私は自分がかなり活動的な人間だとわかっていたので、子供が私と同じ道を進むことは期待しなかった。小売業界に入ることは歓迎するが、その場合は私と同じくらい働く必要がある、つまり、商人になる必要があるといってきた。

四人の個性を尊重した子育て

長男のロブはロー・スクールに進み、わが社の初の弁護士になった。株式公開の時は、ほとんどの仕事を彼がやってくれた。のちには、役員および取締役会のメンバーとして、会社の最高経営にも携《たずさ》わっている。

ジムは叔父のバドから交渉術と不動産について多くを学んできた。バドが店舗用地の決定や買収の仕事から半分退《しりぞ》いたあと、ジムがその仕事を引き継いだ。ジムはとても上手《じょうず》に仕事をやってのけた。いまだに語り草になっているが、飛行機からどこか小さな町に降り立つと、折りたたみ式自転車を広げ、ペダルを踏んで適当な用地を探し回ったのだ。自分

「過去10年間のベストＣＥＯ」賞を受賞、誇らしげな一家。

の正体を明かさずに、大きな取り引きをいくつも成立させてきた。現在はわが一家の持ち株会社、ウォルトン・エンタープライズを経営しているので、私同様お金には厳しいことと思う。ウォルトン・エンタープライズは数種の事業を手がけていて、ベントンビル周辺の町にいくつかの銀行を所有している。

また、ジムは地方紙「デイリー・レコード」も共同所有している。ジムが「レコード」を買収した経緯を考えると、ヘレンが店の棚から品物を持ち帰っていた時代がはるか遠い昔だと感慨を覚えざるをえない（もっとも、ヘレンのこの習慣については、私は苦々しく思っていたが）。ウォルマートを上場する以前、店のチラシを安く印刷したいと考えた私は、その新聞社を個人で買収した。当時私が払った額は、わずか六万五〇〇〇ドルだった。だが会社が上場すると、ニューヨークから弁護士たちがやって来て、私に、その新聞社をウォルマート社に売らなければならない、といった。さもないと、そこでウォルマートのチラシを印刷し続ければ、わが一族が公共の企業を勝手に利用していることになるというのだ。そこで私は、その新聞社をウォルマートに一一万ドルで売却した。数年後、今度はジムがそれを買うことに決め、外部のコンサルタントを介してウォルマートに価格を提示した。その結果、ジムたちはあのばかげた新聞社に一一〇万ドルも支払ったのだ。ウォルマートのチラシからはかつかつの利益があがる程度だったので、数年前にこの取り引きを打ち切った。はっきりさせておきたいのだが、わが家族はウォルマートを利用しようとか、大株主としての立場を押し付けたわけではない。それは会社の誰もが知っていることだ。

ジョンとアリスは一時ウォルマートで働いたが、二人とも自分たちの事業を興《おこ》した。アリスはバイヤーに挑《いど》んでみたが、あまり好きになれず、現在はファイエットビルでラマ・カンパニーという投資会社を経営している。ある意味で、アリスは異端者であった私に一番似ているが、私より移り気であるようだ。ジョンはベトナムでグリーンベレー部隊の衛生兵をしたのち、私についでわが社二人目のパイロットになった。ジョンは家族のなかでも一番独立心が強く、現在アーカンソー州に住んでいないのは彼だけである。個性的な性格で、家族とともに西部で暮らし、ヨットの設計や製造をしている。さらに、エンタープライズが所有する農薬散布事業を担当している。私たち家族は全員がパイロットなので、一瞬のうちに全員集合ができる。

アリス・ウォルトン

「私たちが子供のころ、父はとても寛大でした。通信簿がAとBだったとすると、母は『私は全部Aだったわ。あなたならできるはずよ』といったものですが、父はこういうんです。『パパと同じだ。AとBなら素晴らしい成績だよ』」

ジョン・ウォルトン

「子供のころ、父にバッファローリバーを見下ろせる断崖《だんがい》に登ってもいいか、と許可を求めたことがあった。父は、『自分の年齢でできると思うことは、何でもやりなさい』とアドバイスしてくれたんだ。一二歳の子供に判断力と自信をもたせようとしたんだね。とても励《はげ》みになる言葉だった。のちに、私が世の中に出て行く道を模索《もさく》していた時、父はウォルマート・チームへの参加はいつでも歓迎だとはいってくれたが、強制はしなかった。じつに素晴らしい子育て法だったよ」

さて、前にも述べたが、私がヘレンに夢中になったのは、彼女が自立した女性だったからだ。その点で、彼女はたしかに裏切ることはなかった。たとえば、私はベントンビルの

ウォルトン家三代の男たち。中央はジム、その右が私の父。

幹部や店長に土曜の早朝会議に出席するよう主張してきたが、それは、店では皆が土曜日にも働いているのだから、本社の人間も出社すべきだと思うからである。それに、前にも述べたが、週末に働きたくないなら、小売業界に入るべきではないのだ。

だがヘレンは、土曜の早朝会議をどう思うかと尋《たず》ねられると、いつもこう答えていた。

「スポーツなどをやっている子供をもつ両親もたくさんいます。土曜会議に出席するために、子供の応援に行けないとしたら、残念なことです。不満があっても当然でしょうね」

怠惰《たいだ》な金持ちにはなるな

商人という立場上、政治的意見についてはたとえ自分に明確な意見がある場合でも、私は中立を守ろうとしてきた。だがヘレンは、尋ねられれば率直に自分の意見を述べている。じつは、ヘレンには多少フェミニストの面があり、私たちが時おり激論を交わすこともあった。もっとも、彼女の考えは過激なグループの考えとはだいぶ違うが。彼女はどう考えるべきか私に意見を聞くことはないし、私も彼女に教えようとしたことは一度もない。結婚して早々、車をシボレーにするか、フォードにするかで醜《みにく》い争いをしたことがあり、お互いにどんなに頑固かを思い知ったため、それ以来あまり喧嘩はしなかった。夫婦として幸せにやってきたが、お互いに相手の興味の追求に干渉することはなかった。

すでに述べたが、実業界で全米一の金持ちになったことで、家族には大きな負担をかけることになった。こうしたことに巻き込んでしまったことで、ヘレンがはたして私を許しているかどうかはわからない。

ヘレン・ウォルトン

「好奇心の的《まと》になったことがとくにいやでした。家族が世間の噂話の種になっているのですから。そのことにはいまだに腹が立ちます。慣れることはできません」

もちろん、ヘレンのいう通りだ。だが、不本意ながら一家がなかば公的存在になったことで生じる波紋と、だいたいはうまく付き合ってきたのではないかと思う。そのお陰で楽しいこともあった。いずれにしろ、このことは子供たちにはあまり影響しなかったと思っている。というのも、彼らはしっかりした価値観を身につけ、着実な生き方ができるように育てられたからだ。

私が時に心配になるのは、やはりウォルトン家の将来の世代だ。彼ら全員に、早起きをして新聞配達をしろというのは現実的でないし、私が期待できることでもない。しかし、私の子孫が「怠惰な金持ち」の部類に堕落《だらく》するのだけは見たくない。ヘレンや私や私の子供たちが大切にしてきた価値観が、代々受け継がれることを私は心から願っている。ウォルトン家の小さな孫たちが、お金の必要に迫られて朝から晩まで働く必要を感じないとしても、何か生産的で有益な仕事に一生をかけて挑戦する気になってくれればいいと思う。医学の道に進んで癌《がん》の治療法を研究するとか、恵まれない人々に文化や教育を授《さず》ける画期《かっき》的《てき》方法を考え出すとか、第三世界に自由経済を伝える伝道師として活躍するとか。ウォルトン家の人間がこうしたことを考えるべき時期になっているのかもしれない。あるいは、これは本当に私の思いつきなのだが、ウォルトン流の商人がもう一人、いつの日か再び飛び立つことがあるかもしれない。

第六章　優秀な人材を求めて

最高の小売企業をつくりたい

ヘレン・ウォルトン

「私はサムにいつもいっていました。『私たちはけっこうな暮らしをしているのに、これ以上、店を増やす必要がどこにあるの』でも、店はどんどん増え、遠くへ遠くへと進出していきました。一七店目ができた時、もう止められない、とわかったんです」

駐車場でロバや芝刈り機を使ってイベントをしたり、店内に洗剤のピラミッドを築いていたころの私たちは、どう見てもただの商略屋にしか見えなかっただろう。わが社が最初から最高の経営組織、本格的な管理機構を目指しているとは、当時の店長をはじめ誰も考えなかったと思う。たしかに、私は興行師に向いた性格である。事実、あの有名な興行師バーナムと比較されることもあった。大勢の前で自分の考えや商売の話などをぶち上げるのが好きなためだ。だがこうした性格とは別に、私は経営者の魂《たましい》も持ち続けていた。つねに会社をうまく機能させ、改善し、可能な限り最高の状態にしたいと考えていたのだ。

私がコーヒーの染みのついた黄色いノートを抱えてうろついたり、婦人用下着をワゴン車から積み下ろしているのを見た人々は、まともに相手にするほどの人間ではない、と思ったかもしれない。私たちのすることを見て、どうせ長続きしない連中、今日はディスカウントストア・ビジネスをしていても、明日には車か土地の売買でもやりかねない無責任な連中だ、と考えていた人も多かっただろう。だが、そうした誤解が、長い目で見て、わが社に有利に働いたのである。誰のレーダーにも引っかからない間に、ウォルマートは他社が追いつけないほど高く遠くへ飛ぶことができたのだった。

たしかに、草創期《そうそうき》のあの時代、ディスカウントストア・ビジネスは多くの商略屋を惹《ひ》きつけた。配送センター業や不動産関係者、それに本来商人を目指していなかったような人々までが、ディスカウントストア・ビジネスに大きな可能性があると気づいたのだ。ディスカウントストアが全米を席巻《せっけん》しつつある、新しいトレンドであることは誰の目にも明らかだった。そして、あらゆる人々がこの業界に飛び込んで来た。場所はどこでもよかった。彼らはコネチカットやボストンで他人の店とそっくり同じ店をつくり、バイヤーや業界に詳しい人間を雇い入れ、開店していった。一九五八年から七〇年ごろまでは、この業界は驚異的な成功を収めていた。

私のことを長年知っている人は、私が短期的成功のために働いていたのではないことも知っている。私はつねに、最高の小売企業をつくりたいと願っていた。すでに述べたように、ウォルマート一号店を開店した前後、全国を巡ってあらゆる店やチェーンの本部を訪ね、ディスカウントストアのチェーン化について学んだ。最初に見たのは東部の大型店で、そこからすべてが始まったのだ。ニューイングランドでは、アン&ホープ、ジャイアント、マンモスマート、アーランズなど多くの店を訪ねて回った。

また、南カリフォルニアのフェドマートの創業者でありかつ偉大な経営者、ソル・プライスには多くのことを学んだ。私はヒューストンの物流センターを管理しているソルの娘《むすめ》婿《むこ》と友人になった。彼と話をすることが、物流に関する自分の考えを整理するのに役立った。そして結局、これがウォルマート成功のもう一つの鍵になったのだ。私は業界の誰にもましてソル・プライスから多くの経営原則を盗んだと思う、本当は「借りた」という言葉を使いたいところだが。たとえば、当時、ボブ・ボーグルが飛行機の中で「ウォルマート」という名前を思いついた時、すぐにそれを採用したのは、その名前が安上がりだったからではない。ソルのフェドマートという名前がひどく気に入っていたので、それに飛びついたのだ。当時はまだ、Kマートという名は知らなかったと思う。

人材の確保と組織づくりが決め手

最近、私はある業界誌で、一九七六年のディスカウントストア上位一〇〇社のうち、七六社がすでに消えているという記事を読んだ。その多くはわが社より資金もあり、注目もされ、大商勢圏で多くのチャンスにも恵まれていた人々である。彼らは一時期スターであった。私は彼らが消えた理由と、わが社が生き残った理由を考えてみた。そして、彼らがお客を大切にせず、店に気を配らず、応対マナーを心得た指導員を置かなかったからだという結論に達した。これはまた、彼らが自分の店の従業員を本当に気にかけていなかった証拠でもある。店員にお客を大切にするようにと中堅幹部が望むのなら、自らも店員を大切にしなければならない。これはもっとも重要なウォルマート成功の秘訣でもあった。

草創期にスターだった多くの経営者はきわめて利己的で、キャデラックを乗り回し、社用ジェット機で飛び回り、ヨットでバカンスを過ごすことを好み、私など考えられないような大邸宅に住んでいた。そうした一人にディナーに招待されたことがあるが、一四人は乗れそうな大きなリムジンの迎えが来た。彼らは贅沢《ぜいたく》な暮らしをし、金に埋もれていた。ディスカウントストア・ビジネスが順調だったので、そうしたことができたのである。

もし当時、よい店を経営するためのイロハの一つでも守っていれば、彼らのほとんどは今も存続していただろう。強力な企業を育てる方法はいろいろある。ウォルマートの方法や私の方法、またほかの誰かの方法でなくてもいい。だが、企業の育成に真剣に取り組むことが必要だったのだ。彼らはどこかで目標を見失い、支払うべき費用を払ってこなかった。その費用とはヨットやキャデラックではなく、彼らが必要だとすら認めなかったようなものかもしれない。それが何であれ、自分のやるべきことをせずに、いわば戦線を離脱してしまったのだ。

彼らは会社を拡大するのに必要な組織や物流センターなどの支援システムをつくらないまま、急速に伸びていった。他店を視察する努力もしなかった。そのころ、Kマートは近代化を進め、それをどんどん改善していた。Kマートに行くたびに（私は誰よりも頻繁《ひんぱん》にKマートに足を運んでいるだろう）、その品揃えやディスプレーを本当に羨《うらや》ましく思ったものだ。当時の私たちの店とは比較できないほど素晴らしかったので、とても太刀《たち》打ちできないと思った。もちろん、だからといって、引き下がりはしなかったが。ターゲットもスケールの大きいコンセプトのもと、素晴らしい仕事をしていた。こうした大型店はチェーン化が進んでいたので、競争は一段と厳しくなっていた。客のニーズに応えず、しっかりした組織をつくらなかった企業が傾き始め、潰《つぶ》れていったのはこのころである。

初期のウォルマートはあまりに小さかったので、大企業からは注目されることはなかった。また、商略屋的な企業はこの地域にはあまり進出しなかったため、競争に巻き込まれることもなかった。お陰で私は、業界の事情や情報にたやすく接することができた。おそらく私ほど多くのディスカウントストア・チェーンの本部を訪問した者はいないだろう。

会社を訪問すると、私はこう切り出した。「こんにちは。サム・ウォルトンといいます。アーカンソーのベントンビルでいくつか店をやっています。こちらの社長さんにお会いして、ビジネスのお話をうかがいたいのですが」

たぶん好奇心からだろう、たいていは会ってくれた。そこで私は価格や物流など、あらゆることについて質問を浴びせかけた。こうして多くのことを学んでいったのである。

カート・バーナード（小売業のコンサルタント）

「当時、私はディスカウントストア・チェーンの同業者組合の副会長をしており、ニューヨークで仕事をしていた。一九六七年のある日、秘書が組合に入りたいという人が来ているというので、一〇分間だけなら、と答えた。すると、やせて背が低く、日焼けした男がテニスラケットを抱えて入って来て、アーカンソーから来たサム・ウォルトンです、と名乗ったんだ。面食らったね。

彼はいつものくせで、相手の目を見て、頭をかしげ、額にやしわを寄せて、私からどんどん情報を聞き出した。ほとんどメモも取らずに、次々と質問して、二時間半もねばったよ。私は自分の知識のすべてを吐き出したような気がしたもんだ。彼が何者かは知らないが、いずれ彼の噂《うわさ》を聞くことになるだろう、と思ったね」

他の会社を見るたびに、私はわが社が正しい方向に向かっていると確信した。だが、店舗が増えるにつれ、管理が難しくなっているのも感じていた。一九六〇年代後半には、ウォルマートは一二店を超え、バラエティストアは一四か一五店になっていた。これは、三人の女性事務員と私とドン・ウィテカー、それに各店の店長とで運営していくのにちょうどいい規模だった。すでに述べたように、わが社にはほとんど商品調達の経験がないか、大きな組織の運営について知識のない人々ばかりだった。私は決心してマネジメントの経験者を雇うことにした。当時、バラエティストアのＪＪニューベリーからゲリー・ラインボースを引き抜いていたので、彼に適当な人物を紹介してもらおうと相談した。そこで彼はフェロルド・アレンドという人物を紹介してくれた。アレンドはニューベリー社のディストリクト・マネージャー（地域別統括者）で、中西部全域の品揃えの責任者でもあった。そこでバドと私は、アレンドに会うために飛行機で飛び、彼に夫人とともにわが社の状況を見に来てほしい、と誘った。

フェロルド・アレンド（ウォルマート初代業務執行副社長、のち同部門社長）

「一九六六年なかば、アーカンソー州コンウェイにウォルマート五号店を建設中だったが、サムは興奮して自分の計画を述べてから、私と妻を飛行機でコンウェイに連れて行ったんだ。その店は紡績工場と家畜置き場にはさまれていて、ひどい環境だった。店を出す場所ではない、というのが私の最初の感想だったね。それに、まともな経営組織もないようだったので、サムのやり方に感心しなかった。興味がない、と彼に告げたんだ。

そのあと、開店してからサムが電話をかけてきて、状況を教えてくれた。『何だって！あんな店で、ニューベリーの一番大きい店の一ヵ月分の売上高を、一日で達成したというのか』と驚いたよ。さらにサムは、一平方フィートの床面積当たり九〇セントしか経費がかかっていないともいった。ようやく『彼には何かあるに違いない』と思うようになった。ちょうどそのころ、ニューベリー社は組織再編を決め、私は新しい部門に異動が決まった。そこで、二一年間働いてきた会社で新しいことを一から始めるくらいなら、本当に自分の得意なことをやるほうがいい、と考えるようになってね。

私は副社長として行ったんだが、最初はまいったね。事務所はベントンビル中心街にあり、改装がすんだばかりだった。大改装だったんだろうけど、私にはそうは思えなかった。二階の古ぼけた広間で、床の一部が四インチ（約一〇センチ）もたわんでいた。部屋はいくつかに仕切ってあり、窓枠は木だった。本当に小さい事務所で、ぎゅうぎゅう詰めの状態だったよ」

ディスカウントストア・チェーン協会に加入

事務所のことではフェロルドに気の毒だったが、彼の参加はわが社にとって重要な前進の一歩だった。私はこれまで以上に組織化をはからなければならないとわかっていた。わが社には定番商品もなく、本格的な商品補充システムもなく、また、当時かなりの会社がコンピュータを導入し始めていたのに、すべてが手作業だった。私はコンピュータに関する記事を読んで、関心をもった。そこで、IBMのシステムについて学ぼうと考え、ニューヨークにある小売業者のためのIBMの学校へ行く決心をした。その学校の講師の一人が、全米大量販売業者協会（NMRI）のエイブ・マークスだった。

エイブ・マークス（NMRI初代会長、現ハートフィールド・ゾディーズ社代表）

「私は会議場で書類に目を通していたんだが、誰かが前に立った気がして顔を上げた。すると、黒いスーツを着てアタッシュケースを持った、冴《さ》えない紳士が立っていたんだ。葬儀屋かと思ったね。彼が『突然ですが、サム・ウォルトンといいます。アーカンソーのベントンビルで小売業を営《いとな》んでいます』というので、私は『失礼だがサム、私は小売業界の人と会社名はすべて知っていると思っていたが、あなたの名前は初めて聞いた。会社の名前は何といいましたかね』というと、サムは『ウォルマート・ストアです』と答えた。

『ディスカウントストア・チェーン協会へようこそ。会議を楽しんで、皆と親交を深めてください』

『マークスさん。じつをいいますと、私は親交を深めるために来たのではなく、あなたにお会いしたくて来たのです。あなたが公認会計士で、信頼のおける方《かた》と承知しております。わが社の経営状態について、あなたのご意見をうかがいたいのです』

彼がアタッシュケースを開けると、その中には私がそれまでに書いた記事や、講演内容がすべて入っていた。ずいぶん徹底した人だと思ったよ。帳簿をすべて見せてくれたが、全部手書きだった。

『どこが悪いか教えてください。間違った点があるでしょうか』

数字は一九六六年のものだったが、自分の目が信じられなかった。彼はわずかな店舗と低い粗利益率《あらりえきりつ》で、年商一〇〇〇万ドルを達成していた。驚異的業績だったね。そこでいったんだ。

『サム、と呼ばせてもらうが、あなたが間違っていることをいおう。今ここにいることが間違っている。ここからまっすぐタクシーで空港へ向かい、国元へお帰りなさい。そして、今まで通り続けるんです。あなたのやり方に改善の余地はない。天才ですよ』

これが、サム・ウォルトンとの最初の出会いだった」

エイブはNMRIに加入するよう勧めてくれた。そしてこの協会は私にとって有意義なものだった。一五年間役員を務めたが、素晴らしい人たちに出会い、多くの友人ができた。私は何度もエイブのニューヨークのオフィスを訪ねた。彼は気さくな人柄で、コンピュータを商品管理にどう利用するかを教えてくれた。

コンピュータなくしては帝国は築けない

エイブ・マークス

「現在の基準からすると、私たちのシステムは原始的だったかもしれないが、一九六〇年代にはきわめて革新的だった。私たちのような商品管理をしている会社はほとんどなかったのだ。サムはそのシステムの研究に多くの時間をさき、会社の幹部を連れて来て検討させていた。何であれ最善のものを取り上げ、それを自分のニーズに合わせて利用する、彼はその名人だったね。あのころ、彼に提供したのは、いわば、実践的ロジスティクス（兵站学《へいたんがく》）だ。たとえば、世界中に軍隊を派遣しても、弾薬や食糧を供給できなければ、無意味だ。サムはそのことを理解していたよ。

すでにサムは遠隔地の多店化という状態になっていた。つまり、自分の管理が及ばない場所に店をもっていた、ということだ。事業を拡張するなら、それを管理する技術を学ぶ必要がある。そのためには、つねに的確にデータをつかんでいなければならない。在庫商品の種類や量、各商品の売れ行き、発注すべき商品、値下げすべき商品、入れ換えるべき商品など、専門用語でいえば、商品回転率を管理するのに役立つ情報だ。商品回転率が鍵なんだ。在庫商品が早く回転すればするほど、必要な資本は少なくてすむからね。そのためには、いつどんな商品を仕入れるか、売価はいくらにするか、どのくらい値引きするかなどを的確に判断し実行しなければならない。つまり、ロジスティクスさ。

とにかく、あの男は天才だ。まだあまり店舗数が多くなかった一九六六年に、紙の上でデータを把握《はあく》して営業を管理する能力がないなら、地平線の彼方《かなた》に出店してはならない、とわかっていたのだ。実際彼は、遠隔地の店舗を管理するために、情報をもっとも活用する業者になった。だからこそ、あれほど店舗を増やし、あれほどうまく経営し、あれほど莫大《ばくだい》な利益を上げることができたんだ。

肝心なことは、サムがあの会議場に現れたのがじつにいいタイミングだった、ということだ。あの時代は今のような小型コンピュータはなかった。サムはコンピュータ時代を一〇年は先取りしていた。これは断言するが、もしコンピュータがなかったら、サム・ウォルトンは今のようなチェーンストア帝国は築けなかっただろうね。彼はほかにも優れたことを数々やっているが、それでも、コンピュータなくしては不可能だったに違いない」

こうしたことを認めたくはないのだが、おそらくエイブのいう通りだろう。私があの学校に行ったのは、コンピュータを学ぶという理由のほかに、もう一つの理由があった。自分がけっしてコンピュータ人間にはなれないとわかっていたので、その学校で誰か優秀な人材を見つけて、雇おうと考えたのだ。たまたま、その学校には本当に優秀な人間が集まっていた。もちろん、ロン・メイヤーに会ったのもその学校である。彼はカンザスのダックウォール・ストアの若くて優秀な財務部長だったが、私は彼をわが社に引き抜こうと狙《ねら》いを定め、ただちに誘い始めた。たいていの人と同様、彼も最初は、わざわざアーカンソーに引っ越してまで、何者とも知れない私のために働く気などさらさらなかった。のちには、彼の気持ちを変えることができたが。

物流センターと本部社屋の建設

だがそのころ、私にはもう一つの懸案《けんあん》事項があった。物流（ディストリビューション）である。エイブ・マークスなど大都市周辺を市場としている企業は、大手のディストリビューター（商品納入業者）を使って商品を仕入れていた。また、Kマートとウルコは、何千もの自分の店に商品を納品するのに、一貫した物流システムを使っていた。一方、片田舎《かたいなか》のわが社では、一定のディストリビューターもなく、店長たちがセールスマンに発注すると、ある日どこからかトラックがやって来て店に商品を置いていく、という状態だった。だが当時でさえ、これではやっていけなかった。店の大半はパレット単位で商品を発注できるほど大きくなかったので、ベントンビルに倉庫として古いガレージを借り、そこに大量の商品を一度に納品させることにした。それから梱包を解いて小さなパッケージに詰め直し、また運送屋を呼んで各店舗に配達してもらうのである。だがこれでは経費もかかるし、効率も悪かった。そこで、フェロルドと話し合って、ボブ・ソーントンという男を雇い入れた。彼はオマハでニューベリー社の物流センターを運営していた。ボブとはわが社の物流センターづくりを担当してもらう、という約束だった。

ボブ・ソーントン

「私が物流センターと物流システムを統合するつもりであることを十分承知で、彼は私を採用したんだ。私はここに来てから、いくつかプランを練りあげてもいた。それなのに、ある日、サムがやって来て、本当に物流センターが必要かどうかまだわからない、といいだした。仰天したよ。私がやりたいのはその仕事だけだったんだから。およそ半年から一年というもの、私はいろいろな仕事をしながらも、暇をみては物流センターのプランを練っていた。本部には私の部屋がなかったので、隣の靴屋の二階との境に穴をあけて、そちらを私の部屋にしていた。暖房も冷房もなく、屋根裏部屋みたいな部屋だったよ。トイレには古い便器が一つあるだけ、ドアも目隠しドアのようなものだった。これまでそこで、二五人もの本部要員が働いてきたがね。サムはしばしばやって来て、物流センターのプランを練り続けるようにとはいったが、どこまで本気なのかわからなくてね」

物流センターが必要なことは私にもわかっていた。ただ、自分たちに本当に必要なタイプの物流センターを確認したかったのだ。それに、当時は、すべての資金集めを自分たちでやらなければならず、私には多額の借金があった。それはともかく、ＩＢＭの学校で出会ったある男が自分の物流センターを見に来るよう私を誘ってくれた。そこで私は、ドン・ウィテカー、フェロルド、ボブ・ソーントンそのほか総勢六人を引き連れて、ビーチクラフト・バロンを操縦《そうじゅう》してウィスコンシン州グリーンベイに向かった。私たちは物流センターを見て回り、仕事の進め方を見学し、あらゆることをメモした。私が知る限り、そこはコンピュータ化された最初の物流センターの一つであった。

そのツアーの結果、私は物流センターの必要性を確信した。また、誰もが、新しい本部をつくれと私をせっついた。そこで、ベントンビル郊外の一五エーカー（約一万八三〇〇坪）の農地を購入することにした、現在もわが社の本部はそこにあるが。一万五〇〇〇平方フィート（約四二〇坪）の本部社屋と、六万平方フィート（約一七〇〇坪）の物流センターを建設することにした。私には本部の建物は永久にこれで間に合う広さだと思えたし、物流センターは大きすぎると思ったが、その広さが必要だとフェロルドに説得されたのだ。ボブがこの建設の責任者だった。

ボブ・ソーントン

「私の計画では、物流センターは最低でも一〇万平方フィート（約二八〇〇坪）必要だった。サムはある建築家に設計させたのだが、その設計図を見て六万平方フィートしかないと気づき、これではとても足りないとサムに進言した。ところがサムは、『私が建築家にいって、縮小させたのだ。ボブ、一〇万平方フィートは必要ないと思うよ』というんだ。

もう一つ、私の設計では物流センターの床にカートを移動させる二軌道《にきどう》のレールを張り巡らせることになっていたが、サムの言い分はこうだった。『ボブ、それは無理だ。そんなものに金は使えないよ』私は本当に、そのレールなしで、どうやって物流センターを運営できるのかわからなかった。そこで、思いきっていってやったんだ。『二軌道のレールがいらないなら、私も必要ないでしょう。それがなくては、物流センターの運営はできませんから』それで、サムも仕方なく譲歩したんだ。まったく、サムは大きさや量のことになると、必要に迫られるまで決定しなかった。いつも、じらされてきたよ」

当時、不要な金は一セントたりとも使いたくなかったのは事実だ。店の利益はすべて事業拡張に回していたが、それでも借りられる金はすべて借りている状態だった。私個人の借金だけでも二〇〇万ドル近くもあった。当時としては大金であり、借金が私にとって重荷になり始めていた。

「その技術や設備は究極の選択なのか」

このころ、成功することには何の疑いもなかった。ウォルマートはミズーリ州に進出し、そこに何店か開店させた。オクラホマ州ではヘレンの故郷、クレアモアにも進出した。最初の七、八店舗は驚異的な業績であった。成功することがわかった以上、止める理由はなかった。成功の可能性は火を見るよりも明らかだったのだ。だが、成長を続けるための資金を調達するには、組織をもっと改善し、賢《かしこ》い方法をとる必要があった。私には、組織や物流に関して誰か手伝ってくれる人間が必要だった。

一度は断られたが、ロン・メイヤーとは連絡をとり、わが社で働いてくれるよう説得し続けていた。ついに、彼はわが社の現状を見に来ることを承知してくれた。ところが、彼が契約にサインする直前、危《あや》うく彼を殺しそうになった。ビーチクラフト・バロンでいくつか店を見て回り、一二号店を見るためにミズーリ州のカルタゴに着陸しようとした時だった。二本の滑走路の交差点の近くに、突然、別の方角から飛行機が現れたのだ。私の機はその飛行機の方向にまっすぐ向かっていた。私にはその機体は見えなかったし、無線でも聞かなかったのに、どこからともなく突然現れたのである。私はエンジンの出力を最大にして、かろうじて相手の機体の上をかすめ飛んだ。ロンとの初めてのフライトはこんなふうだったが、何とか彼と雇用契約を交わした。一九六八年、彼は財務および物流部門の副社長として、ウォルマート社の経営に参加したのである。

意外に思う人もいるかもしれないが、ロンがわが社に在籍した一九六八年から七六年までの期間は、ウォルマート発展の歴史のなかでも、もっとも重要な時期だったと私は考えている（七六年に、ロンは私たち双方にとって気まずい状況で会社を去った）。ロンが来る前も会社は順調だったが、彼と彼が連れて来たスタッフ、たとえば、初代のデータ処理係長であったロイス・チェンバースらは、わが社に初めて高度なコンピュータ・システムを導入した功労者である。それが、たとえ急速に店舗が増えていっても、居ながらにして遠隔地の店の管理を可能にする経営方式のスタートだった。

ウォルマートは小さな町に散らばっていたので、連絡を密にし、商品の入荷を滞《とどこお》らせないためには、物流システムや情報伝達の面で、時代の先端を行く必要があったのである。ロンはそのプログラムに着手したが、それは結局、社内情報システムをも改善することになった。すでにフェロルドが基礎を築いていた物流システム計画をロンが引き継ぎ、新しいシステムを構築したのだが、それによって事業は急速に発展していった。ロンは、各店が直接納入業者に発注し、運送業者を使って商品を入手していたやり方から、わが社を解放してくれた第一の功労者である。たとえば、個々の店の発注や入荷を物流センターに集める商品集荷方式や、物流センターの一方で発注品が入荷すると、ただちにそれを個々の店ごとに集めてセンターの別の出口から配送する、クロスドッキング方式などである。

ロン・メイヤーが来てからは、会社として高度な設備・技術投資を行ってきたので、大半の小売企業に先んずることができた。おかしいのは、ウォルマートの幹部が皆、私がこれらの出費に懸命に抵抗したことを知っていることだ。会社の連中は、私がいかにそうした技術を無用なものとみなしたか、自分たちがそれを認めさせるのにどれほど苦労したかを話の種にしている。実際には、私はそれを強く望んでいたし、必要なこともわかっていた。だが、「いいとも、必要な金は使いたまえ」という気はなかった。私はつねにあらゆることに疑問を投げかけた。私にとって大切だったのは、その技術や設備が彼らが考える通り究極の選択なのか、ひょっとしてもっとよい方法があるのではないか、と再考させることだった。私の間違いを証明する機会と思えば、彼らはいっそう真剣に検討し、念入りに調査するだろう。私が本当にそうした技術を望んでいなかったとしたら、そのために資金を湯水のごとく使ったりはしなかっただろう。

六〇年代の終わりには、ウォルマートは大きく飛躍するのに最適の位置にあった。わが社には信じるに足るチェーン化の手法と、プロの経営陣と、成長を支えるサポート体制の基礎ができていた。六九年には、バラエティストアは一四店、ウォルマートは一八店をもつに至った。そして、さらに前進することを目指し、どこまでいけるかを試すために、次のステップを踏みたいという思いに抵抗できなかった。私は十分な利益が得られなくなったら、その時はペースを落とし、立ち止まろうと考えていたのだが。

バドと私がひそかに、株式を公開することを考え始めたのはそのころである。

第七章 首まで借金につかって

借りられるだけ借りまくった

アル・マイルズ(ファイエットビル六号店の初代副店長、元ウォルマート役員)

「わが社が上場したといっても、私のような田舎《いなか》の若造にはピンとこなかった。私など、裸足《はだし》でレッドリバーを渡って仕事を探しに来た口だ、と会長にいわれているが、まあそれに近かったね。株が何たるかもわからなかったが、少しばかり買っておいた。フィル・グリーンに『お前も少し買っておけ』といわれたのでね。それは売らずにずっと持っていた。ウォルトン氏を信じていたし、自分の店を信じていたからだ。彼が、わが社にはこれができる、あれができるというたびに、私はその言葉を信じた。その通りになったがね」

ニューポートでアイスクリームの機械を買うために一八〇〇ドルを初めて銀行から借り

て以来、私が借金を快《こころよ》く思ったことは一度もない。だが、事業を行うには、借金は避けられないと悟《さと》ってからは、借金を重ねることにすぐに慣れていった。一時は、地元の銀行で、店の建設や事業拡大に必要な金を借りられるだけ借りまくったものだ。まもなく、私は、アーカンソーとミズーリ南部のすべての銀行に負債を負う身になった。銀行はそれまでのわが社の実績を評価し、信用してくれた。私はつねに期日までに借入金を返済していたが、時には、ある銀行へ返済するために、他の銀行から金を借りたこともある。

一方で、私はベントンビルのある銀行を、およそ三〇万ドルで買い取っていた。預金わずか三五〇万ドルほどのちっぽけな銀行だったが、そのことから、金融について多くを学んだ。新しい知人も何人かでき、金融界のことをいろいろ勉強し始めた。

たまたまダラスのリパブリック銀行に、ジミー・ジョンズという男がいたが、彼はわが社のために一〇〇〇万ドルの融資をまとめてくれた。一方で私は、店長や親戚を誘って、店に一定割り当ての投資をさせる努力も続けていた。一九七〇年までには、わが社に投資した共同経営者は七八人にものぼり、当時は一つの会社というより、三二の店舗をさまざまな人が集団で所有しているようなものだった。私の一家はどの店にも最大の投資をしていたが、同時にヘレンと私は首まで借金につかっていた。その額は何百万ドルにものぼった。私は悪いことをくよくよ考える性質《たち》ではないが、さすがにこの負債は私に重くのしかかっていた。万一の事態が発生し、誰もがいっせいに返済を求め始めたら、とたんに破産するだろうという思いが頭から離れなかった。こんなことを考えるのも大恐慌時に育ったせいかもしれないが、私は何とかして借金から抜け出したかった。

株式公開については、エイブ・マークスやディスカウントストア・チェーン協会の人々に相談したことはあったものの、それほど真剣に考えていたわけではない。だが、一九六九年のある日、リトルロックのウィット&ジャック・ステファンズという投資会社からマイク・スミスがやって来た。ステファンズ社は今日《こんにち》ではミシシッピ西部では最大の、また全国でも有数の投資銀行になっているが、当時は主に社債を扱っていた（ちなみに、ジャック・ステファンズは、かつて私が開発に失敗したリトルロックのショッピングセンターの開発を成功させた人物である）。私たちはベントンビルの中心街のあの古くて狭い本部にいたが、マイクがあの階段を昇って来たのを覚えている。彼には反逆者じみたところがあるが、独創的なアイディアの持ち主でもあった。その日彼は、わが社が株式を公開しても市場で十分やっていけることを、根拠をあげて説明し、私の頭にその考えを植え付けた。

マイク・スミス（ステファンズ社社員）

「ウォルトン氏に会いに行ったのは一九六九年の秋、私が野心満々のころだった。わが社は株式公開には一度携《たずさ》わっただけだが、私自身がそれを成功させたので、自分ではエキスパートだと自惚《うぬぼ》れていた。サムは多額の借金を抱えていたので、熱心に話し合ってくれた。私はリトルロックとベントンビルの間にあるすべてのウォルマートを見ていたので、サムの会社に可能性があるとわかっていた。もちろん、真っ先に彼がしたことは、私を飛行機に押し込んで、店を見せるためにオクラホマやミズーリ中を飛び回ることだった」

銀行から融資を断られた！

それからしばらくして、バドと私はオクラホマ州のロブソン家の農場へウズラ猟に出かけた。猟は好調だったが、その日の大半、二人が話し合ったのは、わが社の今後のことだった。私たちは事業を拡張したいと望んでいたが、事業の拡張と借金の返済を両方同時にするのはとても無理だった。事実、資金不足のために出店予定の立地を五ヵ所も諦《あきら》めていたのだ。その夜、帰りの車中で私たちは、株式公開の可能性を真剣に探《さぐ》ろうということで意見が一致した。それはわが社にはきわめて大きな前進になるだろうが、同時に、会社を掌握《しょうあく》できなくなるのではないかと、心配でもあった。

息子のロブはその前年、コロンビア大学のロー・スクールを卒業し、タルサで一番大きい法律事務所で働いていた。そしてウォルトン家が彼の最初の顧客になった。ロブを弁護士として雇ったのである。彼はウォルマート社の共同経営の経緯もよく知っていたので、彼には私たちが取り得るすべての選択肢を検討するよう依頼した。

それでも私たちは、株式公開が可能かどうか、確信がもてなかった。その間にも、財務内容はますます逼迫《ひっぱく》し、一部の債権者は返済を迫り始めていた。私は再びリパブリック銀行に融資を申し込んだが、これまでの融資で神経質になっていた銀行の幹部連中にきっぱり断られた。そのころ、ジミー・ジョンズはリパブリックからニューオリンズの別の銀行へ移っていたので、ニューオリンズへ飛び、彼の助けを求めた。ジミーは一五〇万ドルの融資をまとめてくれた。彼のおかげで一時的に急場をしのぐことはできたものの、それは長期的な問題の解決にはならなかった。

ロブは、税金対策をはじめとするさまざまな理由から、私たちの負債を整理して、すべてを会社の借入金として一本化するように勧めた。ロン・メイヤーと私は、プルデンシャル社が小規模なチェーン小売業者に融資を行っているという話を聞き込んだので、同社の融資担当者に面会の約束をとり、ニューヨークへ飛んだ。それほど差し迫っていたのだ。私は黄色のノートに会社の成長予測をすべて書き出し、融資が受けられるはずだと確信していた。担当者に向かって、五ヵ年計画の詳細な内容を数字をあげて説明し、競争のない小さな町に進出するわが社の出店戦略について語り、そこにどれほど大きなビジネス・チャンスがあるかなどを熱心に話した。だが、融資担当者は「わが社にはあなたがたと一緒にギャンブルする余裕はない」とにべもなくはねつけた。私はその時の推定値を長い間とっておいたが、実際の業績はすべてその時の予測を一五〜二〇パーセント上回ったのだ。

それでも私たちは、なんとか、マス・ミューチュアルという保険会社と接触することができた。彼らは一〇〇万ドルの融資に同意してくれたが、その代わりに大きな見返りを求めた。利息を払うだけでなく、株式が公開された場合は、あらゆる種類の株式購入権《ストックオプション》を彼らに与えるという条件である。私たちは彼らの意のままにあしらわれていたが、選択の余地はなかった。株式が公開された時、ミューチュアル社は、その時の取り引きのおかげで何百万ドルも儲《もう》けたのである。

難産の末の株式公開

そのころになると、私はもう、借金をすることにほとほと疲れ果てていた。ウォルマートの株式を公開しようと、私はかたく決心した。そして、マイク・スミスとジャック・ステファンズにその決意を知らせた。だが同時に、彼らには、競争入札方式にするつもりだとも告げた。それは、どんな取り引きの際にも私たちがとってきた方法である。また、地方の証券会社と組むのは不安があるということも、正直に告げた。私はウォール街の証券会社との取り引きが不可欠だと考えていたのだ。私の判断が正しかったかどうかはわからないが、マイクとジャックがあまり快く思わなかったことは承知している。ともあれ、私はいい相手を探しに、ニューヨークへ飛んだ。

マイク・スミス

ニューヨーク株式取引所で最初の株取り引きに立ち会う。

「当然、株式公開の手続きはすべてわが社に任せてほしかったが、サムはつねに用意周到に調査する性格だった。私の記憶では、こんなふうにことが運んだと思う。サムは商品買い付けでニューヨークへ行ったついでに、ウォール街で下調べしようとした。ホワイト・ウェルド社がオマハのあるチェーン企業の株式公開を手がけたことを知っていたので、ぶらっとそこを訪ねた。受付でいつものように名乗り、『わが社の株式公開について、どなたかと話がしたい』というと、受付嬢が『どちらからお越しですか』と聞くので、アーカンソーのベントンビルだと答えると、『わが社のレンメルという者がアーカンソーの出身です。彼ならお役に立てるでしょう』ということで、バック・レンメルに紹介されたのだった。彼はたまたま、リトルロック出身だった」

どのようにしてバックと会ったかははっきり覚えていないが、たぶんマイクのいう通りなのだろう。バックに、この件についてわが社を支援する気はあるか、と尋《たず》ねたところ、彼は検討してみようと答え、十分関心を示してくれた。当時、ホワイト・ウェルド社は一流の機関投資銀行だったから、わが社の株式公開がうまくいったのは、そこを選んだおかげだと今でも思っている。私の周囲の者がすべて私に賛成というわけではないだろうが。

マイク・スミス

「サムはホワイト・ウェルドのほうがわが社より株式公開に詳しい（当時はその通りだった）と判断し、委託することにした。でも、『私の友だちだし、いい連中だから、ステファンズ社の者にも参加させてほしい』と頼んでくれたんだ。ホワイト・ウェルドは自分たちが三分の二、わが社が三分の一という条件でどうか、と聞いてきた。ジャックに相談して、結局その話を引き受けることにした。のちに、他の株式公開の時は、わが社とホワイト・ウェルドが五分五分で取り引きするようになったが」

こうして、ロブは計画の実行にとりかかった。すべての共同経営者を一つの会社に統合し、会社の約二〇パーセント相当の株式を公開することにしたのである。当時は、私たち家族の会社株式の持ち株比率は約七五パーセント、バドが一五パーセント、他の親類が一パーセントほどを所有し、また、チャーリー・バウム、ウィラード・ウォーカー、チャーリー・ケイト、クロード・ハリスも少しずつ所有していた。こうした古くからの店長は、私たちの銀行から金を借りて店の株式を買っていた。ウィラードは銀行から金を借りる名人だった。多くの銀行の経営者と知り合いになり、必要なだけ借りた結果、信じられないような利益と、他の店長より多くの所有権を獲得した。

株数	100%分割日	分割日の市場価格（ドル）	
100			
200	1971年5月	46/47	OTC
400	1972年3月	46/47	OTC
800	1975年8月	23	NYSE
1600	1980年11月	50	NYSE
3200	1982年6月	49⅞	NYSE
6400	1983年6月	81⅝	NYSE
12800	1985年9月	49¾	NYSE
25600	1987年6月	66⅝	NYSE
51200	1990年6月	62½	NYSE

（OTC：店頭株　NYSE：ニューヨーク株式取引所）

ロブ・ウォルトン

「父は、さまざまな店の小口所有権をすべて一枚の紙にリストアップしていた。問題は、最初の株式公開の時、それをどんな基準で評価するかだった。基本的に簿価を用いるように提案したのを覚えている。複雑な相対評価はとらなかった。でも、皆がすぐにサインしてくれた。現在、ことの成り行きには皆、満足してくれていると思う」

一九七〇年初頭、準備万端整い、ロン・メイヤーと私はロサンゼルス、サンフランシスコ、シカゴなど各地へどさ回りに出かけ、わが社がどれほど有望な会社であるかを吹聴《ふいちょう》して回った。だが、株券発行前に市場が低迷したので、公開は延期せざるを得なくなった。

そのころ、わが社はすでに一風変わった重役会議を開いていた。夫人を同伴せずに、数日の釣り旅行に出かけ、仕事について話し合うのである。テーブルロックダムに行った時、私は皆の前で、やむなく株式公開が延期になったと告げたことを覚えている。だがその後、市場は若干持ち直した。そして一九七〇年一〇月一日、ついにウォルマートは店頭取り引きの株式公開企業となったのである。

設立趣意書では合計三〇万株、額面一五ドルの値をつけていたが、実際には一六ドル五〇セントで取り引きされた。反応は悪くなかったが、広い支持を得られたわけではない。株主となったのはわずか八〇〇人で、大半が機関投資家か、私たちの知人であった。

今日では誰もが知っていることだが、ウォルマートの株式市場実績とそれがもたらした富は、それ自体一つのサクセス・ストーリーである。わずか一五年前には、わが社の株式市場価値はおよそ一億三五〇〇万ドルだったが、今では五〇〇億ドルを超えている。だが、もっとわかりやすい見方がある。最初の公開で、たとえば一〇〇株を一六五〇ドルで買ったとすると、その後、わが社は二対一の株式分割を九回行っているので、今では五万一二〇〇株を所有していることになるのだ。昨年の株価は六〇ドルをやや下回る程度だったので、その値《あたい》はおよそ三〇〇万ドルにのぼる。当然、わが社の株はこれまで多くの人々を心から満足させてきた。そして、率直にいえば、ウォルトン家の純資産もすべてここから生み出されたものである。

最初の一〇〇株がこれまでにたどった経緯は一七七ページの通りである。

ヘレン・ウォルトン

「株式公開については、私はそうならないようにと望んでいたんです。私がもしサムを恨《うら》むことがあるとしたら、そのことですね。公開しなくてもやっていけたのにとずっと思っていましたから。会社のことでこれほど影響されたことはなかったわ。私が会社以外のことに関心をもとう、と決めたのはこの時です。わが家の利益を人目にさらすのがいやでたまりませんでした。公開すると皆があれこれ聞いてきて、家族も巻き込まれてしまうんです。開いたままの帳簿のようになるのは、本当にいやなものです」

負債から解放された!

株式公開のマイナス面についてはヘレンのいう通りだった。私たちは、多くの好奇の目にさらされてきた。だがあの日ニューヨークから戻った私は、すべての負債から解放されるという、人生最高の喜びを味わっていた。それ以来、ウォルトン家はウォルマート社を六一パーセント所有するだけになってしまったが、その日以降、ウォルマートのための個人的借金は一セントたりともせずにすんだ。会社は自ら資金調達をしてきたからだ。会社は鎖《くさり》から解き放たれたように発展し、私の肩からは大きな重荷が取り除かれたのである。

その後、ニューヨーク株式取引所でも取り引きできるように、再度の公開を行った。だが、家族としてはこれらの公開以外では、ごくわずかな株しか売っていない。それがわが家の立場を特別なものにしたと思うし、またすでに述べたように、これが一家の純資産でもあった。私たちはずっと株を保有し続けてきた。こうしたケースでは、たいていの創業者は、いつかはこう考えるものだ。「もうこんな苦労はたくさんだ、誰かに代わってもらおう。自分は奥に引っ込むか引退して、株は誰でもほしい者に売ってしまおう」と。しかし私は自分の仕事を楽しんでいたし、事業が発展する様子や、店の仲間や共同経営者が成功していくのを見るのがうれしかった。だから、辞めることはできなかったのだ。

いつも興味深い現象だと思っているのだが、わが社の株は公開以来、地元では会社の従業員以外からはほとんど支持を得られなかった。初期のウォルマートや、私がロータリークラブや商工会議所の会頭をしていたころのことを覚えている人々は、私たちがトリックまがいのことをしていると考えていたようだ。「たまたま運がよかっただけだ。いつまでも続くはずがない」と見ていたのだろう。これはこの土地の人々や、私に限ったことではない。故郷の人々が同郷の者の成功を認めたがらないのは、人間の本性なのだろうか。

当然のことだが、わが社も上場会社として、自社の株価を上昇させ、できるだけ多くの新規投資家を惹《ひ》きつけたいと考えた。そのためにとった方法は、例によって型破りなものである。たいていの会社は年一回、株主総会を開き、ウォール街のアナリスト向けの部会を開いて、会社の宣伝をして支持を取り付けようとする。マイク・スミスという男が異端者的なアイディアマンであることはすでに述べたが、彼は株主総会をイベントにしたらどうか、と提案してきた。私たちはそれを受け入れることにした。

手づくりの株主総会

大半の株主総会は都市のホテルなどを使い、議事録を読みあげたり、数名の動議を可決したりして、形式にのっとって短時間で終わる。その多くは、なるべく参加者が多くならないことを願いつつ、会社のある地方都市で開かれるのではないかと思う。だが、わが社はそれとは逆だった。わが社はもともと誰も来たがらないような片田舎《かたいなか》にあるが、しかし、なるべく多くの人に参加してほしかった。そこで、週末をゆっくり過ごせるようなイベントを計画し、ニューヨークやシカゴをはじめ全国からアナリストと投資家を招待した。往復の交通費は負担してもらったが、楽しんでもらえたのではないかと思う。

マイク・スミス
「たしかに私は、総会をイベント風にやることを提案したが、サムは詳しいいきさつを説明していないようだ。ウォルマート初の総会、いや、初期の何回かの総会は、さんざんだった。前日、私は総会の準備を手伝っていたんだが、ニューポートから来たサムの友人が、日を間違えて一日早く来てしまった。そこでサムは、自分のオフィスで彼一人のために総会を開いた。翌日、正規の総会を開いたわけだが、場所は物流センター近くのコーヒー店、集まったのは私たち六名だけだった。

翌年、私はこう提案した。『サム、お宅の会社は上場会社なのだから、本格的な総会を開いて、多くの人に来てもらうべきです。リトルロックでやりましょう。リトルロックならアーカンソーの州都だし、ベントンビルより便利ですよ』サムは乗り気ではなかったが、ともかく賛成してくれて、翌年はリトルロックのモーテルで開いた。だが、参加者はまたもやゼロ。『君のアイディアもこれまでだな』とサムにいわれた。

私は何としても、アナリストに会社を支持してほしかったので、彼らを週末にベラビスタに招待することを思いついた。ベラビスタにはゴルフコースやテニスコートや湖があり、素晴らしい場所だった。このアイディアに対して彼がいった言葉は今でも覚えている。『私には相当な金の無駄遣《づか》いだと思えるね』だが、ともかくやってみることにした」

それは素晴らしい結果になった。アナリスト連中が本当にやって来たのだ。会社の幹部を一人担当者にして、空港へ出迎えたり、週末に車で案内したりした。私たちはかつて融資してくれた多くの銀行をはじめ、都市の投資家たちにウォルマートのやり方を直接目で見てほしかった。彼らが実際にベントンビルまで来て、店長や他の幹部たちと個人的に知り合いになり、私たちの誠実さや熱意や倫理観を理解し、われわれがどういう種類の人間かをわかってほしかった。一般的な小売業の価値観や応対態度とは正反対の、ノーカンソーのこのおかしな集団のやり方こそ、競争相手に勝ってきた要因だということを、わかってほしかったのだ。

そんなわけで、私たちは金曜日に株主総会を開き、その晩は大掛かりな野外パーティを開くようになった。ある婦人が野外のディナーにフォーマルドレスで現れたことがあったが、何とも珍妙な光景だった。土曜日の朝には早起きしてわが社の会議に出席してもらい、重点販売品目や財務や物流など、その時々の問題を討論するのを聞いてもらった。現在は世界でもっとも大きく騒々しい株主総会になっているが、初期にはごくささやかだった。だが、独特な株主総会だった。土曜の会議のあとは、いつも特別なイベントを用意していた。ゴルフトーナメントはとくに珍しくないだろうが、ブルショールズ湖に釣りに行ったり、シュガークリークで筏下《いかだくだ》りをしたこともある。なかでももっとも野性的なイベントは、シュガークリークの土手にテントを張り、キャンプをしたことだ。これはさんざんな結果に終わった。考えてもほしい、投資アナリストたちは都会の人間だ。コヨーテが吠《ほ》え、フクロウが鳴き始めると、彼らは眠れなくなり、半分がキャンプファイアの周りで一晩中起きていた。寝袋で寝たことのない人々とキャンプするのは一回でこりた。

マイク・スミス

「こうした集《つど》いは大成功だった。だがやがて、サムの趣味に合わない方向へ進み始めた。なかには、酔っ払ってボートから川へ落ちる者もいたし、バーベキューでビールを飲みすぎる者も出てきた。サムはピューリタンでも、厳格な禁酒主義者でもなかったのだが、酔っ払いには我慢できなかった。そこでアルコールは完全に禁止にしてしまった。もちろんそれ以降は、イベントも前と同じというわけにはいかなかった」

私の目には、彼らは少し羽目をはずしすぎているように見えた。だが、何はともあれ、この株主総会のおかげで、ウォール街ではわが社のことが大いに評判になった。いい評判ばかりではなかったろうが、私たちが長年まじめに操業してきた会社であり、規律ある財政哲学をもち、成長の見通しをもっていることを理解してくれた人々もいた。それに、楽しむことが好きな連中だということもわかってもらえたと思う。なかには、いかれた連中、と思った人もいただろうが。

こうした株主総会は、上場会社になったばかりのころ、ウォール街の人々にわが社を知ってもらうためには、他の会社以上の苦労があったことを示す一例である。それは一つには、わが社の経営方針が他社とはまったく違っていたためであり、また、一つには、わが社がニューヨークから遠く離れているためである。この時期、わが社はさまざまな評価を受けた。よい評価で祝福してくれるアナリストもいたが、今にも崩れそうなトランプの城のようなものだと、けなす人もいた。

わが社のもっとも忠実なアナリストの一人は、ファースト・ボストン社のマーガレット・ギリアムである。彼女は長年ウォルマートを信頼してくれた。その結果、白分の顧客に莫大《ばくだい》な利益をもたらした。彼女のレポートで私が気に入っているものを掲載しよう。

「ウォルマートはわれわれが調べた限り、もっとも経営の優れた会社である。わが国最高といってもいいほどである。さらに、世界最高と考えている投資家を、少なくとも一人は知っている。われわれが生きている間に、第二のウォルマートが現れるとは思えない」

アナリストが投資家を混乱させる

一方、七〇年代に当地を訪れたもう一人のアナリストについても記しておこう。彼女の訪問は忘れられない。その日は一日、猟に出ていて、彼女とディナーに出かけた時は、私は薄汚れてしまっていた。当時、不動産部門の部長をしていた息子のジムも同行したが、彼はドレスアップするタイプの人間ではなかったし、実際、いつも薄汚れて見えた。私たちはきわめて率直に、当時のウォルマートの弱い部分や、問題点を包み隠さず彼女に話した。一方では、ウォルマートの経営哲学も説明し、自分たちが信じている会社の可能性を彼女にも感じてもらおうと努力した。彼女はニューヨークに戻ると、ウォルマートについてこれまでに書かれたもののなかでも、もっとも悲観的な報告を書いた。まだ株を売っていないなら、もはや手遅れ、という印象だった。

過去一〇年から一五年間、わが社を追跡してきたアナリストの大半は、一貫して支持する立場をとっている。何らかの理由で一時的に離れることはあっても、概してわが社に味方してくれた。

私は株式投資情報をそれほど定期的に読んでいるわけではない。たいがいの人は、私がウォルマート以外にほとんど投資していないことを知って驚いている。ウォルマートの株で儲《もう》けた人は、わが社の株をよく研究し、その経営理念と独特の経営戦略をよく理解したうえで、私のように長期的に投資しようと決めたのだと思われる。

わが社への長期的投資家として、おそらくスコットランドのあるグループほど儲けた人たちはいないだろう。彼らに会ったのは、上場会社になった初期のころステファンズ社が私たちをロンドンに連れて行ってくれた時である。彼らはまさに私と同じ信念をもっていた。社風や経営理念に確信がもてれば、多くの金融筋《すじ》のように株の売買で儲けるのではなく、長期的投資で儲けたいといってくれたのだ。数年後、エジンバラに彼らを訪ねたが、私たちをすっかり信頼してくれていた。同じようなグループがカリフォルニアにもある。

フランスにも一人、ピエールという人物が同じ考えで成功している。彼は初期の株主総会でシュガークリークを筏で下った時溺《おぼ》れそうになったので、二度と会うことはあるまいと心配した。だが、ピエールは私たちを信頼し始めていたので、ウォルマート社の株を買い、他の投資家にも薦めてくれた。彼は一五年間投資を続け、異例の成功を収めた。

ウォルマートはわが国でも最高の配当金を生んでいるので、長期的投資家にはつねに満足してもらっている。一九七七年から八七年にかけてのわが社の年平均配当率は四六パーセントであった。一九九一年の景気後退のさなかでも、三二パーセント以上の配当率を維持していた。

会社の重役たち、つまり、大規模な会社の経営に身を捧げている人たちにとって、頭が痛いのは、投資家たちを混乱させるアナリストたちではないかと思う。株価は時にはかなり値上がりすることもある。すると彼らはとたんに騒ぎだし、「さあ、売りだ。この株は過大評価されている」というのだ。だが、私の見解では、これはあまり意味がない。私たちが会社をしっかりと経営し、従業員や顧客を大切にする、などの基本を守ってさえいれば、必ずうまくいくはずである。もし私が投資家としてウォルマートの株を買うとしたら、ウォルマートの店を一〇店ほど見て回り、そこで働いている人にこう尋ねるだろう。「会社についてどう考えていますか。会社の待遇はどうですか」と。彼らの答えを聞けば、知りたい情報はほとんど得られるはずだ。

一方、こんな質問をよく受ける。株式が広く公開されるようになって、経営方針が変わるようなことはあったか、つまり、長期的な経営戦略を犠牲にして短期的戦術に力を注《そそ》ぐようになったか、というものである。それに対する答えは、両方を絶えず考える必要があるということだ。近年のように、年間一五〇店を出店するような場合、経営戦略の多くは必然的に短期的になる。だが、こうした成長を続けるためには、五年後、一〇年後のことを絶えず考えておく必要がある。株式市場からの圧力があるために、純利益率ばかりでなく営業利益率や粗利《あらり》益率《えきりつ》などについてもある程度の一貫性を保てるように、先の見通しをいっそう考えるようになったと思う。

私はこうしたことについてあまり悩まないことにしている。長年の間には、株価が激しく変動することもある。時には、投資家の間で小売業が流行の業種になって急騰《きゅうとう》することもある。あるいは、わが社の戦略はすべて間違っているという報告が出れば、急落することもあるだろう。一九八一年に、ビッグK（KマートのビッグKではない）というチェーンを買収して、ミシシッピの東部に初めて本格的に進出した時、わが社には手に余るだろう、アトランタやニューオリンズではこれまでのような成功はないだろうと予測された。また、セントルイスで本格的な競争にさらされれば、利益率を維持するのは難しいだろう、という観測もあった。上場した時から、つねにわが社の敗北を予測する見方はあった。そして、過去にも大口の機関投資家がこうした報告を読み、それを信じて大量の株を処分するたびに、ウォルマートの株価はいくぶん変動してきた。

二年前のこと、ある小売業専門のアナリストが、わが社が大きくなりすぎたために、年間成長率二〇パーセントを維持するのは困難だろうと心配してくれた。それを読んで、笑い転げたものだ。年間二五〇億ドルの売上高があるとすると、二〇パーセントは五〇億になるが、それだけでも大半の小売業より多いのだ。しかし、彼らにいわせれば、五〇億ドルの売上高の増加はわが社にとって災難というわけである。

その間、業界に何が起きているか見てほしい。私たちは、いまだに二桁《ふたけた》成長を続けているという理由で、ヒーローになっている。二〇パーセントの成長率があったら、全国ネットのトップニュースになるだろう。ウォルマートの成長率は一つの経済指標となっているからである。そういうからには、アナリストにも完璧な理論的根拠があったのかもしれないが、彼らは次の点を見落としている。

現在のような激しい経済の後退期にあって、すべての会社が悪戦しているなか、ウォルマートがなお成長を続けているのは、それだけ経営基盤が強いからだ、という点である。他社に比べれば、わが社の成長率は偉大だといえるほどである。

株価より大切なこと

会社が大きくなり、投資家の数も増えると、デトロイトやシカゴやニューヨークへ飛んで行き、銀行家や株主と話をしたいという思いに駆《か》られるものだ。だが当初、株主総会を手づくりで始めた経験から、外部に向かって会社の宣伝をするより、私はその時間を店の従業員と過ごすほうがいいと感じている。ニューヨークやボストンでのPR活動や講演会が、長期的な株価に大きく影響するとは思えない。評価は実力に伴うものだと考えている。もちろん、ウォール街へ出向き、現在のわが社の最新情報をアナリストたちに伝えることすら怠《おこた》るというわけではない。事実、この数年わが社の株主への対応は、全米株主協会から一位に選ばれているほどである。

過去数年間、私が本当に気にかかっているのは株価ではない。いつか、わが社がお客を大切にすることを忘れたり、幹部が従業員のことを気にかけなくなる日が来るのではないか、ということである。また、成長するにつれて、チームワークの精神が失われたり、わが社独特の家族主義が働く人々にとって実感を伴わない、空疎《くうそ》なものになるかもしれない、という心配もある。こうした試練のほうが、ウォルマートは方向性を間違っている、と指摘する評論家の言葉よりはるかに重大である。

　私たちには、小売業のコンサルタントや金融機関がコンピュータではじき出しただけの一〇ヵ年計画などの目標に合わせて、躍起《やっき》になっている暇はない。そんなことをすれば、飛んで来るボールから目を逸《そ》らすことになるだろう。だが、毎日、毎週、毎四半期ごとに、売り上げや純益で実績をあげ、わが社が健全な方向に進んでいれば、市場も正当に評価してくれるだろう。従業員やお客（今ではその多くが株主でもあるが）にとって、何パーセントであろうと、今後一〇年間、確実に業績を伸ばすことのほうが望ましいのである。

　誰かが立てた仮説上の計画を実現できないとしても、私は気にしない。株価が若干の影響を受けることはあるかもしれないが、長期的にはわが社はうまくやるだろう。予想とか株式市場の評価に真剣に耳を傾けるようなら、そもそも最初から、小さな町でディスカウントストアを始めたりはしなかっただろう。

第八章　次の町、次の店へ

隙間《すきま》にこそビッグ・チャンスがある

ジャック・シューメーカー（ウォルマート前社長兼ＣＯＯ）

「私は一九七〇年、開店準備のディストリクト・マネージャー（地域別統括者）としてサムに雇われた。引っ越して来た日、新居に家財道具を運び込んでいると、本部から電話が鳴った。すぐにミズーリの新しい店の開店準備にかかってほしい、というのだ。幼い子供三人を抱え、荷物の積み下ろしでてんてこ舞いだった妻が、私の洋服を探すのを手伝ってくれた。それから二週間というもの、家族には会えなかった。その後、店長会議があり、また二週間、家族と離ればなれになった。当時は、誰もが一日一七時間は働いたものだ」

借金から解放されて、わが社はいよいよ重要な出店戦略を押し進めることになった。その戦略とは、他店が素通りするような小さな町に、適正規模のディスカウントストアを開くことである。そのころ、同業のKマートは人口五万人以下、ギブソンズでさえ人口一万から一万二〇〇〇人以下の町には出店しなかった。私たちは自分たちの公式が人口五〇〇〇人以下の町でもうまくいくとわかっていた。だから、進出できる町は無数にあった。人々はつねにウォルマートの成功をこう一言で片づけてきた。「ああ、誰も進出したがらないような小さな町の真空マーケットに進出したのさ」

わが社が注目され始めたころ、業界の多くの関係者が、田舎《いなか》の企業がたまたま幸運にも、この出店戦略を思いついたにすぎない、といったものだ。たしかに幸運だったかもしれないが、出店戦略はそれを実現する手法がなければうまくいかない。わが社の手法とは、本拠地を中心に手の届く範囲に出店し、飽和状態になるまで一つの商勢圏を寡占《かせん》していく、というものである。

ディスカウントストアの草創期《そうそうき》、Kマートのようにすでに物流システムのある大手の企業は、全国規模で多店化をはかっていた。だが、大手が大都市のメトロポリタンエリアから他のメトロポリタンエリアへとジャンプしているその隙間に、わが社にとってのビッグ・チャンスがあったのだ。ウォルマートの出店戦略は必要に迫られて生まれたものだが、少なくともごく初期の段階で、私たちはそれを独自の出店戦略として捉《とら》えてきた。私たちは店を物流センターの守備範囲内に置き、管理できるような方法が必要だと考えた。

各店をディストリクト・マネージャーおよびベントンビルの本部が掌握《しょうあく》し、店の面倒を見られるようにしたかったのである。そのためには、物流センターから車で一日の走行距離内に出店する必要があった。そこで、物流センターを中心にできるだけ遠くに出店立地を見つけ、そこに次々と店を出していった。こうして、一つの商勢圏が飽和状態になるまで、郡から郡へ、州から州へと地図を一つずつ塗り潰《つぶ》すように出店していったのである。

私たちはアーカンソー北西部に浸透し、オクラホマに浸透し、ミズーリに浸透していった。時には、ある地区を飛び越したこともある。たとえば、ルイジアナのラストンに二三号店を開いた時、ベントンビルとラストンの間のアーカンソー南部には一店もなかった。そこで、その後、逆戻りしてその地区を埋めた。

じゅうたん爆撃型多店化作戦

当時、はっきりした将来像があったわけではない。ただ、こうした方法で多店化ができると感じていただけである。その通り、テネシーやカンザス、また、ネブラスカでもうまくいった。だが、都市部に関しては、先を見越して別の方法を考えていた。都市に出店するつもりはなかったが、そのかわり、都市をかなり遠くから包囲する形で出店していき、都市化がそこまでおよぶのを待ったのである。この作戦はほとんどすべての都市部で、じつにうまくいった。

まずタルサを囲んで、ブロークンアローやサンドスプリングズなどに出店した。カンザスシティ周囲では、ミズーリ川をはさんでワレンバーグ、ベルトン、グランドビューと、対岸のボナースプリングズ、リーベンワースに出店した。ダラスでも同様だった。

この市場寡占化戦略は管理や物流の面だけでなく、ほかにもいろいろなメリットがあった。そもそもの初めから、わが社は宣伝にあまり金をかけるつもりはなかったが、じゅうたん爆撃型多店化作戦は結果的に広告費を節約するのに大いに役立ったのである。大半は田舎であるこうした町に次々に出店していけば、あまり宣伝しなくても口コミですばやくメッセージが伝わるからである。

アーカンソーとミズーリにそれぞれ七五店舗ずつ、オクラホマに八〇店舗をもったころには、ウォルマートのことは広く知れわたり、値入れ率（売価を決める際の仕入れ原価への上乗せ分）の高い小売業者以外は誰もが、自分の町にもウォルマートが来るのを待ち望むようになった。こうして、新聞広告に力を入れなくても、一ヵ月にたった一回チラシを配布するだけですんだのである。わが社は大きな宣伝をしたことはないし、現在の規模になってもこれは変わらない。

このように、だいたいは同じ手法を繰り返しながら、クッキーの型抜きの要領で地図を埋めていった。唯一、意思決定が必要だったのは、どの市場にどの面積の定形型の店をつくるかである。店舗面積は、三万平方フィート（約八四〇坪）から六万平方フィート（約一七〇〇坪）まで五種類あった。市場規模が小さいからといって、出店を取り止めることはほとんどなかった。私はそれまでバラエティストアの競合店を見るために多くの旅行をしてきたので、小さな市場の可能性を買っていたからである。

草創期の多くの経営戦略と同様に、わが社は今でもほぼ、この出店戦略を守っている。もっとも現在は、大都市に直接出店することもあるが。だが私は、出店立地確保の基本戦略は、これからも拡大しつつある都市郊外に目を向け、そこで人口が増えるのを待つべきだと考えている。小さな町から出発しても、人々が店の前を車で通りかかってウォルマートを知るようになり、お客となってくれるのだ。この過程は驚くほど早く進む。たとえば、フロリダには北部の人々が大勢、避寒にやって来るが、フロリダでウォルマートを知った人々は、一刻も早くわが店が北部にも来てほしいと願っている。

信じられないかもしれないが、彼らは自分の町にウォルマートがないのを物足りなく思い、北部にも進出してほしいと、私に手紙を寄こすほどである。リオグランデバレーでも同様だった。冬の間にそこを訪れたノースダコタ、サウスダコタ、ミネソタなどの農家の人々は、ウォルマートの存在を知っている。そんなわけで、初めての地に進出する時でも、ウォルマートの名はすでに売れているのだ。わが社は今でも、一つずつ商勢圏を埋めていくので、友好的な人々がいるとわかっている地域でも、そこへ出店するまでには長い道のりをたどらなければならないのだが。

もし当時、私に飛行機がなければ、そうしたことはできなかっただろう。最初の飛行機を買ったのは、店舗間を往復し商売の状況を把握《はあく》するためであった。だが、多店化が始まると、飛行機は出店立地を見つけるために欠かせない道具となった。上空から出店立地を探すという点では、わが社はおそらく他社に一〇年は先んじているだろう。上空からは交通の流れ、町や市街の発展状況、競合店の場所まで確かめられる。そうやって、その市場に見合った出店立地を買収してきたのである。私は自分でそれをするのが好きだった。

飛行機の高度を下げ、機体を傾け、町の真上を旋回する。よい場所を見つけると着陸し、そこの地主を探し出して、すぐに交渉に入ったものだ。私がジェット機を嫌うのは、小型飛行機のようには高度を下げられないという立派な理由がある。バドと私は一一〇から一三〇店舗になるまで、ほとんどこの方法で立地を選んできた。私は、この手法や成果を誇《ほこ》りに思っている。大手の小売企業でも、土地開発の状況を調べるために、飛行機を旋回させて調べる企業はそう多くはないと確信している。五〇〇店舗くらいまでは、私自身が立地買収にかかわってきたし、契約書にサインする前にだいたいの調査はすませてきた。店舗の立地条件とその価格は、店を成功させるための重要な鍵である。この部門は、わが家族がつねにかかわってきた部門でもあった。一時はジムがやっていたし、現在でも、ロブは調査に同行したり、出店立地決定会議に出席している。

よい立地が見つかると、そこを買収し、店舗を建設する。わが社には開店準備計画なるものがあるが、基本的には、タスクフォース（臨時の機動部隊）を招集する。このタスクフォースとは手のすいている副店長を寄せ集めたものだ。アル・マイルズなどは一〇〇もの店舗をつくりあげ、三〇〇以上の開店準備に立ち会ったに違いない。開店までには、陳列器具を組み立て、商品を発注し、広告を考えなければならない。もちろん、人を雇い入れて教育しなければならない。私たちは一致協力してそれをやり遂《と》げてきた。開店準備にはいろいろなエピソードがあるが、ある時などモーテル代を節約するために、全員でまだ家具を運び込んでいなかった新店の幹部の家の床に、寝袋で寝たこともある。

今すぐ飛び立ちたい

フェロルド・アレンドは、初期の店舗開発で独特な働きをした。彼は私と違って、物事を組織的にやる人間である。たとえば、今日やるべき一〇の仕事があるとすると、彼はそれをすべて書き出してから着手する。人にやらせた仕事は、二度確認するのがつねだった。私は彼とは違い、ただひたすら動き続けていた。

当時の私は、次の町、次の店へただちに飛び立ちたいという強い衝動を感じていたのだと思う。だから、誰かの準備ができるまで待ってはいられなかった。私がパイロットたちと協力できなかったのは、これが主な原因だろう。私が準備できている時に、彼らはいつもまだ準備不足なように思われた。いずれにしろ、私は飛ぶことが好きだ。至るところに自分の航路を見つけ出し、天候を判断し、計器着陸する、こうした挑戦が気に入っている。しかし、何よりも私が愛していたのは、自分が行きたい時に、行きたい場所へ、ただちに行ける、という自由だった。

さらにいえば、私は人々が働いているのを見るのが好きなのだが、パイロットの仕事には本来、地上待機の時間が多く含まれる。そのため、最初のころ、私は素晴らしいことを思いつき、こういった。「わかった。こうしよう。あいている時間、君たちは店に行って、部門別の在庫状態を調べるんだ」私にはこれは完璧な思いつきだと思えた。彼らもわが社の仕事をもっと学ぶ必要があるし、進んで会社の仕事を手伝うことで、喜びも見いだせるはずだからだ。私の提案は三ヵ月間実行され、あらゆる不平不満を生み出す結果になった。パイロットたちは天候調べやメインテナンスの確認など、ほかにやることがいっぱいあるというのだ。ついに私は譲歩した。現在、わが社のパイロットたちは、どんなパイロット仲間より、滞空時間が長いと思われる。

ジャック・シューメーカー

「私が最初に開店させた店は、セントロバートの二一号店だった。普通は、建設が完全にすんでから、店を引き渡されるのだが、いつもそううまくいくとは限らなかった。その店を引き渡された時も、駐車場がまだ整備されていなかった。砂利のままで区割りもなく、ロープもなかった。副店長のゲリー・ラインボースと私は、開店時の混乱をどうやって避けるか、知恵を絞ったものだ。

たまたま、野外軽食屋のトラックが、荷台に使用済みの油を入れる大きな黄色い缶を積んでいるのが目にとまってね。彼と交渉して、うちの店で食用油を安く売ってやる代わりに、その缶を開店大売り出し用に使わせてもらうことにした。その缶に旗とロープをつけて、駐車場の区割りにしたというわけだ。サムの望みは仕事をうまくやることで、その限りでは、創造性を大いに認めてくれた。私たちはいつも頭をフル回転させて、仕事をすばやく完了させたものだ」

私はできる限り頻繁《ひんぱん》に店を訪ねて、仕事がきちんとなされているかどうかを見るのを習慣としていたが、これは明らかに管理職の者にはプレッシャーになった。彼らにも店舗視察に出かけるように期待してからは、とくにそうである。私はいつも、本部における日常業務の責任を彼らに委《ゆだ》ねてきた。初期のころにはフェロルド・アレンドとロン・メイヤー、のちにはジャック・シューメーカー、最後にデビッド・グラスとドン・ソーダクィストに責任をもたせた。私の役割は、優秀な人材を見つけ出し、彼らに最大限の権限と責任を与えることだった。

わがオフィスにて。

思い立ったら、即実行！

私は経営者として、干渉するタイプか、それとも任せるタイプかとよく聞かれる。私は現場へ出かけたり空を飛び回ったりする点で、管理職以上の存在だと思っている。その過程で、自分で試せることはすべてやってみた。店長たちには意思決定も試行錯誤も自由にやらせてきたが、彼らに対して批判や助言も与えてきた。また、私は数字に強いので、事業報告書や各店から寄せられる膨大《ぼうだい》なデータすべてに通じている。その点、私の経営者としての仕事の進め方は、私の能力によって決まってきた。私は自分の得意とすることをやり、弱い面はほかの人々に補ってもらったのだ。

数字を覚える能力には、早くから気づいていた。人の名前や出来事は思うようには頭に入らないのだが、数字はすぐに頭に入り記憶できた。私が土曜の夜中、午前二時か三時にオフィスへ行き、その週のすべてのデータに目を通すのも、そうした理由からだ。だから土曜の早朝会議では、誰よりも一歩先んじていた。データをチェックし、定期的に店を見ていれば、数字を見た時にその店のことを思い出せるものだ。店長の名前や今週の売上高、人件費等々。私は土曜の早朝、すべての店についてこの確認作業をやってきた。三時間かかるが、やり終えると、会社の現状にわが社の誰よりも満足を覚えたものだ。

だが、私は、自分が組織的人間かと聞かれれば、即座にノーと答える。組織的にやれといわれたら、私のペースはとたんにがた落ちになる。実際、お手上げ状態になってしまうだろう。やるべきことや、いるべき場所を覚えていようとはするのだが、スケジュール通りにいったためしはない。私のやり方は、秘書のローレッタ・ボスや、彼女の後任のベッキー・エリオットをいつも逆上させてきた。私の仕事の進め方はまったく型破りなのだ。

ローレッタ・ボス・パーカー（二〇年間、個人秘書を務める）

「サムはいつもそうでした。彼の頭は人の一〇倍の速さで回転するんです。いつも二、三歩先を考え、思いついたことは即座に実行します。新しい発想があると、他の計画は全部後回しにして、すぐ処理したくなる性質《たち》でした。ほかの人にもそれぞれ予定があるのに、全部キャンセル、ただちに会議招集です。

最初は、戸惑ったものです。私がサムに代わってアポイントメントをとりますが、カレンダーが二つあって、一つは彼の机の上、一つは私の机の上に置いていました。それでも、完全に忘れてしまうのです。ある時、ダラスから来客の予定があり、出迎えるために八時に出社してみると、サムはその日の朝五時に、行き先も告げずにどこかへ飛び立ったあとでした。私はダラスから来たお客に、言い訳するのに苦労しました。こんなことが数回続いたので、私はついにいったんです。『もう、あなたのアポイントメントはとりません』すると、彼は、『そうだな、それが一番だ』と答えました。それからは、自分でアポイントメントをとっていたのですが、それでも忘れましたね。だから、相変わらず、私は言い訳する役目でした。四半世紀かけても、彼を組織人間に変えられませんでした。今後も彼を変えられる人はいないでしょう」

土曜の朝に数字に目を通すことと定例会議に出る以外、私にはこれといった決まった仕事はあまりない。旅行にはいつも小型のテープレコーダーを携帯しているが、これは店の従業員との会話から思いついた改善案を記録するためだ。また、黄色のノートも持ち歩いているが、これには会社の処理案件が一〇から一五項目ほどリストアップされている。このリストは幹部連中をパニックに陥《おちい》らせている。だが、これも私の会社への重要な貢献の一つだと思っている。

デビッド・グラス

「サムはいったん思いついたら、頑固になってね。相手が疲れきるまで言い張るんだ。彼の議案を全員で討議して、さし当たって、あるいは永遠に、やる必要がないと決定したとする。それでその件は落着かと思ったら、とんでもない。サムがやるべきだと信じる限り、次の週も、また次の週も、永遠にそれが議題にのぼる。ついに皆、こんな闘いを続けるよりは、実行するほうがましだと根負けするまでね。これを私は、消耗作戦型マネジメントと呼んでいるよ」

早朝出勤は有効な時間

自分の責任であるすべての仕事をこなすために、私がやっているのは、土曜日以外でもほとんど毎日、早朝から出勤することだ。四時半にオフィスで仕事を始めるのはごく当たり前になっている。この早朝の時間はきわめて貴重だ。誰にも邪魔されずに、ものを考え、計画を練り、頭の中を整理することができるからだ。この時間に手紙を書いたり、「ウォルマート・ワールド」という社内報の記事を書いたりもしている。

A・L・ジョンソン（ウォルマート社副会長）

「サムの最大の強みは、予測不可能ということだろう。彼はつねに独特であり、自分でものを考えるタイプだ。だから、紋切り型の経営者ではない。

私が営業企画の責任者だったころ、コンピュータはまだあまり普及してなかったので、六年間というもの、金曜日の朝になると彼の部屋へ出向き、集計用紙を手渡していた。私は毎朝、自分でそれを検討していたが、サムはそこから選んだ数字を自分のノートに書き取り、自分で検討しなおすんだ。私の判断を信頼していないとは思わなかった。彼はただ、別の角度から数字を検討するのが自分の役目だと考えていたんだ。時には、私の分析とは違ったり、私の判断について議論することもあり、緊張したものだ。私が集計表を彼の前に置いても、それをすんなり彼が受け取るわけではないといつも覚悟して出向いたものだ。

サムは部下をやる気にさせる指導者として有名だが、実際、これまで得てきた以上の賞賛を受けるに値《あたい》するだろう。同時に、自分が発奮させた部下に特別に注目する点でも優れていた。彼の経営方法は、すべてに目を配るマネジメントといえると思う」

事業が拡大し始めた時、最初からこうなるとわかっていたのか、という質問をよく受ける。私はわかっていたとは思わない。わかっていたのは、わが社が急速に伸びているという事実と、そして、うまくいっているということだけだ。私たちは成長を楽しんできたし、このまま継続しても大丈夫だと思えた。私は当初から、もし手に負えない兆候が現れたら、つまり予測したほどの数字が出てこなかったら、ただちに撤退し、これまで築いてきたものを守るといってきた。もちろん、現在までのところ、その必要はなかったが。

フェロルド・アレンド

「じつをいえば、まだ競争相手のいない間に、小さな町でディスカウントストアのチェーン化を成功させるのはきわめて簡単だった。ディスカウントストアは、大都市の郊外以外では、前例がないフォーマット（業態類型）だったからだ。もちろん、顧客には大都市周辺にも友人や親類がいて、ディスカウントストアへ行った経験がある。だから、自分の町にもディスカウントストアができると、わっとばかりに殺到したものだ」

厳密にディスカウントストア・チェーンに限っていえば、フェロルドの競争に関する言葉は正しいだろう。だがここに、長年わが社について人々に誤解を与えてきた説がある。二〇年も前から、東部の人々はこういっていた。「ウォルマートは競争を経験したことがないから、競争する立場になったら、お手上げだろう」だが、彼らが忘れているのは、わが社の前身がバラエティストアであり、中南部は中規模のバラエティストア・チェーンの本拠地だ、という点である。ベン・フランクリンをやっていたころ、私たちはスターリング、TG&Y、その他の中規模勢力とあらゆる競争を体験してきた。だから、ディスカウントストアでは競争の体験がないといっても、わが社が競争をしたことがない、とはいえないのだ。それに、ギブソンズをはじめ中規模勢力の動向をいつも見守っており、万一、彼らが私たちのテリトリーに進出したら、どうすべきかもわかっている。経費をできるだけ抑え、売価をできるだけ安く維持し続けるのである。

驚異的成長の裏で

この飛躍の時期にチェーンストアを運営したことは、私の人生でももっともエキサイティングな体験だった。実際、このように急速な成長は、小売業の歴史上にもかつてなかった。これは、オクラホマやテキサスにおける油田噴出に匹敵する現象である。つまり、一挙に噴き出したのだ。これを可能にしたのは優れた経営陣を用意したおかげだが、私も当時、業務のすべての面にかかわっていた。営業企画、立地買収、建設、競争店に関する調査、資金調整、帳簿などあらゆる面に。私たちは皆、言葉ではいえないほど必死で働き、ことの成り行きに興奮していた。

一九七〇年代のわが社の成長率がどれほど驚異的なものか、当時の私たちですら理解していたとは思えない。それを数字でお目にかけよう。

	店舗数	売上高（単位：百万ドル）
一九七〇年	三二	三一
一九七二年	五一	七八
一九七四年	七八	一六八
一九七六年	一二五	三四〇
一九七八年	一九五	六七八
一九八〇年	二七六	一二〇〇
（二〇〇一年度	四四一四	*訳注二一九八〇）

七〇年代前半に、互いに競争しないディスカウントストア企業（ほとんどは中規模チェーン）が集まって、研究会を始めたことがある。そこで他社の数字と比較して初めて、ウォルマートの業績がいかに驚異的かを認識したものだ。皆がただただ驚嘆したのを覚えている。わが社がこれほど多店化していくのが信じられなかったのだ。研究会のメンバーのほとんどが年に五、六店出店する程度だったのに対し、わが社は年間、五〇店も出店していた。「どうやったんだ？　そんなことできるはずがない」と誰もがいっていた。

だが、実際に、私たちにはできたのである。店舗数だけでなく、売上高の上昇とともに、純利益も一九七〇年の一二〇万ドルから八〇年には四一〇〇万ドルへと伸びていた。

理論的にいえば、こんなことが可能だと主張する権利は私たちにもない。ただ、力を尽くし、能力の限界に挑戦し、全員が一致協力して、初めて可能だったのである。誤解しないでほしいが、私たちに成長の痛みがなかったといっているわけではない。

フェロルド・アレンド

「何よりも問題だったのは、人材不足だ。優秀な人材を見つけ出し、早急に訓練する必要があった。いつもギリギリの組織でやっていたからね。店に余分な人員はなく、したがって、本当に優秀な人材を至急必要としていた。普通、見習い店長と呼べるまでには一〇年かかるといわれたものだが、サムはほとんど経験のない者を雇っていた。彼らに半年間、店長と一緒に働かせてみて、商品管理や労務管理の能力を少しでも示せば、彼らを副店長に抜擢《ばってき》していった。彼らは新規開店などをいくつか手伝い、それから店の運営を任された。私は、彼らのほとんどは店を運営する水準に達していないと主張したんだが。リムは私の意見が間違っていることを証明したよ。ついに私は納得した。経験がなくノウハウを知らない者でも、仕事を成し遂げたいという意欲と熱意さえあれば、不足を補うことができるとね。これは、十人中九人までにいえる。わが社がこれほど早く成長できたのも、こうしたやり方が一因になっている」

成長のこの時期、私たちはできる限り多くの営業企画プログラムをつくり、各店への支援体制を整えようと努力していた。だが、七〇年代初期には、商品の重点販売や企画について、店長たちはまだかなり自分独自の方法で自由にやっていた。

トーマス・ジェファーソン（ウォルマート初期のディストリクト・マネージャー、のちに店舗運営部長）

「大半の店では、年に数回、屋外大売り出しをやる程度だったが、当時うちの店では、週末は店内の陳列商品と同じくらい、屋外にも置いていた。駐車場の一角にロープをめぐらし、ミュージックバンドを入れ、船荷セールなどをやったものだ。うちでは小型の平底ボートを売っていたが、それをいくつか持ち出して台の上に並べ、商品を積み上げるんだ。今でも屋外セールはやっているが、昔のものとは違う。あんな方法はもう通用しないね」

一方、七〇年代初期には、小さな町での急速な出店に合わせて、物流システムをどうするかという問題を抱えていた。この問題はいつも私をカッカさせたものだ。ベントンビルの物流センターをうろつきながら、私はブツブツ文句《もんく》をつけた。「これはどの店へ配送するんだね？　どのバイヤーがこれを買ったんだ。在庫が余ってるじゃないか！」店の連中は商品をほしがっているのに、それを届ける方法がなかったのだ。

皆が自前のトラックを購入するべきだと決めた時、私は不安だったが、結局買うことにした。大型トラックを二台、トレーラーを四台買ったのだが、配送担当者は、配送の規模からすれば、四台のトラックと六台のトレーラーが必要だと考えていた。とんでもない、と私は思った。そこで、こういう言葉が生まれたのである。「サムが物流センターに来た時に、遊んでいるトラックやトレーラーがあったら、彼に見つからないように裏に隠せ」というのである。

トーマス・ジェファーソン

「成長が早まれば早まるほど、物流部門は遅れていった。物流センターはそんなに早く建てられないからだ。現在では、需要に対して、一・五倍の物流センターがあるといわれるほどだが、当時は、商品を店へ配送するのが大問題だった。そこで外部の物流センターも借りたが、営業費がかかりすぎた。要するに、手に負えなくなっていたんだ。時には、物流センターの周りに、五〇〇台のトレーラーが商品を満載したまま待機していることもあった。そして、それを荷降ろしできないうちに、次の日には、六〇貨車分の商品が届くという状態だった。店でほしがっている品物が、時には、一週間も一〇日も物流センターの隅に眠っていることもあった」

コンピュータ・システムの幕開け

この問題は本当に私の悩みの種だった。当時はまだ、ミズーリでドラッグストアをやっていたデビッド・グラス(ウォルマート社の二代目CEO)や、ベン・フランクリンを経営していたドン・ソーダクィストを、わが社にしつこく勧誘したのは、一つにはそうした理由からだった。二人には優れた才能があり、一方、わが社はどの分野であれ、得られる限りの人材を必要としていた、とくに、私が不得意とする物流システムづくりや他の業務システム化の分野で。前にも述べたように、ロン・メイヤーは集荷方式や、クロスドッキング、商品積み替えなど、すべての新しい方式をわが社に導入した。だが、一九七六年にデビッド・グラスがついにわが社に来ることになって初めて、物流システムが完全に機能するようになったのである。今日のような効率的で高度な物流システムを構築したのは、誰にもまして彼の功績である。

彼が来るずっと以前、ロンやフェロルドが会社の経営を手伝ってくれていたころは、ジャック・シューメーカーが強力かつ優秀な人材としてやって来た。彼は新規開店で素晴らしい仕事をした。ジャックは、スーパーマーケットのクローガーの店長をしていたが、このスーパーマーケットは、現在のわが社の「スーパーセンター」に近いコンセプトで、食品と家庭雑貨の両方を取り扱っていた。したがって、彼は商人ではあったが、私が彼を雇った時点ではそれほどの経験はなかった。彼はわが社の最初の大卒組の一人で、ジョージア工科大学の出身で、エンジニアとして、システムと組織づくりに情熱をもっていた。

こうして、爆発的な成長を支えるための組織を構築する、優秀な人材が揃っていった。彼らは皆、私が不得意な分野で才能を発揮した。もしこうした有能な人材を追い求め続けなかったら、会社は七〇年代に空中分解していたか、少なくとも、八〇年代のあの未曾有《みぞう》の成長を生み出すことはなかっただろう。さまざまな制度を早くからスタートさせ、物流センター発展の基礎をつくり、データ処理システムを各店に導入したおかげで、のちに大幅な経費の削減ができたのである。

ジャック・シューメーカー

「ある日、フェロルドとサムが私を本部に呼んで、『君は会社のマニュアルをつくった経験があるはずだが』と尋《たず》ねた。私はクローガーのほかにも別の会社のマニュアルをつくったことがあった。するると、彼らはいった。『本部に来て、会社の行動原則や作業方法についてまとめてほしい』私はこう返事した。『それはけっこうなお話ですが、私がやりたいのはその分野ではありません。私はバイヤーの仕事がしたいんです』すると、サムはいった。『君のような人間に、どうしてもマニュアルづくりをやってほしいのだ。書き上げるのに、どれくらいかかるかね』私は経験から、半年から一年必要だとわかっていたが、『九〇日でやります』と答えた。すると、サムはいった。『六〇日あげよう』サムは何であれ、待てない性分《たち》なんだ。短気でね。それがわれわれ二人を結びつけたんだと思う。行動への執念《しゅうねん》だな。ともあれ、三六〇ページのマニュアルを五九日で発行したよ」

のちに、ジャックは古参幹部のなかでも一番のうるさ型になった。しかし、彼は業務システムづくりに献身した人物であり、かつ偉大な商人にもなった。

トーマス・ジェファーソン

「ロン・メイヤーが在職していた時代、シューメーカーが入社して間もないころだが、コンピュータが現場の店にも導入され始めた。当時、どの店でも把《と》っ手《て》を回す旧式のレジスターを使っていたが、作業にひどく時間がかかった。ロンはサムを説得して、シンガーの電子レジスターを各店に備《そな》えさせたんだ。すでに手動式では間に合わなくなっていたから、これは素晴らしい考えだった。だが問題は、この機械がひどく気分屋だったことだ。店長のなかでそれをうまく扱えるのは、アル・マイルズ一人だけだった。メイヤーのアイディアはよかったのだが、選んだ機種がいけなかったんだな。

店内コンピュータの導入については、シューメーカーの功績だ。彼はあらゆることを研究して、サムに提案した。毎年何かの新しい装置で業務を改善し続けていた。この時代がウォルマート社コンピュータ・システムの幕開けだったのだろう。だが、ほとんどの社員は、それが将来の発展にどうつながるかなんて、考える暇もないほど忙しかったが」

こうして七〇年代に、ウォルマートは完全に効率的なチェーン企業に変貌《へんぼう》し、さらに驚異的な成長を遂げる次の時代への準備を整えたのである。どの町でもウォルマートが開店すると、バラエティストアのお客がどっとウォルマートへ移ってきた。ウォルマートに対抗するためには、自らディスカウントストア・チェーン・ビジネスに飛び込まなくてはならなかった。実際、彼らのほとんどが、ディスカウントストアにフォーマットを転換した。カーンズ・ビッグKはディスカウントストア・チェーンに転換したし、スターリングもマジックマートをスタートさせた。

私たちが一から積み上げていったのとは対照的に、彼らは最初から物流センターやチェーン・システムをもっていた。理論的に見れば、私たちに勝ち目はまったくなかった。だが実態は、彼らは本気でこのビジネスにかかわらなかったのだ。古いバラエティストアのコンセプト、つまり、四五パーセントの粗利益率《あらりえきりつ》にこだわり、手放そうとしなかった。それまで八ドルで売っていたブラウスを、粗利三〇パーセントの五ドルで売ることができなかったのだ。私たちは原価・経費・売価を低く抑えることで、アメリカ中心部の一つの時代に幕を引こうとしていた。バラエティストアのフォーマットに終止符を打ったのである。

＊訳注

ウォルマート社の現在（2002年1月末）

・2001年度売上高合計　2198億ドル・店数合計　4414店

<table>
<tr><th>店名</th><th>フォーマット</th><th>店数</th><th>1店当たり
売り場面積(坪)</th><th>売上高*
(億ドル)</th><th>開業年</th></tr>
<tr><td>Wal-Mart《ウオルマート》</td><td>ディスカウントストア</td><td>1647</td><td>2400〜3400</td><td>631</td><td>1962年</td></tr>
<tr><td>Wal-Mart《ウオルマート》
Supercenter《スーパーセンター》</td><td>スーパーセンター</td><td>1066</td><td>2500〜4500</td><td>760</td><td>1992年</td></tr>
<tr><td>Sams《サムズ》</td><td>メンバーシップ・ホールセール・クラブ</td><td>500</td><td>2800〜3400</td><td>294</td><td>1983年</td></tr>
<tr><td>Neighborhood《ネバフッド》
Market《マーケット》</td><td>スーパースーパーマーケット</td><td>31</td><td>800〜1000</td><td>—</td><td>1998年</td></tr>
<tr><td rowspan="4">海外事業</td><td>英（ASDA）</td><td>250</td><td rowspan="3"></td><td rowspan="3">354</td><td rowspan="4">1991年メキシコ進出から開始</td></tr>
<tr><td>メキシコ</td><td>541</td></tr>
<tr><td>カナダ</td><td>196</td></tr>
<tr><td>その他海外</td><td colspan="3">183（中国、韓国、南米など）</td></tr>
<tr><td colspan="4">McLane《マクレイン》（W社の子会社のフード・ディストリビューター）がAmeriserve《アメリサーブ》を買収</td><td>138</td><td>1991年買収</td></tr>
</table>

＊合計の数字の違いは、その他の営業収入。

第九章　よりよいパートナーシップを目指して

告白「人件費をケチっていた」

ポール・ハービー（ラジオ解説者、ウォルマートの株主総会のゲスト）

「皆さんがこの会社で創造したものは、共産主義にも、社会主義にもできなかったことであり、資本主義さえ超えるものである。私は、ウォルマートで成し遂《と》げられたことを『啓蒙的消費者主義』と呼びたい。ここでは、全員がチームとして働き、お客は再び、王様になるのだ」

ウォルマートが成功した要因として、品揃えと商品開発、物流システム、情報技術（IT）、市場寡占化《かせんか》戦略、じゅうたん爆撃型出店作戦などを語るのは誇《ほこ》らしくはあるが、正直にいえば、わが社の驚異的成長の本当の秘密はこうした要因のどれでもない。本当の秘密は、経営陣と全従業員との間によきパートナーシップを築いたことである。わが社では、一般に時間給で厳しい労働をしている店員、物流センターの人々、トラック運転手などもアソシエート（仕事仲間、提携者等の意味がある）と呼んでいる。彼らと私たちの関係は、真の意味でのパートナーシップである。このパートナーシップゆえに、わが社は一貫して他社をしのぐ業績をあげてきたのである。

本当はこういいたいところだ。「パートナーシップの構想は、創業当時からの私の基本理念であり、すべての従業員が公平に事業の利益を受け取れるような会社をつくるのが、私の若き日の夢だった。したがって、従業員には最初から会社の重要な決定に参加させ、他店より高い賃金を払い、対等に扱ってきた」と。だが残念ながら、実情は違っていた。

むしろ、私は大変なケチで、従業員に十分な給料を払っていなかった。店長とは初期のころからパートナーシップを築き、十分に報《むく》いてきた。すでに述べたように、ウィラード・ウォーカー、チャーリー・バウム、チャーリー・ケイトなどは最初から利益の一部を受け取っている。だが、店員には時間給以外は払っていなかったし、その賃金もかなり安いものだった。自己弁護するなら、当時の小売業、とくにバラエティストアの店員の賃金は、だいたいそんなものだったのだ。

チャーリー・バウム

「一九五五年、私がファイエットビルの店を引き継いだころ、サムは店員に時給五〇セント支払っていた。私はそれではかわいそうだと思い、翌週は七五セントに値上げしたんだ。するとサムから電話があり、『チャーリー、うちでは時給二五セントも値上げしない。昇給は五セントだ』といわれた。でも、私は二五セントの昇給の方針を変えなかった。彼女たちはそれだけの仕事をしていたし、当時、うちの店はかなり儲《もう》かっていたからね」

チャーリーがいうほど自分がケチだったとも思わないが、たぶん、それに近かったのだろう。私は故意に彼女らに冷酷《れいこく》にしていたわけではない。よい給料を払いたいのはやまやまだったが、事業を始めて日が浅いこともあり、何が何でも成功させなければと意気込んでいたこともあって、のちのウォルマート成功の基盤となった原理に気づかなかった。ご存じのように、小売業ではどんなに人件費を削減しても、人件費が諸経費のなかでもっとも大きな比率を占める。そして、純利益率を維持するのに何より必要なのが、経費の削減なのだ。これは当時も今も変わらない。だが、当時の私は、純利益率六パーセントにこだわるあまり、従業員たちの基本的な要望を無視していた。このことを私は後悔している。

働く意欲を高める法

私はもっと大きな真理を見落としていたのだ。その真理とは、売価を下げれば下げるほど儲かるという、ディスカウンティングの原理と同じ理論である。つまり、給料であれ、ボーナスであれ、割引株であれ、従業員と利益を分かち合えば合うほど、自然に会社に利益がもたらされるという原理である。なぜかというと、経営者側の従業員への対応がそのまま、彼らのお客への応対となるからである。そしてまた、彼らがお客に気持ちのいい応対をすれば、お客は何度でも店に足を運んでくれるからである。

小売業においてはこれが本当の利益を生む源《みなもと》である。満足して何度でも来店してくれるお客こそが、ウォルマートの驚異的純利益率の源である。品揃えのよさや売価の低さだけでなく、わが社の店員の接客態度が他店より素晴らしいことも、お客がウォルマートを贔屓《ひい》《き》にしてくれる要因なのだ。したがって、わが社の組織全体を見渡してみても、店員と顧客の関係ほど重要な関係はないのである。

私は長い間、こうしたことに気づかなかった。事実、一九七〇年に株式公開をした時、利益分配制の対象を管理職だけに限り、初めはアソシエートを対象にしていなかった。当時はこうした経営哲学を説いてくれる人もなく、私は借金を気にしすぎ、事業展開を急ぎすぎていた。

今日《こんにち》、わが社の批判者たちは、利益分配制度などの待遇上の特典は、労組結成を阻止するための手段にすぎないといっている。以前、ミズーリ州クリントンに二〇号店が、また同州のメキシコに二五号店ができた時、「小売業店員労組」がわが社にストライキを仕掛けたことがあった。この制度が始まったのはこれらの争議がきっかけだ、という話は過去にも何度かあった。だが、この話は半分しか当たっていない。たしかにこの二店では労働争議があり、私たちは労組と対決して、合法的かつ公明正大に、勝利を勝ち取った。事実、私たちは労組結成投票で負けたことはない。だが、利益分配制の考えは、株式公開以前に生まれていた。

ただし、私が思いついたのではなく、ヘレンがいいだしたのだが。

ヘレン・ウォルトン
「旅行中のことでした。車の中で、私たちはサムの得ている高い報酬や、幹部たちに払っている高額の給与や特典について話していたんです。店で働いている人々にはこうした特典が何もないと聞いて、私は初めて、会社が彼らにどれほど報いていないかに気づきました。私は店員も仲間に入れなければ、幹部たちも長くは務まらない、と意見を述べたんです。その時は、サムは賛成しませんでした。でも、あとから考えると、彼はそのことをずっと考えていたんですね。あの人は、考える時は本気で考えるんです」

小売業店員労組やその他の労組（建設労組や、全米トラック運転手労組《チームスターズ》など）との衝突が、利益分配制度の構想を推し進めるきっかけになったのは事実だろう。わが社に好意的でない労組（それはたぶん、わが社の内部に労組をつくることに一度も成功しなかったからだろう）は、アソシエートへの利益分配制ができたのは、ひとえに自分たちの功績だと触れ回っている。実際は、アソシエートをパートナーとして扱い始めたとたん、私たちは、この構想がわが社の業績を向上させる可能性を秘めていることに、すぐに気づいたのである。同時に、アソシエートも、会社の業績が伸びれば自分たちの暮らしがよくなると気づくのに、それほど時間がかからなかった。

私はウォルマートに労組はいらないと、いつも確信していた。アソシエートには自分たちの代弁者が必要である云々《うんぬん》、という労組の主張は、理論的には納得できる。だが、歴史的に、わが国の労組はほとんどが分断主義に陥《おちい》ってきた。彼らは経営者と従業員を互いに対立する二つの陣営に分断し、自らはその中間にあって、一種のビジネスを行ってきた。つまり、彼らの存在は、両陣営の分断の上に成り立っているのだ。この分断主義は、経営者と従業員の直接の対話を壊すために、顧客への配慮、高い競争力、市場シェア拡大の妨《さまた》げになる。ウォルマート社内におけるパートナーシップには、利益分配制度、奨励金、株式の割引購入制などのほかに、アソシエートが事業へ参画《さんかく》できるような真剣な取り組みも含まれている。これらすべては、労組の関与による状況よりも、双方にとって、はるかに望ましい効果を生み出すのである。

私は、わが社がどこよりも高給を払っているといっているのではない。だが、よい従業員を惹《ひ》きつけ、留めておきたいのなら、会社自体が高い競争力をもつことが条件であり、わが社には確実にそれがある。そして長期的には、わが社のアソシエートは、会社を信じ、正しい方向に進んでいると確信することで、経済的にもその他の面でも、自分に対して高い価値を感じ始める。私たちはともに、こうしてよき関係を築いてきたのだ。

だが、一方、過去にわが社が深刻なトラブルに巻き込まれたり、労組が介入するような危機的状況に陥ったのは、経営者側に落ち度があったからだといえる。つまり、私たちがアソシエートの声に耳を傾けず、彼らを正当に扱ってこなかったのが原因なのだ。労組が必要だという声があがるのは、経営者側がアソシエートの指導や協力において怠慢《たいまん》だったせいだと私は考えている。クリントン店とメキシコ店の労働争議の場合も、店長はじめ管理職が部下の声を聞こうとせず、率直に話し合おうとしなかったのが原因だった。

なぜ「アソシエート」と呼ぶのか

私たちはこうした状況に伝統的なやり方で闘った。ジョン・テイトという労働問題専門の弁護士を雇ったのである。彼は長年多くの労働争議を収拾し、以来わが社の一員となっている。彼の助言もあって、私はさらに経営者と従業員の関係を変える決心を固めた。こうした争議の直後、ジョンに手伝ってもらって、経営者セミナーを開催し、「ウイ・ケア（we care）」というプログラムを発足させることにしたのだ。このプログラムは、「もし問題があるなら、経営者に会いに来て、われわれに問題を解決する機会を与えてほしい」ということを従業員たちに伝えることを目指したものであった。その後、メッセージはこう変わった。「わが社には組合はないが、それゆえに強大だと考える。あなたがたはパートナーであるから、われわれはいつでも扉を開き、あなたがたの話に耳を傾ける用意がある。問題に一緒に取り組もう」労組なら、当然、「時給三ドルの昇給は勝ち取れるぞ。ストライキをやろうじゃないか」などと呼びかけるところだろう。

なぜ、従業員をアソシエートと呼ぶようになったかについては、いろいろな説が飛び交っている。だが、私の覚えている限り、話は簡単だ。昔、JCペニーにいたころ、ジェームズ・キャッシュ・ペニーが時間給の従業員をアソシエートと呼んでいたのだ。そのことが頭のどこかにあったのだと思う。だが、それをウォルマートでも使おうと思い立ったのは、イギリスへ旅行した時だった。

ヘレン・ウォルトン

「私たちがウィンブルドン大会の観戦に行った時でした。ある日、ロンドンで、サムが店を覗《のぞ》こうと立ち止まったの。彼は、世界のどこでも、店を覗かずにいられない人ですから。その時の旅行でも、途中でイタリアへ寄ったんですが、彼がディスカウントストアを見ている間に、車が泥棒に荒らされ、大変な被害にあいましたよ。それはともかく、ロンドンのその店の前に立って、彼がこういったの。『あの看板をごらん。素晴らしいじゃないか。うちでもやるべきだ』」

それは、J・M・ルイス・パートナーシップという店で、看板にすべてのアソシエート（経営参加者）の名前がリストアップされていた。どういうわけか、それが私の関心を強く引いた。ウォルマートのすべての従業員とのパートナーシップ。帰国するとすぐに、私たちは従業員をアソシエートと呼び始めた。こんなことは些細《ささい》なことだと思うかもしれないが、もし、それが表向きの呼び方にすぎず、現実に何ら実行を伴わないなら、たしかにその通りだろう。あの時期、アソシエートのより公平な待遇のために、積極的に努力しようと決定したことは、わが社の方針のなかでももっとも賢明な決定の一つだったと確信している。

利益分配制度のご利益《りやく》

一九七一年、最初の大きな一歩が踏み出された。以前の過《あやま》ちを訂正し、全アソシエートを対象とした利益分配制度が開始されたのだ。最低一年、または年に一〇〇〇時間以上わが社で働いたすべてのアソシエートは、この制度の資格者になる。会社は、利益の伸びに基づいた公式にのっとり、有資格のアソシエートの給料の何パーセントかをこの制度（個人運用制）に拠出する。アソシエートは退職時に、現金またはウォルマートの株でこの利益を受け取ることができる。この制度そのものはそれほど珍しくないかもしれないが、私が誇らしく思うのはその実績である。過去一〇年間、会社はこの制度に対して、給料の平均六パーセントを拠出してきた。たとえば、昨年のわが社の拠出額は一億二五〇〇万ドルにのぼっている。現在では、利益分配金を運用している従業員（アソシエート委員会を含む）は年を追うごとに、そのほとんどをウォルマート株に投資している。その結果、制度全体の総額でも、また、アソシエート個人の口座でも、信じられないほどの額になっている。私がこれを書いている時点では、利益分配の総額、つまり、アソシエート共同出資者《パートナー》の会社への出資分は、一八億ドルにのぼっている。

ボブ・クラーク（トラック運転手、アーカンソー州ベントンビル）
「私は一九七二年に、ウォルトンさんの会社で働き始めた。最初の一ヵ月は、ドライバー安全教室に通ったが、彼は毎回そこに顔を出していたね。忘れられないのは、彼がこういったことだ。『君たちが二〇年間、私と一緒に働いてくれたら、利益分配で一〇万ドルを手にできると保証する』その時思ったね。『大きく出たもんだ。この俺には一生拝《おが》めない金だな』当時は、その日の稼《かせ》ぎだけを心配していたんでね。それが、この前調べてみたら、利益分配は七〇万七〇〇〇ドルにもなっていたよ。長年、株の売買をして家も建てたし、いろいろなものを買った。

ウォルマートで働くのはどんな気分かと聞かれたら、こういうね。俺は有名な会社で一五年もドライバーとして働いてきたが、退職した時は七〇〇ドルしかもらえなかった。それから、相手に利益分配の話をして、反対にこう聞くよ。『俺がどんな気分だと思うかい？』」

ジョージア・サンダーズ（一二号店の元パートタイム店員、オクラホマ州クレアモア）

「私は一九六八年四月に働き始め、カメラと電化製品売り場の主任をしました。最初は時給一ドル六五セントと最低の賃金でしたが、一九八九年に退職した時には時給八ドル二五セントでした。退職した際、二一年間の利益分配金として二〇万ドルを受け取りました。それを上手《じょうず》に投資してきたと思います。旅行もたくさんしましたし、新車も買いました。それでも最初より貯蓄が増えているのです。長年、ウォルマート株の一部を売買し、株式分割も何度もありましたからね。そのお金で母に家を買ってあげました。私にとって、ウォルマートは最高の職場でした」

こうした人々は私のパートナーであり、ともに長い道のりを歩んで来た人々である。

商品ロス減少奨励金制度

利益分配制度を開始したのとほぼ同じころ、ほかにもさまざまな財政的パートナーシップのプログラムを始めた。その一つが従業員の株式購入制度だが、その結果、彼らは給与からの天引きで、市場価格より一五パーセント安くわが社の株を買えるようになった。現在では、従業員の八〇パーセント以上の人が利益分配制ないしは従業員持ち株制度を利用して、ウォルマート株を保有している。個人的感想だが、残り二〇パーセントの大半は、利益分配制の資格のない人か、勤務年数の足りない人だと思う。

ほかにも、従業員を事業のパートナーとする制度として、さまざまな奨励金制またはボーナス制を実施している。

もっとも成功している奨励金制度は、商品ロス減少奨励金である。これは、利益分配制以上に、パートナーシップの精神を表している。ご存じのように、商品ロス、つまり原因が解明されていない在庫高不足、その一部であるお客による万引きと従業員による盗みは、小売業の利潤にとって最大の敵の一つである。そこで、一九八〇年、この問題を解決する最善の策として、商品ロスを減少させた場合、それによる利益の一部を従業員に分配することを決定した。つまり、ある店が目標値より商品ロスを低く抑えた場合、その店の従業員全員に二〇〇ドルほどの奨励金を払うことにしたのである。

ちょっと自慢話になるが、その結果わが社の商品ロス率はこの業界の平均の約半分になっている。それだけでなく、この制度は、従業員が気持ちよく働ける環境づくりに一役かっている。たとえ誘惑に負けがちな人でも、盗みをするのは、当人にとっても気持ちのいいことではない。また、大半の店員は、同僚が盗みをするような職場で長く働きたいとは思わないものだ。正直が直接報われるこの制度のもとでは、お客が万引きしているのを無視したり、もっと悪いケースでは、同僚が誘惑に負けるのを放置するという態度を変えるうえで、真の奨励策となっている。商品ロスを防ぐために、店で働くものがパートナーとして互いに協力するようになるからである。そして、その努力の成果として、自分も株主である会社とともに、利益を分かち合うのだ。

簡単な話だと思われるかもしれない。たしかに、理論はきわめて単純だ。だが、経営者があらゆる面で従業員の重要性を理解し、真剣に取り組まなければ、こうした構想のどれ一つも真のパートナーシップにはつながらない。多くの会社が利益分配のような制度を導入しているが、従業員との真のパートナーシップが生まれていないのは、経営者が彼らの重要性を認識せず、彼らをリードしていないからである。今日では、小売業などの経営者が挑戦すべき課題は、サーバント・リーダー（奉仕する指導者）となることだ。経営者がサーバント・リーダーとなった時、経営者と従業員のチームはどんなことでも成し遂げることができる。

誇りを失いかけた人々

わが社のようなやり方は、特殊な大都市の中心部の劣悪な環境のなかでは通用しないだろう、と長年いわれ続けてきた。つまり、選挙権もないような貧困層が住む地区ではうまくいかないだろうというのである。たしかに、平気で盗みを働いたり、自分の人生に誇りをもたない人々に対しては、このやり方は通用しないかもしれない。だが、二年前にダラス近郊のアービングという町の八八〇号店を訪れた時の話をしたい。その店は働いている者も客層も非常に若く、人種もさまざまだった。そして店長は、店員にひどい扱いをしていた。おそらく、彼はこう思っていたのだろう。「若くて貧しい白人や、黒人やメキシコ人なのだ。すぐに盗みをするし、どうしようもない」と。彼は明らかに、サーバント・リーダーとはいえなかった。

この店は私がこれまで見てきたウォルマートのなかでも、とくにひどい状態だった。商品ロスは前代未聞の六パーセントにも達していた。年間の損失額は五〇万ドル以上にもなり、店を閉めざるを得ないという話も出ていた。だが、たまたまわが社には、エド・ネイジーという型破りのディストリクト・マネージャー（地域別統括者）がいた。エドは規則の一つや二つ破るのは何とも思わない人間で、新しいことに挑戦するのを好んだ。告白すれば、彼は若いころの私に少々似ていた。エドはその店へ行って、店長と話し合い、売り場主任たちを教育し始めた。まず、現実的な目標を定め、彼らの意欲を高めるための話し合いをした。

その店では店員の盗みは日常茶飯事で、一方、お客は管理する者がいないのをいいことに平気で万引きをしていた。返品、取り置き商品、レジの現金さえ監視する者がいなかった。盗みをしても捕まらない、と誰もが知っていたのだ。そこで、彼らはこうしたことを監視し、正直の価値や売り上げ向上などについて話し合った。その結果、年半もしないうちにこの店は完全に変貌《へんぼう》した。商品ロスは二パーセントにまで減り、利益を出すまでになったのである。私は過去四〇年の間に、およそ二〇〇〇のわが店舗を視察してきたが、その店を訪れた時ほど誇らしい瞬間はなかった。正しい考えをもった行動派の一人の男が、あえて困難に挑戦し、悲惨な状況を救ったのである。

「ウォルマート・マジック」

なぜこれほどうまくいったのだろうか。一つには、ディストリクト・マネージャーのネイジーがその職務遂行意欲の低い売り場主任たちを、彼の担当地区の順調にいっている店の主任たちと交流させたことである。順調な店の主任たちは、週末会議を開いて売り場の問題などを話し合っていたが、ネイジーは八八〇号店の主任たちをそこに参加させ、そのあと自分たちの目標を設定させたのだ。八八〇号店の主任たちも、順調な店の主任たちとランチをともにしながら、少しずつ夢を抱くようになり、自分たちの惨《みじ》めな状況を改善する方法を考え始めたに違いない。次に、ネイジーや他の管理者たちが、彼らの仕事ぶりや判断が、業績にどう反映されるか数字をあげて説明したので、売り上げの向上に気を配るようになった。これまでのおざなりな売り場づくりを改め、品揃えを学び始めたのだ。

だが、何より素晴らしかったのは、彼らが窃盗を防止するため、店の後方に放置されているすべての空箱の中身を確認しだしたことだ。ある日、彼らは乳母車用の大きな箱に四〇〇ドル分のミュージックテープが詰まっているのを見つけ、そばにいた男を捕まえた。翌朝、会議を開き、店長がその箱を見つけて犯人を捕《と》らえた女性店員について話したところ、みんなが彼女に拍手を送り、彼女はヒロインになった。こうして、短期間で店の雰囲気が変わり始めたのだ。私はバラエティストア経営の初期にこのことを学んだが、人々に責任をもたせ信頼したうえで、その仕事ぶりを評価することが大切なのだ。

わが社のやり方が特殊な都市部ではより困難なことはたしかだ。この業界を志望する高学歴の人や、高いモラルをもった誠実な人には、さらに困難が伴う。高い給料を払えば、アイオワやミズーリの小さな町の人々は、ヒューストンやダラスなどの大都市周辺の人々より、喜んで働いてくれる。さらに、私たちの経営哲学は、都市部よりも地方のほうが受け入れられるのは確実である。だが、賢明で意欲のある優秀な管理者なら、時間は多少かかるかもしれないが、どこであろうと、外部の人々がいわゆる「ウォルマート・マジック」と呼ぶものを実現できる。もっと大勢の人々を説得したり、社員の採用技術を向上させる必要もあるだろう。どこであろうと、従業員が正当な扱いを受け、適切に教育される機会さえ与えられるなら、彼らは究極的にはわが社が実行している意欲向上策に応えてくれる。つまり、経営者が働く者を親切かつ公正に扱い、彼らの要求に耳を傾けるなら、最後には、経営者が自分たちの味方だとわかってもらえるのだ。

もう一ついっておきたいのは、ウォルマートは、もともと親しみやすい性格の人々、つまり小売業に向いた人間の多い地方で成長してきたので、とくに成功したと騒ぎ立てるほどのことはない、という説に対してである。わが社に地方出身の優れた人材が多いのはたしかだが、彼らにしてもわが社の企業文化になじみ、小売業経営を学ぶまでには時間がかかっている。ほとんどの者が生来の内気さを克服し、お客に愛想よく声をかけ手助けできるようになるまでには、長時間の訓練を受けているのである。したがって私は、外部の人々は、都市労働者の質の低さを強調しすぎ、従業員を正しい方向に導《みちび》く管理者の仕事を軽視しすぎているのではないかと思う。

全従業員に数字を公表する理由

わが社のパートナーシップで重要なのは、ごく初期のころから、従業員に会社の営業内容を数字で示して積極的に知らせてきたことである。営業数値を知ってもらうことは、彼らの仕事の能力を最大限に発揮させる唯一の方法である。利益分配制では少し出遅れたかもしれないが、全従業員に数字を公開して彼らの意欲を高めるという点では、わが社は業界のパイオニアであり、今でも最先端をいっていると思う。これは私がつねに行ってきたことであるが、パートナーシップの考えを導入してからは、情報公開をより推進するために、その手順をマニュアル化した。

　情報と責任の共有は、あらゆるパートナーシップの鍵である。これが責任感を抱かせ、仕事に関心をもたせる結果につながるのだ。わが社が大きくなるにつれて、さまざまな数字を世界中に知らせることになった。各店の利益高、仕入れ額、売上高、値引き率など、わが社の一切が外部に知れわたっている。こうした数字を店長や副店長だけではなく、店員も含めて全従業員に定期的に公開しているからだ。当然、情報は外部に漏《も》れるが、従業員と情報を共有するメリットは、外部に情報が漏れるデメリットより大きいと私は信じている。これまでのところ、深刻な害もなかった。実際、新聞で読んだところでは、情報の流出を防ぐより、情報を共有することが最近のビジネスの潮流になっているらしい。

　それはともかく、店舗視察の際、主任が誇らしげに近づいて来て、営業状況を数字で説明し、今は全社で第五位だが来年は一位になるだろうなどと話すのを聞くと、私は最高に幸せな気分になる。チームの一員であるこうした商人たちに会うのが私は好きだ。彼らがベビーオイルやランチボックスなどを積んだ平台のディスプレーを指して、この商品は粗《あら》利《り》が多いので特売品に選んだなどと説明し、どれほど売れたかを自慢する時、私は彼らを誇らしく思うあまり、じっとしていられないほどになる。これは私にとって最高の勲章なのだ。経営者が従業員の一人ひとりに、商売のおもしろさを教えることができるなら、これほど力強い武器はないだろう。

バーニー・マーカス（ホームセンター第一位のホーム・デポの創業者、現会長）

「私たちは、サムとウォルマート社の社員の扱いに好感を抱いている。サムは従業員の意欲を引き出す点では、きわめて偉大な指導者である。だが、金銭的な奨励策もまた重要である。わが社もサムにならって、社員の持ち株制度を導入したが、非常に効果があった。彼の経営方法を見てみよう（なんと、彼は四〇万人近くもの従業員を抱えているのだ）。店へ入ると、全員が微笑んでいる。彼は人々にやる気を起こさせることができることを証明した、最初の一人である。

だが、サムに仕事はどうかと尋《たず》ねると、けっして満足していない。『バーニー、まったくひどいものだ。レジの前に行列ができているんだ。店員はフル活動していない。彼らにどうやってやる気を起こさせればいいか、わからないよ』しかし、今にも倒産しそうな小売業の経営者に質問したら、すべては順調だと自慢げに答えるに違いない。彼らは見栄を張っているにすぎない。だが、サムは違う。彼は地に足をつけ、自分についてよく承知しているのだ。サム・ウォルトンは間違いなく、歴史上で最高の商人の一人である。私がいいたいことはそれに尽きる」

垣根をとりはらい、従業員に扉を開く

それほど多くの人々から最高の能力を引き出すには、ウォルマートが長年構築してきたさまざまな制度が必要だった。だがそれらも、単純な原則があって初めてうまくいく。それは賞賛することとである。私たちは皆、賞賛するのが好きだ。そこで、わが社が実行しているのが、褒《ほ》める材料を探すことである。社員が優れたことをした時、それを経営者は知っていること、そして、彼らは会社にとって重要な人間であると知らせるのである。うまくいっていないことを褒めることはできない。嘘《うそ》や追従《ついしょう》は役に立たない。うまくいかない時には、そのことを率直に知らせることが何よりも大切である。前向きに誤《あやま》りを正すことが、すべての者にとって利益になる。だが、自分が高く評価されていることを本人に知らせること以上に、正しいやり方を教え込むよい方法はないのだ。

アンディ・シムズ（ウォルマート一号店の現店長、アーカンソー州ロジャーズ）

「ウォルマートで働き始めた時、有名なスポーツ選手や映画スターや州知事にでも会うような気持ちで、会長の来るのを待ったものです。でも、一度会長が店に来られると、畏敬《いけい》の念は親近感に変わりました。会長は虚像というものを簡単に払い除けることができる人

←49年間連れ添った妻ヘレンは、私の最初のパートナーだった。

→ヘレンとともに教会の夕食の後片付けを手伝う。

です。相手の気持ちを尋ねることから会話を始める州知事が、何人いるでしょうか。

会長が帰ったあとは、店の誰もが、どんな些《さ》細《さい》なことでも自分たちの店への貢献が高く評価されたと、確信をもつようになります。自分は重要な人間だと感じるのです。旧友が訪ねて来て、仕事はどうかい、と尋ねてくれるようなものです。会長はけっして、人を貶《おとし》めたりしません」

真のパートナーシップに達するために、もう一つ重要なことを述べておきたい。それは、従業員との間に垣根をつくり、彼らが問題を抱えていても耳を貸さないような幹部は、けっして彼らと真のパートナーにはなれない、ということである。こうしたことは管理という仕事のなかでも、疲労やイライラの原因になることはある。だが、一日中立って、棚に商品を並べたり、倉庫から手押し車を押したりしている人たちも、疲れてイライラするのだ。時には、彼らの問題を解決してやれる立場の上司とその問題を共有しない限り、身動きできない人々もいる。だから大企業になった今も、私たちはいつも従業員の悩みに耳を傾けようと、真剣に努力しているのだ。

デビッド・グラス
「ウォルマート本社に行ったことがある人は、遠方の州からわざわざ小型トラックを運転して、ベントンビルまでやって来て、会長に会おうと待合室で辛抱強く待っている人が珍しくないことに気づくだろう。アソシエートさえも、会長に必ず会える大企業がほかにあるだろうか。大企業では、会長に会ったこともなく、まして訪問したことなどまったくない人々が大勢いることを私は知っている」

彼らにとって私のいうことがつねに耳に快《こころよ》い、ということではない。また、私がいつも問題を解決できるわけでも、必ず彼らの味方をするわけでもない。だが、その従業員が正しい場合は、その上司や対立する相手の態度を改めさせることが不可欠である。そうでなければ、扉を開いているといっても口先だけだということがすぐにわかり、信じてもらえないだろう。あなたがたは私のパートナーだといいながら全国を飛び回っている以上、彼らが何かで悩んでいる時には、少なくとも話を最後まで聞く義務が私にはあるのだ。

ディーン・サンダーズ（ウォルマート業務執行副社長）

「サムにとって、店で働く人々、店長やアソシエートは王様なのだといつも感じている。サムはいつでも扉を開いている、と誰もが感じているのはたしかだ。サムがどこかの店を訪問して帰って来ると、私たちを呼んでよくこういう。『彼に店を任せよう、彼には準備ができている』彼はまだそのレベルではない、などと反対すると、『とにかくやらせてみるんだ。どうやるか、見てみようじゃないか』と言い返される。もう一つ、サムは店長がアソシエートを不当に扱うのを黙って見逃すことはけっしてない。そんな場面を見たら、ただちに私たちを呼びつけるだろう」

ウォルマートの本質はパートナーシップにあると、私たちは真剣に考えている。パートナーシップには金銭的関係も重要だが、敬意などの人間的配慮も必要である。ウォルマートは四〇万の人々が、真のパートナーシップの感情を抱いて、個人的欲求よりグループとして何が必要かを優先させて考える、顕著《けんちょ》な実例なのである。

第十章　最大の躓《つまず》き

テニスだって真剣勝負

「サウスポイント」誌（一九九〇年二月号より）

「『おーい、マギー！　戻って来るんだ！』サムがトラックの運転席からこう叫ぶ。サムの友人で、テキサス州の百貨店のオーナーであるロイス・ビールは、それを眺《なが》めてクスクス笑う。『サムがまた怒鳴ってるぞ。何の役にも立たないのに、一日中、ああやって怒鳴ってるんだ』」

一九七四年ごろには、私たちは業績にすっかり満足しきっていた。八つの州に一〇〇近いウォルマートを出店し、どこから見ても一部の地域で一大ディスカウントストア・チェーンを築き上げていた。株式分割も二度実施し、ニューヨーク株式取引所にも上場した。

このころには全員が利益分配を受け、会社全体がうるおっていた。ウォール街はわが社の経営戦略を高く買い、私個人にはまだ疑問符をつけたとしても、ロン・メイヤーをはじめとする経営陣は高く評価しているようだった。五六歳にして、私は一切の借金から解放され、私の資産は、小売業を始めた当初に思い描いていたよりはるかに多額になった。子供たちは大学を卒業し、それぞれの人生を歩み始めていた。わが人生にこれ以上、何を望めばいいのかわからないほどであった。

ここまで書いてきて、読者に、私の闘争的エネルギーが、ウォルマートにのみ注《そそ》がれたかのような印象を与えたとしたら、それは完全に正しいとはいえない。長年、私はほかのこと、ことにテニスとウズラ猟にも情熱を傾けてきた。ビジネスマンの多くはゴルフを好むようだが、私にはゴルフは社交クラブ的で、生ぬるい感じがした。それに、ゴルフは時間がかかるし、テニスのように一対一の真剣勝負という感じもしない。

飛行機で移動する時は、いつもラケットを持って行き、町に降り立つとすぐに、テニス相手を探した。私は太陽が照りつける真昼にプレーするのが好きだ。たぶん、かなり攻撃的だったのだろう。ベントンビルへ引っ越して来てからずっと、つい二年前まで、つまり、足がボールに追いつかなくなるまで、定期的にテニスをやってきた。

ジョージ・ビリングスレー（テニス仲間）

「サムと私は一〇年近く、真昼に、たいていは彼の自宅のコートでテニスをしてきた。彼が昼食時にテニスをしたがるのは、思うに、仕事中に仲間をテニス相手に引っ張り出すことなど、考えられなかったからだろう。コート上では、彼は闘争心にあふれていた。相手の戦い方を研究し、自分だけでなく、相手の長所も短所も知り尽くしていた。サムのフォアハンドにボールを打ったら、もう勝ち目はなかった。彼がクロスに打ち返し、それでゲームオーバーだ。

彼は試合を好み、試合では真剣に戦った。だが、フェア精神の持ち主でもあった。彼にとって、テニスのルールもビジネスのルールも人生のルールも同じであり、彼はそれを守る人間だった。負けん気は強かったが、対戦相手として素晴らしかった。負けても勝っても、いつも紳士で、負けた時は、こういったものだ。『今日は勝てなかった。君はじつに素晴らしいプレーをしたよ』」

ローレッタ・ボス・パーカー

「ウォルトン氏が旅行中にテニス相手を探す方法は、こうです。まず、着陸の数分前に無線でわが社の航空部を呼び出し、時間を告げて私に電話するようにいいます。私が一一時に電話を受けたとすると、私はすぐ相手を探します。そして、正午にはもう、彼がプレーしているという具合です」

そんなわけで、私にとってテニスは、闘争心と運動への欲求のはけ口になっていた。だが、ウォルマート以外のことで私が一番熱中したのは、なんといってもウズラ猟だ。おそらく、私がわれを忘れてやった唯一の活動だといってもいいだろう。あまりに夢中になったので、早くからそれを事業の一部にしていたほどだ。

ウズラ猟に情熱を傾ける

ヘレンの父親に会うまで、私はそれほどウズラ猟の経験があったわけではない。義父はウズラ猟に非常に熱心な人だった。クレアモア近くに滞在した時は、必ず義父か、ヘレンの兄弟のフランクやニックと一緒に猟に出かけた。義父と私は二人とも平均以上の銃の腕前で、猟をしている間、二人で大いに競《きそ》い合ったものだ。

ベントンビルはシーズンごとに四つの州で猟が楽しめる。シーズン中、私はほとんど毎日のように、午後の三時か四時に出発し、二、三時間は猟をしていた。私は猟犬を乗せた古い車を運転して、猟場として気に入った農園や農場を探しに行った。土地の所有者にまた招待してもらう一番いい方法に、私はすぐに気がついた。猟の許可をもらいに行く時、手土産《てみやげ》に店のチョコレート・チェリーを一箱持って行くのだ。あるいは、相手が望めば、猟の獲物でもいい。

ジョン・ウォルトン

「父が六〇代なかばになるまでは、父について行くのが本当に大変だった。私は体格はいいほうだが、どちらかというと、のんびり歩いて、自然を楽しむほうが性に合っている。でも、父ときたら、あっという間に見えなくなるんだ。まるで、シャーマン将軍がジョージア州を進軍しているように猟をしていたよ」

猟の許可をもらいに行く時、私はいつも「ベントンビルの中心街にあるリム・ウォルトン・バラエティストアのサム・ウォルトンです」と名乗ったが、これは私の商売に役立つことに気がついた。こうした農場の人々が町に買い物に来る時は、当然、自分の土地で猟をし、チョコレートをくれた男の店で買おうとするからだ。今でも時々、「父は、あなたがうちの土地に猟に来たのを、今でも覚えていますよ」という人に出会うことがある。事業が拡大し、飛行機で飛び回ることが多くなってからは、仕事の合間に猟ができるように、犬を飛行機に乗せて運ぶようになった。

その犬たちのおかげで、ひどい目にあったこともある。旅先ではたいてい、犬は車のトランクに寝かせるのだが、猟犬というより半分はペットだった老犬のロイだけは、こっそりと私の部屋に寝かせていた、ホリデイ・イン・モーテルの人には内緒で。そのロイが一度スカンクと喧嘩《けんか》をしたことがあった。私の次にレンタカーを借りた人が何を想像したか、それを考えただけで、顔が赤くなったものだ。私はロイの後ろ足をつかんで、半分湖に溺《おぼ》れさせるようにして彼の体を洗ったのだが、犬に染みついたスカンクの臭いを消すのは容易なことではない、とつくづく思い知らされた。

ロイはおそらく歴史上もっとも過大評価された鳥猟犬だろう。本当は鳥猟犬とも呼べないほどで、たとえば、鳥の代わりにウサギの居場所を私に教えたりする。だが、従業員やお客は、私がロイと一緒に店を訪ねると、大喜びしてくれた。

そこで一度、わが社の自社ブランドのドッグフードに彼の名前と顔写真を使ったところ、大量に売れたのだ。ロイにはもう一つおかしな話がある。彼がテニス犬だったことだ。テニスコートに連れて行くと寝そべってテニスを眺めているのだが、ボールがコートの外やフェンスを越えると、後を追って行きボールをくわえて私に返してくれるのである。

猟で私がとくに気に入っていたのは、犬の調教である。犬たちとはパートナーシップを築き、やる気を起こさせ、きちんと仕事をやるように教える必要があるのだ。

「サウスポイント」誌

「『ジョージー、戻って来ーい。弾《たま》に当たってしまうぞ』サムはそういうと、猟仲間を振り返って、こういうのである。『ジョージはいい猟犬だと思うよ。いつも獲物を追い、獲物の臭いを嗅《か》ぎ、走り回っている。何もかもわかっているようじゃないか。実際は違うのかもしれないが、少なくともそう振る舞っている。彼はほかの犬たちの応援にも駆《か》けつける。これは純粋な本能だな。私の猟犬たちにはある種の本能をもっていてほしいね』」

私は自分で犬を調教できるのを誇《ほこ》りに思っている。地方の名士である何人かの友人のように、調教師を雇ったことは一度もない。普通のセッターやポインターの子犬選びから始まり、彼らを連れ回し、矯正《きょうせい》し、怒鳴りつけ、辛抱強く付き合うのが好きなのだ。まず、鳥を見つけることを教え、次にはそれを確保してハンターを待つことを教え込む。私の手に負えなかった犬も何頭かいたが、その場合は、義父が引き取って再教育してくれる。彼は再教育の名人で、私が見放した犬を立派に調教しなおして、私に戻すのを何よりの楽しみとしている。

調教以外では、天候がよくても悪くても、野外に出ることを楽しんでいる。野外にいる時は、ウズラの群れが次にどこに現れるかということ以外、ウォルマートのこともサムズクラブのことも、一切考えない。私の親友にはウズラ猟の愛好者が何人かいる。身贔屓《みびいき》かもしれないが、ウズラ猟のハンターたちは一般に、環境や野生動物の保護にも気を配る、バランス感覚のある優秀なスポーツマンだと思う。私自身、環境や野生動物保護の重要性を心底感じている。
ベントンビル周辺以外にも、バドと私は、数年前からテキサスの猟場に夢中になっている。私たちはそれぞれ、リオグランデ渓谷《けいこく》からもそう遠くない、南テキサスの低木地帯にある農場を借りている。私の農場はごく素朴なものだが、バドの借りた農場はもっと素敵で、プール付きである。

「サウスポイント」誌
「サム・ウォルトン氏のカンポ・シャポートは、南テキサスの広大な中央部にある、一群のトレーラー・ハウスからなるひなびたキャンプ地である。ここでのウズラ猟は、南部の裕福な名士たちの猟とはまったく違う。白い上着を着た使用人も、彫刻を施《ほどこ》したベルギー製の猟銃も、銀の馬具をつけたロバも、そのロバに牽《ひ》かせたマホガニー製の猟犬用ワゴンも、一切ない。サムはそうした南部の猟を『南ジョージア式ウズラ猟』と呼んでいる。彼も一度それを試したことがあるが、まったく彼の性に合わなかった……」

バド・ウォルトン
「サムと私は、南ジョージアの農園で行われたお上品なウズラ猟に招待されたことがあった。飛行場に出迎えてくれるというので、飛行機で向かうと、飛行場には社用のジェット機がずらりと並んでいた。出迎えのベンツが飛行機のそばまで寄って来た時、サムが飛行機の後部扉を開けた。そのとたん、五匹の犬がそこから飛び出して来たのだが、その時の運転手の驚きようといったらなかったよ。自分の犬を連れて来るとは思ってもみなかったのだろう。結局、犬たちもベンツに乗せなければならなかったんだ」

これでおわかりと思うが、私は仕事一辺倒の人間ではなく、人並みに遊ぶのが好きな人間だ。とくに一九七四年ごろには、第一線から退《しりぞ》いて、もっと自分のための時間をとりたいと強く思うようになっていた。この時期には、ヘレンと外国旅行にも何度か出かけている。もっとも、私は例のように、ほとんどの時間、店を視察していたが。

「お家騒動」勃発！

事業から身を引こうと考えたのは、一九四五年に小売業を始めて以来、初めてのことだった。通常の決定はロン・メイヤーとフェロルド・アレンドの両業務執行副社長に任せるようになり、私は徐々に身を引いていた。だが、依然、私は会長兼最高経営責任者《CEO》ではあったが。当時フェロルドは四五歳で、営業企画を担当し、一方、ロン・メイヤーは四〇歳で、財務と物流を取り仕切っていた。急速な成長に対処するために、本部では大勢の新しい人材を登用したが、とくに、ロンはデータ処理、財務、物流を専門とするスタッフを大勢連れて来た。

そして、ウォルマートの歴史上いまだに私が語りたくない、つらい一時期がやってきたのだ。この件については、いろいろな人がいろいろなことをいっている。そこで、私は自分の目で見たまま、一部始終を語るつもりである。

当時のことを振り返ると、私自身がそれまでに会社を二分するような、二つの派閥をつくってきたことに気がつく。その二つの派閥が互いに激しく争い始めたのだ。一方は守旧派でフェロルドに忠実な店長たちの陣営、もう一方は進歩派で、ロンに仕事上の恩義がある人たちの陣営である。すべての者がフェロルドまたはロンに率《ひき》いられたどちらかの派閥につき、それぞれに味方するようになった。そして、次に私がとった行動が、事態を何倍も紛糾《ふんきゅう》させる結果になったのだ。

フェロルドはわが社が多店化を始めたころ、社内の組織づくりに多大の貢献をした。だが、会社には高度な技術やシステムがまだなかったので、当時の私は、会社の将来のために、何としてもロンが必要だと感じていた。彼は能力があるだけでなく、大きな野心ももっていた。自分の目標（私はそれを尊重していたが）は、会社を経営すること、できればウォルマートを経営することだと、公言していたのである。ある日、彼は私に、もしわが社を経営できないなら、外へ出て別の会社を経営するつもりだと宣言した。私は彼の言葉を数日考えたが、ロンを失うのが心配でたまらなかった。私は、自分に言い聞かせた。「私も年だし、彼とはうまくやっていけるだろう。彼を会長兼ＣＥＯに就任させ、私は少し引っ込んで、人生を楽しむことにしよう。もちろん、店舗視察は続けるが」

こうして、私は業務執行役員会の会長になり、ロンが会社の会長兼ＣＥＯに、フェロルドが社長になったのである。皆が冗談半分に「お家騒動」と呼んでいる出来事の末、私は自分の部屋をロンに明け渡し彼の部屋に移った。私はロンに経営のすべてを任せ、自分はただ彼の経営が順調かどうかを確認するだけにしよう、と決心していた。実際、当時すでに日々の業務は他の人々に任せていたのだから、それですべてうまくいくと考えたのだ。

引退宣言とは裏腹に

ところが、アーカンソーで太陽がオクラホマの方角から昇ることなどありえないのと同じで、一九七四年当時、五六歳だった私に、仕事を引退する覚悟ができるはずはなかった。しばらくは、おとなしく引っ込んで、休息の時間をとっていた。だがロン・メイヤーには、けっしてそうは見えなかったに違いない。正直にいえば、私がそれまでになした何にもまして、私は引退に失敗したのである。会長を辞任した直後、すぐにそれが誤《あやま》りだと悟《さと》った。ロンの邪魔をしないように努めたのだが、実際は、これまでやってきたことをやり続けたのだ。私は自分の考えが社内全体に行き渡ることを望みながらも、一方でロンが会社の経営や組織づくりに成功することを望んだのである。不幸にして、私はそれ以上引っ込んでいることができなかった。状況はロンにとって重荷になり、四〇歳の男なら誰でも思うように、自分の思い通りに会社を動かしたいと願うようになったのだと思う。

その間にも、社内は完全に分裂し、多くの新参の若い社員はロンに味方し、古参の店長たちはフェロルドについて争っていた。この亀裂《きれつ》がどれほど深刻かに気づいた私は、すっかり動揺したあげく、事態の表面だけを見て、誰かれかまわず批判するようになった。

アル・マイルズ

「ロンとフェロルドの間はそういうことになっていた。当時、私は渦中《かちゅう》にいなかったが、それでも、会社が二つの陣営に分裂しているのは明らかだった。誰もが、『自分はこっちだ』『自分はあっちだ』といわざるをえないような状況だった。以前にはけっしてなかった組織の歪《ゆが》みが目立ち始め、好ましくない事態が絶えず発生した。店舗運営や労務管理に真剣さが消えてしまったのだ。私たちディストリクト・マネージャーは土曜の朝集まったり、電話で話し合ったりしていた。そして、会社が堕落《だらく》していくのを実感していた。誇張ではなく、本当に駄目になりかけていた。自分の部屋で長時間過ごすようになってから、サムがひどく気を張りつめていたのを覚えている」

私は事態の好転を望み続けていた。なお、これだけはいっておくが、この時期もずっと、ウォルマートは順調な業績をあげていた。つまり、問題は経営上の過失ではなかったのだ。問題は、大きな構想をもち、野心にあふれた若い経営者と古参の店長たちの争いのトップに、半分引退してなお退くつもりのない創業者がいたことであった。

「土曜の夜の大虐殺《だいぎゃくさつ》」と「大脱走」

フェロルド・アレンド

「あの時期は、ウォルマートの歴史上、唯一、後退した時期だった。サムは、社員が互いに競い合うことを奨励していた。それが、社員のなかにある最善のものを引き出すと考えていたからだ。多くの場合、その通りになったが、あの時ばかりはそうはいかなかった。彼が仕事から離れるやすぐに厳しい状況が生じた。ロンの部下は彼を支持し、私の部下は私を支持した。サムは『決着がつかない時だけ、自分が決定を下す』といっていたが、それが彼の予想以上に、多くの問題を引き起こすことになったのだ。そして、事態がどれほどひどいかに気がついた時、彼はすぐに行動を起こした」

自分でつくりだしたこの混乱に対して、私はつねにその責めの大半を引き受けてきた。だが私には、ロンがいくつかの点で義務を果たしていないと思えたのも、また事実である。私は彼の人事管理能力に危惧《きぐ》を抱いた。派閥争いが、わが社の真の戦力である末端の店舗運営に実害を与え始めていた。それに、いわゆる彼の個性的言動についても、そのいくつかがウォルマートのそれまでのやり方と違っているのが、私には憂鬱《ゆううつ》だった。

私は苦悩した。それまで経営上の危機で眠れないことはほとんどなかったが、その時ばかりは違った。私はロンを失望させたくはなかったし、彼を失いたくもなかった。だが、会社は間違った方向に向かっていた。そこで、ついに、私が会長を辞して二年半後の一九七六年六月のある土曜日、ロンを呼んで率直に切り出した。「ロン、私は身を引くつもりだったが、その覚悟はできていなかったようだ。私が会社のことにかかわりすぎるので、君に負担をかけていると思う」私は会長兼CEOに復帰したいこと、彼には別の地位、たとえば、副会長と財務最高責任者などを引き受けてもらいたいことを告げた。

私の提案は彼に受け入れられなかった。私にはその理由がよくわかる。彼は自ら会社を経営したかったのであり、それができないなら、会社を去ろうと決めていたのだ。当時は誰も信じなかったが、たとえロンの会長時代に私が不満を抱いていたとしても（二、三の問題ではとくに不満があった）、私は彼に会社に留まり、会社を助けてほしいと説得した。私はいった。「ロン、君に去られるのはつらい。会社は君を必要とするだろうし、君がいなくなることで大きな損失を被《こうむ》るだろう」留まってくれるならどんな報酬でも出すといったが、彼は去るべき時がきたと考えたのだ。

ロンは失望し不幸だっただろうが、それでもこういってくれた。「サム、あなたや他の多くの人が、会社が分裂し崩壊するかもしれないと考えるのはわかります。でも、ここには強力な組織基盤があり、あなたは、店長や店員、顧客から絶大な支持を受けている。それに、会社の経営政策もしっかりしているのですから、このままの方向で進めばいいと思います」彼が私たちにこのような信頼を表明してくれたことに、私は感謝している。彼は本心からこういったのだとわかっているし、そのことを私はけっして忘れないだろう。

わが社の歴史において、この日の出来事は「土曜の夜の大虐殺」として知られるようになった。これに続く一連の出来事は、「大脱走」として知られている。まず、ロンの陣営にいた上級管理職、財務部長やデータ処理部長など物流部門の者が、ロンの後を追って辞めた。ウォール街がどう反応したかは容易に察しがつくだろう。多くの人々がただちにわが社を見捨てたのだ。彼らはわが社の経営陣が一枚岩ではないと判断し、それ以来ずっとそう考えている。

彼らは、わが社の成功はもっぱらロン・メイヤーとその部下たちのおかげだと考えていた。そして、私たちが築いた経営の基盤や理念、つまり、コストダウンの長年の努力や従業員教育、何ごとも今すぐやる精神などは一切無視したのだ。

挫《ざ》折《せつ》は飛躍のきっかけ

この混乱の全期間、頭脳明晰《めいせき》でせっかちな若い逸材、ジャック・シューメーカーが会社に多大な貢献をしてくれた。私は、彼こそ会社を軌道《きどう》に戻すのに必要な人間だと考えた。そして、彼より年長で勤続年数も長い何人かをさしおいて、彼を運営・人事・営業企画の業務執行副社長に任命した時、さらに一団の店長が去った。それこそ正真正銘の大脱走である。事態がすべて収まるまでに、上級管理職の三分の一を失ったと思う。一連の騒動のなかでも、初めて深刻な事態に直面することになったのだ。この時点で、会社がこれまで通りやっていけるという自信を、私が失っていたのは認めざるを得ない。

ニューポートで借地契約の件で初めて躓いた時と同様、ほとんどの挫折は飛躍のきっかけに変えることができるものだ。のちに証明されたように、この挫折もわが社に大きなチャンスとなった。ハリソンのウォルマートの開店騒ぎの際に会って以来、私はずっとデビッド・グラスをわが社に招こうと説得してきた。彼には小売業経営の才能があり、スプリングフィールドでドラッグストア・チェーンを成功させていた。私はロン・メイヤーにデビッドを雇うよういい続けてきたが、彼はそうしなかった。ロンが去った時、私が真っ先に会いに行ったのは、デビッドだった。そして、ついにウォルマートへ来ることを承知させたのだ。デビッドとジャック・シューメーカーを業務執行副社長（デビッドは財務・物流担当、ジャックは店舗運営・営業企画担当）に据《す》えたからといって、派閥争いによる波紋がすぐに収まったわけではない。だが今や、わが社は優秀な小売業経営の才能と強力な戦闘力をともに兼ね備《そな》える会社となったのである。

　この二人は完全に性格は違うが、二人ともおそろしく頭が切れる点では同じだった。わが社は何としてもかつてのように、一丸となって苦境に立ち向かい、足並みを揃えて前進しなければならなかった。実際、私たちはウォルマートの批判者が誤っていたことを証明し、これまでの業績から一挙に飛躍することとなった。デビッドはわが社を瞬《また》く間に以前より強力な会社にしたのである。ロン・メイヤーはわが社の物流システムの基礎を築いてくれたが、率直にいって、デビッド・グラスはロン以上に物流に関して優秀だった。彼はまた、会計システムを改善し完成するうえでも優れた能力を発揮した。彼とジャックはともに、わが社の今日の成長を支えているハイテク技術の強力な提唱者だった。デビッドは財務ばかりでなく、労務管理にも長《た》けていることを証明した。新しい経営陣は以前の経営陣以上に、実際の業務遂行に関して有能だったのである。

　何よりも、ウォルマートの歴史は、必要な時と場所に必要な人材を得てきたことが、その著《いちじる》しい特徴である。創業時にはすべてを心得ている老練なウィテカーを、組織づくりにおいては勤勉で組織的思考の持ち主のフェロルド・アレンドを、情報システムづくりではコンピュータに詳しいロン・メイヤーを得てきた。そして、店長としてのメンタリティをもつジャック・シューメーカーが、マンネリ化したやり方を打破して、会社に必要だった新しい構想を導入し、一方、危機に際して冷静さを保ち続けたデビッド・グラスが、巨大化しすぎた会社の組織をついに完全に掌握《しょうあく》したのである。

最初から、私たちはつねにバドや私にない才能の持ち主を探し当ててきた。だが、物事には時機というものもある。私はドン・ソーダクィストを二〇年近く引き抜こうとしてきた。一度などは、社長の座を差し出したこともある。それでも、彼は承諾しなかった。だが、私たちが本当に彼を必要とした時、ついに彼はわが社の一員となり、デビッドのもとで最高業務責任者《COO》となったのだ。

どんな企業でも、多大な貢献をした人間がいつか会社を去らなければならないことはある。私はしばしば、社員を互いに競争させることで非難されている。だが、私はそれが非難されるべきこととは思わない。私はいつも異種交配を行って、社員をいろいろなポストに就かせる。それが時に、彼らの自尊心を傷つけたかもしれないが、すべての者がなるべく多くの職務を経験する必要があると考えている。そして、最高の経営者とは、すべての業務の基本を体験し、会社の全体像をつかみ、経営理念をしっかりもった者だと思っている。競争が個人的なライバル意識になり、社員が協力しなくなるのは見たくはない。会社の経営理念として、私たちはいつもこういっている。「自分の野心は心の奥にしまって、会社の誰とでも助け合いなさい。一つのチームとして協力しなさい」

第十一章　ウォルマート的社風の創造

愉快な会社

ハリー・カニンガム（競争相手Kマートの創業者）

「サムがウォルトン流の気風を隅々まで行き渡らせたことが、すべての鍵だった。それは比類ないものだ。彼は今世紀最大のビジネスマンだ」

土曜日の午前七時半に、重役や店長はじめ数百人の社員を集めて会議をする会社など、そう多くはないだろう。まして、その会議を、会長が〝豚を呼ぶ〟ことから始めるような会社はさらに少ないと思う。だが、土曜の早朝に全員の目を覚まさせるために、アーカンソー大学のレイザーバック・チーム（レイザーバックは米国南部に多い半野生の豚）の声援をするのが、私の気に入ったやり方なのだ。その効果を十分味わってもらうには、会議に

ベントンビルにてブッシュ大統領から自由勲章を授与される。

出席する必要があるが、次のように始まる。

「うわああああああああああああああい、ブタ。こっちだぞ！

うわあああああああああああああああああい、ブタ。こっちだぞ！

うわああああああああああああああああああああい、ブタ。こっちだぞ！

カミソリ《レイザー》、ブタ《バック》!!」

そして、この私が音頭を取るからには、全員が大声で声援することは間違いない。もう一つ、私が店舗視察の際に必ず音頭を取る唱和がある。それがウォルマート独特のあの掛け声だ。ジョージ・ブッシュ大統領夫妻がベントンビルの本社を訪れた時、仲間たち全員でこの声援をやった。夫妻がこうした熱狂的歓迎に慣れていないことは、その時の二人の顔を見れば一目瞭然《りょうぜん》だろう。知らない人のために、その掛け声をご披露しよう。

「ギブミー・ア・W！
ギブミー・アン・A！
ギブミー・アン・L！
ギブミー・ア・スクウィグリー！（ここで全員がちょっとツイストを踊る）
ギブミー・アン・M！
ギブミー・アン・A！
ギブミー・アン・R！
ギブミー・ア・T！
なんの綴《つづ》りだ？
ウォルマート！
なんの綴りだ？
ウォルマート！
誰が一番？
〝お客さま！〟」

たいていの会社には唱和の掛け声などないし、まして役員がその音頭をとったりしないということは承知している。だが、そうした会社には、マイク・〝オトボケ〟・ジョンソンのような人間もいないのだ。彼は保安係の監督だったころ、わが社の取締役ロバート・ローズを標的にして、柿の種飛ばし大会をやってのけた。さらに、たいていの会社には、「歌うトラック・ドライバーズ」というゴスペル・グループも、「ジミー・ウォーカーと会計士たち」という管理職のコーラス・グループもないのだ。

真剣に働いているからといって、いつもしかめっ面《つら》をしたり、難しい顔をしている必要はないのだ。わが社では、仕事上の問題を抱えている者は、それを金曜日朝の営業企画会議か、土曜の早朝会議に提出して、皆で討議することになっている。だが、どんな仕事をする場合でも、私たちは楽しくやりたいと考えている。それは、「口笛を吹きながら働く」式の哲学であるが、この精神でやれば仕事が楽しいだけでなく、よりよい仕事ができる。次に何が起こるかわからないという理由だけでも、皆の関心を引き、絶えず興味をかき立てるし、また、お互いの壁を取り払い、意思疎通《そつう》をスムーズにするうえでも役に立っている。その結果、社員はすべて家族の一員と感じるようになるが、家族であれば、あまりに偉すぎて掛け声の音頭をとれないとか、ジョークの対象にしてはいけない、というような者は一人もいないのである。

独自の企業文化はなにもわが社が初めてつくりだしたわけではないし、他の多くの会社がわが社より早くやっている。IBMの草創期《そうそうき》に、トム・ワトソンがスローガンを掲《かか》げたり、グループ活動を行っていたことも、その一つだろう。前にも述べたが、私たちはいいと思う発想はどこからでも拝借することにしている。ヘレンと私は、一九七五年、韓国と日本に旅行したが、その時もいくつかの発想をもらってきた。あちらの国々でやっていることのなかには、アメリカのビジネスにもすぐに適用できるものが多かった。床や畳《たたみ》に正座してウナギやカタツムリを食べるなど、文化の違いはあっても、人間という点では同じであり、集団の士気を高める方法はどこで試そうと、同じ効果があるものだ。

ヘレン・ウォルトン

「サムと私は、韓国のソウル近郊のテニスボール工場へ見学に行きました。その会社はウォルマートにボールを売っていたと思います。その工場は私がこれまでに見たなかでも、もっともひどいものでしたが、サムはとても感銘を受けました。この工場で初めて、社員が会社の唱和をやるのを見たのです。それに、朝一番に、全員が体操をするというアイデイアもサムの気に入りました。帰国して、お店や土曜会議でそれを試そうと、うずうずしていましたね」

負けの代償は高い

一九八四年、ウォルマートの人間がどれほど変わっているか、世間に知らしめる出来事があった。この年、私はデビッド・グラスとの賭《か》けに負け、腰蓑《こしみの》をつけてウォール街でフラダンスをする羽目に陥《おちい》ったのだ。最初は、こっそり街に出てフラダンスを踊り、それをデビッドがビデオに撮って土曜会議で皆に見せれば、私が約束を守ったことが証明されると考えていた。だが、現場に出かけて行くと、なんとデビッドはトラック一台分のフラダンサーとウクレレ奏者を雇い、おまけに新聞社やテレビ局にも通知していたのだ。道路使用許可のことで警察ともめたり、また、ひどく寒い日だったので、ダンサー組合からヒーターなしではダンサーの踊りを許可しないと文句《もんく》をつけられたりして、結局、メリル・リンチの幹部の一人から許可をもらって、彼の家の玄関先の階段で踊ることになった。そして、ついに、私は腰蓑とアロハシャツとレイを身につけ、かなり見事な（と自分では思っている）フラダンスを披露したのだ。アーカンソーからやって来たクレイジーな会長が、ばかな真似《まね》をしているというので、その映像は広く放映された。

これは、わが社の突飛な社風で私自身が窮地に陥った、数少ない例の一つである。とはいえ、わが社では、税引前利益率が八パーセントを超えることは不可能というほうに賭けるような者は、必ず負けて、その代償を払わなければならないのだ。だが、フラダンスを踊るのは、熊と格闘することに比べれば、別にどうということはない。というのも、ボブ・シュナイダーは、テキサス州の物流センターの係長だったころ、仲間と生産性の新記録を達成できるかどうかの賭けをして、できないほうに賭けたため、熊とレスリングしなければならなかったのだ。

賭けに負けて。ウォール街でデビッドに腰蓑をつけられる。

おそらく多くの人が、「あの会社のいかれた会長が、ひどく原始的なPRをしているだけだ」と思ったことだろう。だが、彼らは、この種のことはわが社では日常茶飯事だという点を理解していない。これはわが社の社風の一つであり、すべてにこの精神が浸透しているのである。土曜の早朝会議、株主総会、新規開店、あるいは普通の日、どんな時でも、私たちは人生をできる限りおもしろく意外なものにし、ウォルマートを愉快な会社にしようと努力している。クレイジーなことをするのは、そうやって社員の注意を引き、社員自身にも突飛なことを考えさせるためである。私たちの望みは、お客にとっても従業員にとっても愉快で、突飛なことを各店舗でやることだ。

わが社の声援や私のフラダンスといったふざけた行為が、時には泥臭《どろくさ》かったり、やりすぎと思われることは承知している。だが、あまり気にしていない。たしかに、副社長がピンクのタイツにブロンドの鬘《かつら》をつけて白馬でベントンビルの町を走り回るなどというのは、少しやりすぎかもしれない。これは、チャーリー・セルフが一九八一年の土曜会議で、一二月の売上高が一三億ドルを超すことはないほうに賭けて、負けた時にやらされたことだ。さらに、おかしいのは、元役員の一人、ロン・ラブレスが引退したあとも毎年、年度末会議に出席して、「愛《ラブ》なき《レス》経済指標報告」、略してLEIRを報告していることだろう。これは、道端で見つかる鶏の死骸数に基づいたレポートで、図表やグラフなどのデータつきである（不況であればあるほど、道端で見つかる食用鶏の死骸数が少なくなる）。

少々やりすぎと思われるものといえば、自分の会社の社長に生きた豚をプレゼントして驚かすというのもそうだろう。これは、あるサムズクラブ（ウォルマート社が一九八三年に開始したメンバーシップ・ホールセール・クラブ。日本にも出店しているコストコと同じフォーマット）のスタッフが、フットボールをテーマにディスカウントストアのウォルマートと販売競争をする時、会議の冒頭で、キックオフ代わりにデビッド・グラスに贈ったものだ。最初は豚革でできたボールを贈る予定だったのが、どうせなら中身も一緒に贈ろう、ということになったのである。社長のデビッドだが、彼はオーバーオールを着て麦藁《むぎわら》帽子をかぶり、駐車場でロバを乗り回したことがある。これは、彼が、「フォーチュン」誌に、ハリソン店の開店の時のロバとスイカにまつわる目撃談を載せたため、そのお返しに、私たちがその店で彼にやらせたことだった。その時の写真は「ディスカウントストア・ニュース」誌の表紙を飾ったが、それを目にしたライバル社の人々はどう思っただろうか。

お客のために、従業員のために

こうした社風のいくつかは、わが社が小さな田舎町《いなかまち》から出発したことと関係がある。当時、私たちは文字通り、店にカーニバル的雰囲気をつくりだしたかった。そのころの田舎町には、ウォルマートへ行く以外、あまり娯楽がなかった。すでに述べたように、私たちは、商品を山積みにして屋外大売り出しをしたり、客寄せに駐車場でバンド演奏やミニ・サーカスをやったりした。また、賞品の名前を書いた紙皿を店の屋根から飛ばす、「紙皿飛ばし」をしたこともある。「風船飛ばし」もやったし、「月夜の狂乱大セール」もやった。このセールは、通常の閉店時刻後に始まり、夜中の一二時まで続くもので、その間、数分ごとに新しい特売品をアナウンスするのである。

ショッピングカート・ビンゴというのもあった。ショッピングカートにそれぞれ番号をつけておき、自分のカートの番号が読み上げられたお客は、そのカートに何を入れても商品が割り引きになるというものである。愉快なことなら、私たちは何でも試してきたが、時には、それで自分たちが窮地に立たされることもあった。

ある年のワシントン誕生記念日に、フィル・グリーン（世界最大の洗剤ピラミッドの話を思い出してほしい）は、ワシントンの誕生日の二月二二日にちなんで、テレビを一台二二セントで売るという広告を出した。ただし、フィルが店のどこかに隠したテレビを最初に見つけたお客だけが、買えるという条件付きだが。その朝、フィルが店に到着すると、入り口も見えないほど店の前に人が群がっていた。なかには徹夜組もいて、私たちは店に入るのに裏口を使わなければならないほどだった。そして、ついに店が開いた時、五、六百人の人々が一台のテレビを求めて店内に突進して来た。フィルはその日、多くの商品を売ったが、商品を使って宝探しをするのは、一回でこりたことだろう。

わが社が成長するにつれ、こうしたサーカスまがいのやり方からは離れたが、各店には楽しみの精神を維持するよう奨励している。たとえば、商売に直接関係がなくとも、一般従業員と管理職が一緒に地域活動に参加し、それによってチームとしての一体感を味わうよう奨励している。こうした風変わりな地域活動の一端を以下にご紹介しよう。

・フェアベリー店（ネブラスカ州）では、地元のパレードに「ショッピングカート器械体操チーム」を毎年参加させている。メンバーは全員ウォルマートのユニフォームを着て、ショッピングカートを押しながら、その間、輪を描いたり、旋回したり、クロスしたりと、一連の動作を行う。

・シーダタウン店（ジョージア州）では、チャリティの募金をするために、「豚にキス・コンテスト」をやっている。これは、それぞれ管理職の名前をつけた大きな瓶《びん》をいくつか用意して、どの瓶に一番募金が集まるかを競《きそ》うもの。ただし、一等になった管理職は、豚にキスしなければならない。

・ニューアイベリア店（ルイジアナ州）には、「ザ・シュリンケッツ」と呼ばれるチアリーダー・チームがある。彼らは、もちろん、「商品ロス削減《シュリンケージ》」の応援をするのだ。「商品ロスをどうする？　やっつけろ！　やっつけろ！」とやるのだ。このチームはある年の年次総会で、次のような応援をやって会場の人気をさらった。「カリフォルニアのオレンジも、テキサスのサボテンもいっている。Kマート、君たちもやればできるぞ！」

・フィッツジェラルド店（ジョージア州）は、地元の「さつまいもパレード」に、南ジョージア産の野菜や果物の扮装をした七人の従業員を乗せた山車《だし》で参加し、一等賞に輝いた。審査員席の前を通る時、七人の地元産の野菜や果物たちは、地元産のウォルマート式唱和をやってのけた。

ご覧のように、わが社はアメリカの田舎町の伝統、とくに楽隊付きパレード、チアリーダー、器械体操チーム、山車などによって、成功を収めてきた。私たちの大半はそうしたものと一緒に育ってきたのだ。大人になり、自分の時間の大半を仕事に奪われるようになると、こうしたイベントはいっそう楽しみになることがわかったのだ。わが社がとくに好んでやるのは、詩歌から赤ちゃんに至るまで、あらゆる種類のコンテストである。また、何かのテーマがある日というのも好きだ。その日は、店の全員がテーマに関係するコスチュームを着る。オクラホマ州アードモア店では、干し草の山に三六ドルのコインを隠して、子供たちに飛び込ませる、という行事をやっているし、また、店一番の年寄りの男性をモデルに見立て、婦人服のファッションショーをやっている店は数知れない。店の入り口に立つ挨拶係《あいさつ》（兼カート手渡し係）は、その目立つ立場をちょっとした楽しみに利用している。たとえば、地元の祭日ごとに、違った衣装で入り口に立つ者もいる。

とくに有名なのが、「ムーンパイ早食いコンテスト」だ。私がムーンパイを重点販売品目にして、大いに儲《もう》けたことは前に話したが、これはそれとは別の話だ。一九八五年、当時、アラバマ州オネオンタ店の副店長であったジョン・ラブは、間違ってムーンパイを予定の五、六倍も発注してしまった。それこそ頭の天辺までムーンパイに埋まったジョンは絶望し、何とかムーンパイが傷む前に処分する方法はないかと知恵を絞った。そして、ムーンパイの早食い競争を思いついたというわけである。そんな企画が当たるとは誰も予想できなかったのに、このコンテストは今や、年中行事になっている。毎年秋に、オネオンタ店の駐車場で開かれるこの大会は、多くの州から観客を集め、新聞やテレビにも取り上げられて、文字通り世界中に報道されている。ちなみに、現在までの世界記録は、一〇分間で二段重ねのムーンパイ一六枚という記録である。

自由闊達《かったつ》な土曜の早朝会議

ばかばかしい、とお思いだろうか？　たしかに、これ以上ばかばかしいことはないだろう。だが、仲間が集まってこうしたばかげたことをやることが、皆の士気を高めるうえで、はかり知れない効果があるのだ。楽しい時を過ごし、気取りや自惚《うぬぼ》れを捨てて、皆の仲間になる、それが、すべての人にとってためになるのである。

たとえば、土曜の早朝会議。もし、何かおもしろいことや予期せぬことが起こらないとしたら、どうやって数百人（ほとんどの管理職とベントンビル本部の従業員の一部）の人間を土曜の早朝に目覚めさせ、笑顔でここに集めることができるだろうか。誰かが数字をだらだらと並べたて、次に仕事上の問題について小難しい講義をするだけなら、会議が生き生きしたものになるだろうか。いくら私が会議の重要性を感じたとしても、社員は反抗して、今日《こんにち》まで存続してこなかっただろう。だが現実には、土曜の早朝会議こそ、ウォルマートの企業文化の核心なのだ。

誤解しないでほしいが、土曜の早朝に会議に出席するのは、ただ楽しむためだけではない。この会議は重要なビジネス会議である。その目的は、全員にわが社の他の部門の現状を知ってもらうことにある。時には、店員のなかから功労者を見つけ、ベントンビルに呼んで全員の前で表彰することもある。誰でも認められればうれしいものだ。そこでわが社では、誰かを大いに賞賛できるあらゆる機会を見つけ出そうと努力している。だが、私はいいことだけを聞きたいわけではない。わが社の弱点や、計画ほど業績があがらない部門について知り、その理由を知りたい。もし問題があり、その解決策が見つかれば、大半の小売業者が休んでいる週末に、それを実施できるのだ。

土曜会議は、わが社の経営理念や経営戦略について大いに話し合い、討議する場である。つまり、わが社の意思疎通対策の中心に位置しているといえる。また、皆があちこちで拾って来た発想を共有する場でもある。

会議のハイライトとはいえないが、時には、私がこの業界に関係のある記事を読みあげることもある。わが社の二人の幹部、ウェズリー・ライトとコロン・ウォッシュバーンは、すべての経営文献に目を通しているかと思われるほどで、つねに有益な記事や本を私に示唆《しさ》してくれる。

また、この会議では、特定の企業か業界の一般的傾向かを問わず、競争相手に関する話題を取り上げている。たとえば、強力な専門店の進出にウォルマートがどう対抗するかについて、一〇分ほど話し合うこともある。同時に、この会議は最初に達成不能と思われるような目標を決定する場でもある。これが、私がウォール街でフラダンスを踊ることになった理由でもあった。大半の小売企業の税引前平均利益率が四パーセントであるなか、わが社は結局、八パーセント以上を達成したのだから、私がウォール街で恥ずかしい思いをしたかいもあったというものだ。

アル・マイルズ

「どうなるか予測がつかないのが、土曜の早朝会議の素晴らしいところだ。時には、そこで自分の本性がむき出しになると感じることもある。たとえば、何かまずいところがあると、罰があるわけではないが、皆の前で穏《おだ》やかに指摘される。忠告といっていいかもしれない。ある時、会長にこういわれたことがあった。『君は言葉に出す前に、少しは考えるべきだ』そういわれたのも当然だった。私は他の部門をしつこく批判していたのだが、それはその場にふさわしいことではなかったから。その会議で忠告されたことは、いつまでも心に残ったね。

また、別の時、会長は三週間後の会議で、私が『レッドリバー・バレー』を歌う、と決めてしまった。私が大勢の前でうまく歌えないのを知っていたのだ。会長がその話を吹聴《ふいちょう》して回ったので、ついに私は一緒に歌ってくれるグループを集めなければならなくなった。なるべく自分の歌が目立たないようにね。会長は私に不得意なことをやらせて、少し謙虚《けんきょ》になることを教えたのだと思う。

いずれにしろ、この会議は愉快に運営されている。それに会長は会議をとても慎重に運営していると思う。どこで真剣になるべきか、どこで楽しくするべきか心得ているのだ。時には民主的になるかと思えば、時には独裁的にもなる。だが基本的には、情報を共有すること、難問を抱えている者の重荷を軽くすること、みんなの気を引き締め士気を高めること、の三つの目的で会議を運営しているのだ。ほかの人が信じようと信じまいと、ほとんどの社員は何があってもぜひこの会議には出席したいと思っている」

会議の効果を高めるためには、ショー的要素も取り入れ、予測不能のものにする必要がある。ある日は体操をするかもしれないし、またある日は歌を歌うかもしれない。レイザーバックの唱和をやることもある。型にはめず、自然に展開するのが望ましい。ゲストを呼ぶこともしばしばあるが、社員はどんなゲストが来るか知らされていない。時には、取り引き先の重役だったり、名もない優良小企業で素晴らしい発想をもっている人だったりする。ゼネラル・エレクトリック社のCEOに来てもらったこともあれば、自社製品の宣伝をしているコメディアン、ジョナサン・ウィンターズには何度も来てもらった。彼はいつも私たちを爆笑の渦《うず》に巻き込んでくれる。ある時は、シュガー・レイ・レオナルドと私の、架空のボクシング試合をやったこともある。

ドン・ソーダクイスト

「わが社の会議の真価は、自由闊達であることだ。議事進行表などは一切ない。もちろん、会長は例の黄色いノートに討議したい議題を走り書きしているし、ほかの何人かもそうしている。だが、サムはいつも誰かを指名して、『今日の会議は君が指揮をとりたまえ』ということから始める。そこで、会議は議長に指名された者の個性に従って進行することになる。このように、会議にはいつも何かを期待する雰囲気があるのだ。時には、とんでもないことが起こるかもしれないし、誰かが素晴らしいものを引き出す可能性もある」

四、五人の店長と営業企画を話し合うために土曜会議を開いて以来、これを今のように発展させるには多くの苦労があった。事実、妻のヘレンはじめ、反対の声は多かった。もし、投票の機会を与えていたら、多くの者が反対票を投じたかもしれない。だが、小売業を職業として選んだからには、土曜日に働くのは当然である。管理職がゴルフをしている間、店の従業員たちが犠牲になって働いているのを、私は黙認することはできない。

株主総会のもう一つの目的とは

部外者が土曜会議を見る機会はほとんどない。そこで、人々がわが社の社風をうかがい知る場が株主総会になる。株主総会がどのように始まったかはすでに述べたが、会社の成長に伴い、今では世界最大規模の株主総会になってしまった。一万人を超す株主とゲストが集まるため、ファイエットビルにあるアーカンソー大学のバスケットボール競技場で開いている。同地に建設中のバド・ウォルトン・アリーナが完成すれば、やがてそこで総会を開くことになるだろう。弟がそれを大いに誇《ほこ》りにしていることを私は知っている。

この総会は、ある意味で土曜会議を拡大したようなもので、エンターテイナーやゲストも招いている。ほかの面では多くの企業がやっていることと大差ないが、ただ、声がいっそう大きくなるだけだ。他社と異なるわが社の特徴といえば、従業員株主をかなり多数招いていることだろう。結局、彼らこそが、わが社の一番大事な株主なのだから。

店長や店員をできるだけ多く総会に出席させているのは、彼らに会社の全体像を把握《はあく》してほしいからだ。最初は、すべての店舗および物流センターから総会に出席するアソシエートを一名ずつ選んでもらっていた。だが残念ながら、会社が大きくなりすぎて、そうもいかなくなり、今では物流センターとサムズクラブからは毎年総会に代表が出席しているが、各店舗の店員は隔年ごとに出席するようになった。

総会では、楽しむことに熱中するあまり、本来の目的を危《あや》うく忘れそうになったことも何度かある。わが社では、株主総会の日の早朝、七時ごろに従業員たちを集め、本番前の大会を開いている。声援や社歌などで景気づけをするのだ。それから、退職者を表彰し、各店のなかでその店の売上高構成比率トップのデパートメント・マネージャー(部門主任)たちを集めて表彰する。次に業績トップの店長、安全走行記録賞をとったドライバー、素晴らしいディスプレーをしてお客を呼んだ従業員、VPIコンテストの優勝者などを次々に表彰する。株主総会で重要なのは、株主たちに敬意を払うこと以上に、毎年驚異的配当

全米最大規模になったわが社の株主総会（1987年）。

を生み出しているわが社の功労者たちを、株主たちに知ってもらうことにあるのだ。

総会のあとは、ヘレンと私が出席した全従業員およそ二五〇〇人を自宅に招き、ウォルマートのカフェテリアから取り寄せた軽食でもてなすことにしている。これはヘレンにとっては大変な重圧で、それに耐えられる妻などめったにいないだろう。なにしろ、家の中も庭も人でびっしり埋まるのだ。だが、これは私たちが感謝を表す方法であり、私たち夫婦も大いに楽しんできた。また、店以外ではめったに会うことのない多くの従業員に会う、よい機会でもあった。たとえどんなに混雑していようと、私はなるべく皆に声をかけ、質問をすることにしている。「イリノイ州リッチフィールドの店はどんな具合だい？」「ミズーリ州ブフンソン店の店長は一生懸命やっているかい？」間もなく私は、彼らの返事の熱意の度合いから、いい考えを思いついた。もし、その返事がはかばかしくない場合は、一、二週間のうちにその店を視察するのだ。

すべてが終了したあとは、出席した従業員に総会の様子を撮影したビデオを送る。彼らがそれを他の従業員と一緒に観て、総会の雰囲気を共有してもらうためである。当然、社内報の「ウォルマート・ワールド」にも、総会の詳しい記事を載せている。こうした大会が従業員同士に親近感を抱かせ、自分たちは共通の目的で結ばれた家族だと感じてくれることが願いである。

従業員には、経営陣や主要株主たちが、ウォルマートを現在のような大企業にした彼らのすべての功績を、高く評価していることを知ってもらいたい。

絶えず変化する

こうした強烈で独特の企業文化や、それを実質的に支えている利益分配制などのパートナーシップは、競合企業に対するわが社の強みとなっている。とはいえ、強烈すぎる企業文化にはまた、いくつかの問題も生じるものだ。今すぐに思いつくのは、変化に対する抵抗である。自分たちのやり方がベストだと信じてしまうと、従業員は将来もまったく同じやり方で進めばいいと考えがちである。そこで、私は、絶えず変化するのがウォルマートの企業文化そのものであることを全員に徹底させるのが、自分の使命だと考えるようになった。こうして、会社の発展の節目ごとに、変化を強要してきたのだ、時にはただ変化させるためだけに。実際、ウォルマートの企業文化の最大の長所は、過去をすべて捨て、ただちに方向転換できることだと考えている。

個々の課題解決に関しては、わが社は変化するのが非常に得意ではあるが、企業文化に関する点になると、必ずしも得意とはいえない。たとえば、バラエティストア時代の店長は、大卒者を雇うことにかなりの偏見をもっていた。最初に雇った三人の大卒者、ビル・フィールド、ディーン・サンダーズ、コロン・ウォッシュバーンはいまだにわが社に留まり、貴重な人材となっているが、最初はさぞかし苦しい思いをしたに違いない。実際にあった悲惨な体験を語ってもらおう。

ビル・フィールド（ウォルマート業務執行副社長、マーチャンダイジングおよび営業担当）

「入社して五日目、私はイダベル店の開店準備をしていた。開店まで一三日しかなかった。その記録はいまだに破られていない。最初の週は一二五時間以上働かされ、次の週はもっとひどくなった。私はベントンビル店でアルバイトをしていたので、サムは私を知っていたのだが、その時、私に近づくなりこういった。『誰が君を雇ったのかね？』私が、フェロルド・アレンドだと答えると、『君は自分が商人になれると思っているの？』と聞いた。彼の言い方に私は思わずカッときて、辞めたくなったほどだ。次には、ドン・ウィテカーがやって来て、私を見るなりひどくいやな顔をし、また同じ質問をした。『一体全体、誰がお前を雇ったんだ？』当時、会社では、大卒という肩書きには何のメリットもなかった。古株連中に、自分で実力を証明しなければならなかったのだ」

会社を発展させようとするなら、当然、高い教育を受けた者を採用する必要がある。だが、最初は、わが社の企業文化が彼らを拒《こば》んできた。現在では、ハイテク技術、財務、マーケティング、法律等々の分野でより高度な知識が必要になり、優秀な人材の確保はますます重要になっている。こうしたことが、明日のウォルマートを担《にな》う人材や、古手の管理職者に対する私たちの考えを徐々に変えていった。ヘレンと私がアーカンソー大学に「ウォルトン研究機関」を開設したのは、こうした理由からである。この研究機関で、管理職の者は若いころに受けられなかった教育を受けることができるし、会社としても従業員が大卒の資格を取れるよう、できる限りの援助をしている。会社にとって、従業員が最善の教育を受けることは望ましいことであり、それがまた、キャリアアップにもつながる。

伝統的には、わが社の店長は、転勤を命じられたら黙って従うことになっていた。五〇〇マイル彼方《かなた》の新しい店の開店準備をせよといわれれば、ただちに荷物をまとめ出発する。家の売却や家族の引っ越しはそのあとに考えればいい、というのがわが社の企業文化だった。当時はそれが必要だったかもしれないし、あるいは、必要以上に厳しかったかもしれない。だが、もうこうしたやり方は、いくつかの理由で適切ではなくなった。まず、会社が成長するにつれ、店を営業している地元との関係を緊密に保つ方法を探す必要に迫られたことだ。その方法として、地元で人を採用し、そこで管理職の経験を積ませるのが最善だと思われたのである。第二の理由は、多くの女性は男性ほど簡単に転勤できないため、旧来のやり方では、優秀な女性が出世するうえで不利になるという点である。私も女性に関する以前の認識を改め、彼女たちにも出世の道が開かれるようにしている（そうできたのは、ヘレンと娘のアリスのおかげである）。

かつての小売業者たちは、女性を学生アルバイトぐらいにしか考えていなかった。女性は自由に転勤できないうえに、売り子や事務職くらいしかできないと思われていたのだ。というのも、店長は一般にトラックからの荷降ろしや、倉庫からの商品の運び出し、必要とあらば、床拭《ゆかふ》きや窓磨きまで、多くの肉体労働をしていたからである。だが現在では、小売業界も女性の優秀な能力に気がついている。ウォルマートもまた、可能な限り女性を惹《ひ》きつけ、採用しようといろいろ手を尽くしているところだ。

贅沢《ぜいたく》を戒《いまし》める

もう一つ、ウォルマートの企業文化で目を引くのは、一言でいえば、日常生活での姿勢（ライフスタイル）の問題である。だがこれは、会社が大きくなって以来、私をずっと悩ませてきた問題だった。正直にいって、わが社には大金をつかんだ者が大勢いる。私たちの身分から考えれば、大金持ちといってもいいほどの者がゴロゴロいるのだ。だが、彼らがそれを誇示《こじ》するようになると、私は頭に血がのぼってしまう。私が口を出す問題ではないのだろうが、社員の家や車や生活スタイルがあまりに派手《はで》になると、私はそれを止めさせようと手を尽くしてきた。

以前にも述べたが、私はここベントンビルでの生活態度は、他の多くの町と同様、ほどほどによい収入のある人々の暮らしと、あまり変わらないのがいいと考えている。だが、ウォルマート株で儲けたものの、大金をこれまで手にしたことのない連中を戒めるのは、時には非常に難しいこともあった。誰かがあまりに贅沢になりすぎた場合、土曜の早朝会議で、怒鳴りつけることも厭《いと》わなかった。それでも、改めようとしない者は、自分の道を進むことになる。つまり、彼らは会社を辞めていくのだ。

私は、大邸宅や豪華な車が、ウォルマートが目指している企業文化とは思えない。財産をもつことは素晴らしいことだし、会社の一部の者が早い時期に引退して、釣りを楽しめるとしたら、私もうれしい。だが、よい暮らしに捉《とら》われすぎた時は、それを改めなければ、前進できないのだ。贅沢に捉われると、もっとも大事なこと、つまり、お客に仕えるということに、集中できなくなるからである。

第十二章　顧客第一主義

お客が望むものを提供する

ロバート・C・ゴイズエタ（コカ・コーラ社会長兼CEO）

「サム・ウォルトンは、顧客ぬきでは商売は成り立たないことを、誰よりもよく理解している。彼の信条は、何をするにも顧客を中心にすることであり、彼はその信条を忠実に守っている。ウォルマートの客に完璧に（完璧ではない、と彼はいうだろうが）奉仕する過程で、ウォルマートの共同出資者である従業員や地元、その他の投資家にも大いに奉仕している。それは、わが国の実業界で他に類がないほどだ」

小売業者としての全生涯を通じて、私は一貫して一つの原則に固執してきた。その原則はきわめて単純であり、すでに何度も繰り返してきたので、読者はいささかうんざりしているかもしれない。だが、あえてもう一度繰り返すと、小売業の成功の秘訣は、「お客が望むものを提供する」ことである。実際、もしお客の立場になったら、誰もが最善のものを望むだろう。質のよい商品、豊富な品揃え、可能な限りの低価格、満足の保証、感じがよく知識の豊富な店員の応対、お客の都合に合わせた営業時間、無料駐車場、そして、楽しいショッピング体験等々。もし店で期待以上の体験をすれば、その店に好感を抱き、店が不便だったり、店員の態度が不愉快だったりすれば、その店に不快感を抱くだろう。

商人として私はこの教訓を、私が生涯を過ごしてきた田舎《いなか》の小さな町で学んだ。私と同じように生涯を田舎町で過ごした人やそこで育った人なら、二〇世紀前半の田舎町がどんな様子だったかご存じだと思う。ニューポートは小さな町だが、かなり栄えており、小売業者にとっては競争が厳しかった。それでも、この町から、当時の田舎町の様子をうかがい知ることができる。ニューポートは綿花の町で、買い物客のほとんどは郊外の農場からやって来た。男性は長時間農場で働き、女性は家で家事をしていた。当時は女性が外に働きに出るのはまれだった。だが、戦時中は多くの女性が外で働き始め、その後いったんは家に戻ったが、子供に手がかからなくなるとまた、外で働くことを考えるようになった。

ニューポートには、前にも述べたように、JCペニーや私のイーグルストアをはじめいくつかの大型店があった。また繁盛《はんじょう》しているバラエティストアも二つあり、その一つは私のベン・フランクリン、もう一つがジョン・ダナムのスターリングであった。そのほかにも、ドラッグストア、ハードウエアストア（工具などのDIY専門店）、タイヤ専門店、自動車部品専門店、家族経営の小さな食料品店などがあった。当時のほとんどの田舎町には、まだ、何でも揃っているスーパーマーケットはごくわずかで、ほとんどは肉、鶏、野菜など、それぞれを専門に商《あきな》っていた。鶏肉屋は、自分で鶏の首をひねり、お客が待っている間に羽根や内臓を取り除く、という調子だったのだ。

つまり、当時の人々は、今日《こんにち》のように豊富な品揃えとか、洗練されたサービスなどは、まだ知らなかったのである。大恐慌の時代は、ほとんどの人が頻繁《ひんぱん》に買い物できるほどお金を持っていなかったし、第二次世界大戦中は肉、バター、タイヤ、靴、ガソリン、砂糖などすべてが統制品になった。ただし、私が商売を始めたころには、物不足はかなり解消され、景気は上向きになり始めていた。大恐慌の時期に比べれば、好景気が到来していたといってもいいだろう。

ニューポートのように、郊外の農場から買い物客がやって来る町では、普通土曜日が集中的な買い物デーだった。土曜日は家族総出で車で町に繰り出し、数時間、時には一日中、町の店を回って必要なものを買うのだ。彼らを惹《ひ》きつけるには、店主の人柄、商品の新鮮さ、値段、あるいはアイスクリームの機械など、何かの特徴が必要だった。私たちはそうした競争のある環境のなかで繁盛してきた。

一九五〇年にもっと小さな町、ベントンビルへ移った時は、この町には競争がないことに気がついた。中心街の広場の周囲に数軒の小売店があったが、それぞれが自分たちの狭い守備範囲内で商売をしていた。お客はここで望むものが見つからなければ、近隣のロジャーズやスプリングフィールド、時にはファイエットビルまで車で出かけていた。あえていわせてもらえば、私たちは、ニューポートで学んだ教訓を生かして、こうした旧来のあり方を変え、町に活気をもたらしたのである。

アリス・ウォルトン

「土曜日のベントンビル中心街は、特別楽しい場所でした。父はいつも歩道に立ったり、時には道路に出て何かをやっており、いつも人だかりができていました。サンタクロースが来たり、パレードを見たのもその場所です。子供の私には、週末はサーカスの日かお祭りのようなもので、土曜日が大好きでした。私は歩道でポップコーンの係をしました。こうして商売に参加していたわけです。誰もがポップコーンを買いましたし、そのほとんどが店の中に入って行きましたから。こうして育ってきたことは、素晴らしい思い出です」

ベントンビルの次に店を出したのが、ファイエットビルだった。そこで、初めてディスカウントストアの競合店、ギブソンズに出会ったのである。当時すでに、小売業界が数年のうちに大きく様変わりすることはわかっていたので、その時流に自分たちも乗らなくてはならないと思っていた。これまで努力を傾け、多くの投資もしてきたバラエティストアは、将来それほど伸びないだろうとすでに予感していた。だが、肝心な点は、実際には、この変化はまだ目に見えて現れてはいなかったことだ。一九五〇年代、六〇年代のアメリカはすべてが一挙に変化を遂《と》げた時代だったのである。

ダウンタウンから郊外へ

農場や田舎町で育った若者は、第二次世界大戦や朝鮮戦争から戻ると、職を求めて都市へと出て行った。だが実際は、都市には住まず、周辺の郊外に住んで都市へ通勤するという形をとった。どの家にも車が一台、時には二台あるようになり、国は州間ハイウェイ網を整備し始めた。こうした現象すべてが、アメリカ人が慣れ親しんでいた伝統的商慣習に大きな変化をもたらしたのである。

大都市のダウンタウンの人口は郊外（サバブ）へと流出し、同時に商売の中心もダウンタウンから郊外へと移っていった。大型百貨店も顧客を追うように郊外の大型ショッピングセンターに店を出した。伝統的なレストランやカフェは、車に乗ったまま買えるファーストフードのマクドナルドやバーガーキングに押され、ウールワースやマックローリーなどの老舗《しにせ》大型バラエティストア・チェーンは、Ｋマートをはじめとする大型ディスカウントストアによって大きな打撃を受けた。街角には次々とガソリンスタンドが建ち、やがてセブン-イレブンなどのコンビニエンスストアが、残りの街角を埋めていった。バドと私が、ラスキンハイツのショッピングセンターにベン・フランクリンを出したのは、まさにこれらが始まった時期である。

私たちの出身地であるアーカンソー州北西部や、ミズーリ州、オクラホマ州などの田舎町では、まだ、大型ショッピングセンターやファーストフード店も目にすることはなかった。マクドナルドもKマートも小さな町には進出していなかったのだ。田舎のダウンタウンは徐々に寂《さび》れていく運命にあった。というのも、顧客の多くが都市周辺の郊外へと移っていき、残った顧客も愚《おろ》かではなかったからだ。たとえば、彼らは、乗用の芝刈り機などの大きな買い物をしたい時は、一〇〇ドル節約するために、わざわざ五〇マイル先の大型店まで車で出かけるようになった。それだけでなく、テレビの普及や戦後の車のニューモデルの登場によって、流行を追うことに熱中していった。誰もが流行に乗り遅れまいとし、タルサなど近隣の町に新しいスーパーマーケットができたと知ると、そこまで車で買い物に行くようになった。そして値段も安く、品揃えがよいとわかれば、自分の町にスーパーマーケットができるまで、何度でもそこへ通った。

「田舎町の商人を救済せよ」論争

ウォルマート一号店を出店するや、それがたちまち繁盛して、やがては全国にその経営

ウォルマート18号店でニューポートへの凱旋を果たす。

スローガンを広げることができたのも、こうした田舎町の消費者の強い需要があったからである。長年私たちは、田舎町のお客もまた、都市周辺に移った彼らの親戚と同様、割のいい買い物をしたいのだ、という原則を守ってやってきた。そして、これらの町で、「毎日が安売り」「満足の保証」「お客に便利な営業時間」等々の経営スローガンを実行し、ライバルである旧来の多くのバラエティストアをたちまち追い抜いたのである。

ウォルマート一八号店はこうした経緯を示すよい例である。一九六九年に出店したこの店は、一九年前に私たちが追われた町、ニューポートへの凱旋《がいせん》を果たした記念すべき店である。だが、そのころにはもう、私には昔のいやな思い出はなく、復讐《ふくしゅう》するというつもりはなかった。ニューポートに出店するのは理論的に当然の展開だったが、それでもやはり、この町に戻れたことが私にはうれしかった。この町で商売がうまくいくことを知っていたからだ。実際、店はたいそう繁盛したので、かつて私が経営していたフロント通りのベン・フランクリン店は、まもなく閉鎖したほどである。その店を引き継いだ地主の息子を、私が廃業に追い込んだというわけではない。彼の店の顧客がそうしたのである。お客は足を使って、どちらの店がいいか投票したのだ。

ウォルマートが成長していく間に、多くの小規模店が廃業していった。一部の人々は、これをもって、「田舎町の商人を救済せよ」という類《たぐい》の論争に火をつけようとした。まるで、こうした小売店は、絶滅に瀕《ひん》したクジラかアメリカシロヅル同様、保護される権利があるといわんばかりに。

私が聞いたウォルマートに対する非難のなかでも、もっとも当惑させられるのは、私たちは「よきアメリカの田舎町を破壊する敵だ」というものである。こうした非難は実態からあまりにもかけ離れている。実際は、ウォルマートは、低価格によって住民たちに文字通り何十億ドルもの節約を可能にし、数十万人の雇用を生み出してきたことで、田舎町が消滅するのを防いできたのだ。

一部の小売企業が、ウォルマートとの競争に負けて、その存在を不愉快に思うのは、私にもよく理解できる。私がわからないのは、わが社が田舎町の衰退に責任があると決めつけている人々である。思うに、こうした人々は田舎で育ち、ずっと以前に故郷を捨てて都会に出て行った人々であり、何十年ぶりかに故郷の町へ戻ってみると、ダウンタウンが昔とは様変わりしているのを見て嘆いているにすぎない。それはまるで、自分の故郷だけは時間が停止し、旧態依然の人々が旧態依然のやり方で商売を続けていてほしい、と願うようなものである。自分の故郷だけは何十年たっても、人口が郊外に流出することも、人々がハイウェイを使って外へ出て行くことも、広大な無料駐車場付きのショッピングセンターが建つことも、ありえないと考えるようなものだ。だが、大都市のダウンタウンに育った人間もまた、過去四、五十年の都市の変貌《へんぼう》ぶりに同じような気持ちを抱いているのだ。子供のころに親しんだ店や映画館やレストランの扉が板でふさがれたり、廃業したり、郊外へ移ったりしたのを、寂しく感じているのである。

ウォルマートがある程度大きくなり、小さな町の小売企業として有名になったために、格好の標的にされたのだろう。ある種の人々は、わが社に狙《ねら》いを定めることで、「アメリカの田舎町」に関する自分の見解を弁ずる演題を手にしたつもりかもしれない。こうした一連の批判は、全国規模のマスコミの考え方がどういうものか、私にとくと教えてくれた。夢と展望だけを持った無名の企業なら、マスコミの口の端にも上らない。少し成功した程度の企業の場合は、悪いことでも起こらない限り、マスコミは関心を払わない。企業がもっと成功すると、彼らは猜疑的《さいぎてき》な目を向けてくる。だが、完全に成功した大企業になると、突然敵役《かたきやく》にされるのだ。というのも、どうやら誰もが、トップに立つ者を撃ち落とすことが好きらしいからである。

古きよき時代の田舎町の商人として、私は誰よりも、田舎町で小売業が全盛だった時代を懐かしんでいる。ベントンビルの中心街に小さなウォルマート博物館を建設したのも、こんな理由からだった。この博物館はかつてのウォルトンズ・ファイブ・アンド・ダイムストアの建物内にあり、バラエティストアの面影《おもかげ》を少しでも今に伝えようと努めている。

だがまた、こういうこともいえる。もし、私たちが初期の成功におごり高ぶって、町一番の店になったのだから、これからも同じことを続ければいいと考えていたとしたら、どこか別の企業がやって来て、顧客が本当に望んでいるものを提供し、わが社は廃業に追い込まれていただろう。それはギブソンズかTG&Yかもしれない。私は、おそらく大手チェーンのKマートとターゲットの両方が進出しただろうと思う。ちょうど、マクドナルドが、都市周辺への出店が飽和状態に達した時、田舎町に進出し始めたように。

小売業の世界では、避けることができない革命が起こっていた。馬車が自動車に取って代わられたために、御者用鞭《ぎょしゃようむち》のメーカーが消えていったのと同様、小さな小売店はかつてより数を減らす運命だったのだ。なぜなら、すべての動向は、どこで買い物をするかを選ぶ権利のあるお客が決めてきたからである。

ウォルマートに対抗する方法

ドン・ソーダクィスト

「こうした田舎町をめぐる論争にわが社が同情したことは一度もない。田舎町の商人に起こったことは、五〇年代にスーパーマーケットの出現で起きた現象と変わるところはない。小売業の要領は顧客に奉仕することに尽きる。もし競争がなければ高い価格をつけ、開店時間を遅くし、閉店時間を早くし、水曜と土曜は半日しか営業しないことも可能だ。いつも同じことを繰り返して、満足していられるかもしれない。だが競争相手が来れば、これまでのお客が古いよしみでいつまでも自分の店を贔屓《ひいき》にしてくれると期待することはできない。

ウォルマートや他の大手チェーンストアに対抗する方法はいくらでもある。その原則は単純なことだ。お客が望むような何かを見つけ、それを提供することである」

田舎の商店主をあまり批判したくはないのだが、ウォルマートなどが進出する以前にも、彼らの多くが、地元の顧客によいサービスを行っていなかったのは事実だ。また、私たちが進出した時も、彼らはうまく対応したとはいえない。ご存じのように、ウォルマートといかに戦うかについては、雑誌や新聞記事、それにちょっとした本まで出版されている。また私自身、いくつかの提案をしたこともある。

もし、小店舗の店主がすでに自分の仕事をきちんとしていたのなら、ディスカウントストアが進出してきた時点で、自分の店の品揃え、広告、販促等を見直していただろう。小店舗はわが社と正面から競争することを避け、私たちにできない独自のことをする必要があるのだ。練り歯磨きの値段でウォルマートに張り合っても意味がない。小店舗にお客が期待しているのはもっと別のことである。ほとんどの店主は、私が誇《ほこ》りをもって長年やってきたこと、店に出てお客一人一人に挨拶《あいさつ》し、自分でレジを打つ、などという点では、かなりうまくやっていると思う。こうした個人的触れ合いは、どんなにウォルマートが真似《まね》しようとしても(事実、最善を尽くしてはいるのだが)できないことであり、個人経営の店ではとくに大切である。

バラエティストアの場合は、ドン・ソーダクィストがベン・フランクリン社の社長だった時に決断したように、自分たちの立場を完全に再考する必要がある。彼はウォルマートやKマートと競争しても勝ち目がないと判断し、多くのチェーン店をホビー・クラフト専門店に変えた。そして、ウォルマートより豊富な手工芸用品を揃え、陶芸やフラワーアレンジメントなどの教室を開いた。こうしたサービスはわが社には思いつかないことであった。この方向転換は効を奏し、多くの店が小さな町で順調に営業を続けている。服地専門店チェーンもより高級な生地を扱い、裁縫教室を開いたりして成功した。私は町にウォルマートがどんなに多くなっても、問題はないと思っている。小さな町には、わが社が手の届かない隙間《すきま》市場はつねに存在している。生き残るためには、誰もが時代の変化についていく必要があるのだ。

ハードグッズストアの場合、私たちと正面からぶつかるケースがあっても、立地条件さえよければそれほど問題はないはずだ。私は彼らの泣き言にはほとんど同情しない。というのも、ウォルマートに対抗しようと決心した店主に、私たちが苦汁《くじゅう》を飲まされたケースがいくつもあるからである。ハードグッズストアの場合、品揃えを厳密にして、お客に親切でかつ工具の使い方などに詳しい店員を置けば、ウォルマートから多くの顧客を奪うことができる。ウォルマートは彼らが置いているような配管や電気器具の部品、専門工具などはほとんど置いていないし、店の者すべてが水漏《みずも》れする蛇口の修理や、スタンドの配線の付け替え方を説明できるわけではない。塗料やスポーツ用品も同じで、専門店から受けるようなサービスを、お客はウォルマートに期待することはほとんどできない。

ドン・ソーダクィスト

「私はウォルマートと競争したことがあるので、やればできることを知っている。独自性を探し、隙間市場を狙い、それをうまく利用すればいいのだ。それに、すべての小店舗が私たちを毛嫌いしているわけではない。なかには、われわれから恩恵を受けている店もあるのだ。

コロラド州のある町で開店して間もないころ、ある婦人が私に近づいて来て、こういった。『ちょっとお礼をいいたくて寄ったの。この店ができたのは、本当に素晴らしいことだわ』私は感謝の言葉を返し、この町で何をしているのか尋《たず》ねた。『私はこのショッピングセンターで塗料店を開いているの』彼女によれば、ウォルマートが開店した日は、これまでで最良の日だったという。『あなたの店がこのショッピングセンターにお客を呼んでくれたのよ。土曜日に、とてもいいことがあったの。あるお客が特殊な塗料を探しに来たんだけど、その人がいうには、ウォルマートで探していたら、塗料売り場の主任さんが、私の店にあるはずだから、そちらへ行ってみてはどうか、と教えてくれたんですって。なんて素晴らしいんでしょう』」

店員はそれが正しいことだから、お客を塗料店に送ったのだ。つまり、お客に奉仕したのである。

最近、私を悲しませ、少々腹立たしくさせているのは、ウォルマートが町に進出すると聞いただけで、まだ出店もしないうちから、店をたたんでしまう店主がいることだ。わが社はそのために評判を落としているが、それは濡《ぬ》れ衣《ぎぬ》というものだ。競争相手が来るという噂《うわさ》だけで店を閉めるような店主は、自分が大した仕事をしていなかったことを認識すべきだろう。たぶん、彼らは初めから小売業に入るべきではなかったのだ。

出店反対運動

ウォルマートが小さな町と敵対しているという非難にもかかわらず、ほとんどの営業地域で私たちは歓迎されていると私は確信している。その理由は、一つには、わが社の進出が地域にもたらす経済効果である。だが、それだけでなく、店長や店員に対して、地元とよい関係をもち、よき地域住民になるよう力を入れて教育しているからでもある。地域社会との関係がいいかどうかは店長によってばらつきはあるものの、私たちは絶えず努力して、地域のために働くよう教育している。すでに、わが社は地域奨学金制度や、地元に見合った慈善補助制度などを実施しているが、さらに地元に利益を還元するために、よい方法を見つけようと努力している。もしわが社が、地域の商人という自覚を失ってしまったら、顧客とのユニークな関係という基盤を著《いちじる》しく損なうことになるだろう。

予定していた出店地区に反対運動が起きた場合は、反対者と話し合って、彼らを満足させる道があるかどうかを検討する。時には、建設予定地を変更したり、正当な理由がある場合は、何らかの譲歩をすることもある。だが、地元がウォルマート進出に反対している場合は、無用な騒ぎを起こさないよう、たいていは出店を取りやめることにしている。私はわが社の者に、ほかにいくらでもウォルマートに来てほしい町があるのだから、そうしたトラブルはなるべく避けるように、といっている。私たちに来てほしくないという人には、私はこういってきた。「うちに来てほしいという依頼が二〇〇件もあります」と。ウォルマートは進出を望まれている町にこそ出店したいと思っている。私がいつもいっているいることだが、この件について私たちが正しいかどうかを簡単に判定するには、ウォルマートが営業して二年ほどたつ町へ行き、ウォルマートに留まってほしいかどうか、住民投票を行うことだ。実際のところ、もし、ウォルマートが撤退すると聞いたら、住民は怒り狂うだろう。事実、まれに、どうしても採算が合わなくて、撤退せざるをえないことがあると、住民から猛烈な叫びがあがるのである。これもまた、成功に対する別の形の代償なのかもしれないが。

サプライヤーとの激しいバトル

ところで、顧客第一主義という理念を堅持しているわが社にとって、論争の相手はなにも町の商人ばかりではない。一見したところ、お客に奉仕するという考えはきわめて単純で筋《すじ》が通っており、明快だと思われる。だが、それを実行する方法は最初からかなり過激であったため、いわゆる一般の商慣行とぶつかることもしばしばだった。初期のころには、百貨店が私たちのようなディスカウントストア・チェーンに商品を売らないようにと、サプライヤー（商品納入業者）に圧力をかけた。というのも、彼らは彼らの店より安い価格で商品を顧客に提供する私たちのやり方を、目の敵《かたき》にしたからである。一部の州ではいわゆる「公正取引法」を盾《たて》にして、ディスカウントストアの営業を阻止しようとした。

わが社へのサプライヤーたちは、価格を最低まで値切られたといって恨《うら》んでいる。また、小規模のサプライヤーたちの一部は、私たちの商慣行についていろいろ不平を述べている。私たちは、もしブローカー（仕入れ代行業者）のサービスで、仕入れが効率的になるなどの付加価値が得られるなら、彼らに手数料を払うことに何の異存もない。だが、バトラー・ブラザーズ社に余分な手数料を払わないですますために、手製のトレーラーを牽《ひ》いてパンティやシャツを買い付けに行った昔から、この問題に関する私の考えはきわめて単純である。

私たちは顧客の代理だということだ。その役割を十分果たすために、可能な限り商品を効率的に客に届けなければならないのだ。時には、メーカーから直接買うのが最善の方法である場合もあれば、それが効率的でないこともある。その場合には、中小のメーカーと取り引きのあるブローカーから商品を仕入れるだろう。メーカーから直接仕入れるか、ブローカーを通すか、それを決める私たちの権利は、わが社の顧客第一主義にのっとっているのである。

こうした論争もまた、自分は商取り引きにほとんどかかわっていないにもかかわらず、あるいは、それがお客にとって何の意味もないにもかかわらず、論争に加わる資格があると思い込んでいる人間が起こしているにすぎない、と私には思われる。この論争についても、田舎町の小売業者について述べたのと同じことをいいたい。アメリカのビジネスが繁栄し、自由競争を続けるためには、誰もがビジネス環境の変化という考え方に慣れ、生き残るために変化に適応しなければならないのだ。ビジネスは競争である。商売が安泰なのは、顧客が満足している間だけである。誰も、自分の生存を他人に保障してもらうわけにはいかないのだ。

仕入れは業者に任せるな

わが社とブローカーやサプライヤーとの関係を理解するには、ディスカウントストアの草創期《そうそうき》を振り返る必要がある。草創期には、ほとんどのディスカウントストア企業が、完全にブローカーやベンダー（卸売業者）に任せていた。彼らはこうした大型店にやって来て、一五パーセントの手数料を払えば、店の棚をいっぱいにしようと申し出た。こうして、簡単に一儲《ひともう》けしたいと考えた連中が、商人としての深い自覚もないまま、このビジネスに参入した。彼らはベンダーが持って来る商品を仕入れ、それに一五パーセントの手数料分を含めて売価を設定したが、それでも百貨店よりはるかに安かった。

だがすでに述べたように、わざわざトラックで五〇マイルも六〇マイルも寄り道して、私たちが営業していた片田舎まで来てくれるブローカーやベンダーはいなかった。私たちは完全に彼らに無視されたのだ。これがわが社が自前の物流システムをつくるようになった理由であり、売価に関してはどこにも負けないようになった経緯でもある。当時は、よい商品を仕入れるのに時間はかかったが、ベンダーの助けを借りずにやったため、商品の入手コストは最低限に抑えることができた。また、すべてを自力でやることに慣れていたので、取り引きを楽しむためだけに余分な金を払おうと考えたこともなかった。

クロード・ハリス

「強い態度と不快な態度は違う。バイヤーは誰もが強くなければならない。それが仕事なのだから。

私はいつも部下にいっている。『君はウォルマートのために交渉するのではない、お客のために交渉するんだ。そして、お客はできるだけ安く買う権利がある。業者に同情するな。相手は何を売ればいいかわかっているのだから。うちは底値で買いたいんだ』

業者にはこういっている。『小売店へのリベート分を上乗せしようなんて考えないでほしい。うちではそういう習慣はないんだ。それに、広告してもらう必要も、搬入してもらう必要もない。うちのトラックがお宅の倉庫まで取りに行くからね。それで、いくらにするかね』もし、相手が一ドルだといえば、こういう。『わかった。考えておこう。でもし、ほかの社が九〇セントといえば、そちらと取り引きするよ。一ドルでいいんだね』これを抜け目ないというなら、私たちはできるだけ抜け目なくやらなければならない。公平で正直であることも大切だが、交渉はぎりぎりまで粘る必要がある。なぜなら、一番いい値段で買いたいという何百万人のお客のために、交渉しているからだ。

激しい戦いになることもしばしばある。私はプロクター&ギャンブル（P&G）社の商品を店に置かないといって、彼らを脅《おど》したこともある。彼らが『うちの商品を置かないで、お宅がやっていけますかね』というので、こう答えたよ。『お宅の商品を脇にどけて、コルゲート社の商品を一セント安くゴンドラエンドに積むことになるでしょうね』彼らは怒ってサムに直訴《じきそ》に行った。サムはこういったんだ。『クロードがそういうなら、そうなるだろう』

今では、P&G社とうちは本当にいい関係になっている。業界のモデルとなったほどだ。だが、いわせてもらえば、そうなったのも、彼らが私たちに敬意を払うようになったからだ。彼らは、他の会社とは違って、わが社を力でねじ伏せることはできないと思い知ったんだ。『わが社はお客の代理だ』という時、私たちは本気でそういっている」

新しいパートナーシップを築く

もちろん、当時の私たちは、喉《のど》から手が出るほどP&Gの商品がほしかった。一方、P&Gにとっては、わが社はものの数にも入っていなかった。今日では、わが社はP&G

の最大の顧客である。だが、チェーンストアとサプライヤーという両社の対立した関係が、真に理想的なものに転換したのは、一九八七年以降のことである。この年を境に、わが社とP&Gは同一の顧客に仕える大企業同士として、双方がともに勝者となるようなパートナーシップを築き上げたのだ。それというのも、こうしたパートナーシップが将来の潮流になると考えたからである。このころまでには、私たちも大企業になっていたが、P&Gの幹部がわが社を訪れたことは一度もなかったと思う。私たちはバイヤーとセールスマンとの激しいバトルを通じて、関係を保っているのみだった。

ある日、親友であり、長年のベントンビルでのテニス仲間でもあるジョージ・ビリングスレーが電話をかけてきて、スプリングリバーの川下りに誘った。彼の旧友であり、当時P&Gの副社長をしていたルー・プリチェットも同行するという。ルーが私に会い、お互いの会社のことで話がしたいといっている、ということだった。そこで私は出かけて行ったのだが、このツアーはきわめて実りあるものとなった。

ルー・プリチェット

「私たちは、チェーンストアとサプライヤーとの関係を全面的に見直す必要がある、という点で同意した。両社はともにエンドユーザー、つまり顧客のことを第一に考えてはいたが、それぞれが関係なくやっていた。情報の共有、共同計画、システムの調整など一切なかった。だが、こうした古い体質が余分なコストを生み出しているのは明らかだった。実際、両社はドアの下の隙間からメモをやり取りするような関係だったのだ。
話し合った結果、私たちはそれぞれ一〇人の幹部をベントンビルに集め、二日間、徹底的に話し合うことになった。そして、三ヵ月以内に、P&G・ウォルマート・チームを結成し、チェーンストアとサプライヤーのまったく新しいパートナーシップを築いたのだ。つまり、協力して商売をすることになったのである。重要な一歩は、コンピュータによる情報の共有である。わが社はウォルマートにおけるP&Gの商品の売れ行き状況や在庫データを検索できるようになったのだ。その結果、わが社はその情報をもとに、きわめて効率的に生産や出荷計画を立てられるようになった。情報テクノロジー（IT）を使って両社が協力し合うことで、画期的《かっきてき》商慣行をつくりだしたのである」

P&Gとウォルマートとのこの新しいパートナーシップがきっかけとなって、他の多くのチェーンストアもサプライヤーを重要なパートナーとみなすようになった。また、わが社内部でも、これをモデルとして、他の多くの取り引き先とも同じ関係を築いていった。現在では、価格だけでなく、商品の品質も非常に重要になっているが、低価格と高品質とを同時に実現する唯一の道は、サプライヤーと製造原価や双方の粗利益率《あらりえきりつ》などすべてをじっくり話し合って、共同で計画を立てる以外にないのだ。これによって、わが社はメーカーに半年先、一年先、二年先までのわが社の発注量予測を知らせることができる。一方、わが社は、相手ができるだけコストダウンをはかり、顧客が望むような商品を牛産してくれる限りは、メーカーと協力していける。両者ともに有利な方法だが、肝心なのは、これがお客にとってもまた有利になるという点だ。このシステムの効率性がメーカーのコストを引き下げ、最終的には売価を引き下げることにつながるからである。

だが、気をつけなければならないのは、こうした高度の戦略や、これまで述べてきたような業務上の論争が、お客の立場で考えるという私たちの立場、つまり顧客第一主義という本来の目的に、邪魔になるものを持ち込みやすいことである。

デビッド・グラス

「最近、ある店を視察した時、そこの店長と副店長が、ある売り場主任に話していた。『君がお客だったら、この商品を買おうと思うかい？』その主任は、スペースに困って、客の手の届かないような場所にその商品を置いていたのだ。さらに店長たちは続けた。『もし、君が客だったら、これと関連したどんな商品を買いたいと思う？　どうやってそれを見つけるかい？』

私は彼らのやり方が気に入った。私たちはこのビジネスを何倍にも複雑にしてきた。コンピュータで商品回転率をはじめどんなデータでも手に入れることができる。陳列台の棚割りさえコンピュータにやらせることが可能だ。だが、ただ単純に、お客の立場で考えさえすれば、商品の陳列も品揃えも、他のどんな方法よりうまくできるのだ。これはいつも簡単とは限らない。お客の立場で考えるには、細かいことまで想像をめぐらせる必要がある。『小売業《リテイル》とは細密な作業《デイテイル》をすることだ』という言葉は完全に正しい。そしてその実現は簡単だ。お客がボスなら、誰もがボスを喜ばせようとするだろう」

デビッドの言葉に心から同感である。ウォルマート創業当初から、私たちは、「お客がボス」という考え方に身を捧げてきた。このスローガンによって私たちが世間の批判の的になったことは意外だったが、それでも、どんな非難にも耐えることができた。お客第一主義の経営理念を疑ったことはなかったからである。

第十三章　競争に立ち向かう

競争こそがウォルマートを鍛える

ソル・プライス（会員制のディスカウントストアのフェドマート、およびコストコの前身、メンバーシップ・ホールセール・クラブのプライスクラブの創業者）

「サムが電話してきて、メンバーシップ・ホールセール・クラブを始めるつもりだといった。驚きはしなかった。彼は人のやっていることを見て、そこから最善のものを取り上げ、それをさらに改善することで悪名が高かったからだ」

競争に直面した時、もし私たちがそれに立ち向かっていなかったら、ウォルマートは今ごろどうなっていただろう。おそらく、地方の一企業に留まっていたのではないだろうか。そして、アメリカ中心部への進出を狙《ねら》っていた全国規模のチェーン企業に、店舗を切り売りしていたことだろう。一時は一〇〇から一五〇店舗くらいまで増えたかもしれないが、それらの店舗もやがてはKマートやターゲットと名前を変え、今ごろ、私は毎日ウズラ猟に明け暮れていたかもしれない。

だが、そうはならなかった。私たちは競争相手を避けるかわりに、あるいは向こうから攻めて来る前に、正面から立ち向かっていったからである。この出店戦略は、これまで行った判断のうちでも、もっとも賢明な判断の一つであった。実際、ウォルマートの成功物語が何よりも自由市場経済の有効性を証明したとするなら、「活発な競争がビジネスを活性化し、消費者にとってばかりでなく、互いに競《きそ》い合う企業にとってもプラスになる」という命題もまた、疑いの余地なく証明したのである。競争企業はわが社が切磋《せっさ》琢磨《たくま》されるうえで欠かせない存在だった。Kマートがなければ、わが社は今のように成功しなかっただろうし、Kマートもまた、わが社によってより優良なチェーンストアになれたことを認めてくれるだろう。ゼネラル・マーチャンダイズストアのシアーズが大きく後れをとった原因の一つには、長年、ウォルマートやKマートを競争相手と認めず、無視していたことがあげられる。そのおかげで、わが社やKマートは順調に伸びていけたのである。

バド・ウォルトン

「競争こそが、ウォルマートを育てたのだ。アメリカ広しといえども、サムほど多くの小売店を見て回った者はいないだろう。ディスカウントストアばかりでなく、あらゆる種類の小売店を。彼は世界にまで足を伸ばした。オーストラリア、南アメリカ、ヨーロッパ、アジア、南アフリカで店舗を視察して回ったのだ。小売業のことになると、彼の好奇心はとても活発になる。そして、彼にとって、競争相手の店を見て回り、何かを学ぶこと（ストア・コンパリゾン）ほど楽しいことはないのかもしれない」

一匹のノミが象を倒す

最初、私たちの競争相手は、ギブソンズやマジックマート（スターリング系列のディスカウントストア）など、わが社と同じ中規模ディスカウントストア・チェーンであり、全国チェーンのKマートと直接競争することはなかった。だが私は、Kマートが一九六二年にディスカウントストアの一号店を開いて以来、Kマートに興味をもち、絶えずその店を見に行った。そこは私にとって、経営研究の場のようなものだったからだ。多くの時間をその店で過ごしては、そこの店長や店員と話をし、彼らのやり方を知ろうとした。

Kマートを相手に自分たちがどこまでやれるか試してみたい、と私はずっと思っていた。ついに、一九七二年アーカンソー州ホットスプリングズで、そのチャンスがやってきた。ホットスプリングズはそれまで出店してきた町よりずっと大きな都市だったが、本部にも近く、お客のことはよくわかっていた。Kマートはそこで市場を寡占《かせん》していた。競争相手がいないので、売価も粗利益率《あらりえきりつ》も高く、ディスカウントストアとはいえないほどだった。私たちはそこの五二号店にフィル・グリーンを送り込んだ。そして、彼はその店で前述したように世界最大の洗剤ピラミッドや、突飛な販促方法で多いに活躍したのである。彼は価格をギリギリまで下げて、Kマートのお客をごっそりいただいてきた。

ちょうどこのころ、たまたま、ハリー・カニンガムがKマートのCEOを引退するという出来事があったが、この出来事はわが社にとってじつに有利になった。彼はKマートの前身、SSクレスゲの会長時代に、Kマートを創業した人物である。そして、わずか一〇年の間に、ディスカウントストア・チェーンが事業モデルになり得ることを実証し、Kマートを同業者にとってのモデルに仕立てた先駆者《せんくしゃ》であった。

ハリー・カニンガム

「サムが注目され始めた当初から、彼がKマートの経営戦略のほとんどを自分の店に取り入れているのは明らかだった。私はいつも、彼が他社から学び、実行し、のちにはそれを拡大したことを、大いに賞賛してきた。引退はしたがなおKマートの役員であったころ、私は会社の幹部たちに、サムがKマートにとって脅威になるだろう、と警告したことがある。だが、最近になるまで、彼らはサムを本気で相手にはしなかった」

思うに、わが社は象を攻撃する一匹のノミのような存在であり、それゆえに、象はすぐには反応を示さなかったのだろう。ハリーの言葉はおそらく正しいと思う。だが、私自身は、私たちがホットスプリングズで攻撃に出たために、Kマートを怒らせたとずっと信じてきた。というのも、その二、三年後の一九七六年と七七年に、当時店舗数一〇〇〇店のKマートから、店舗数一五〇店のウォルマートに、思い上がりを警告するようなメッセージが届いたからである。彼らは突然、わが社が実績をあげていたファイエットビルやロジャーズなどの四つの町に進出してきたのだ。まるで、わが家の裏庭に弾丸を撃ち込まれたようなものだった。当時、Kマートは全国でこうした多店化を展開しており、中小のディスカウントストア企業はどこも戦々恐々としていた。

一九七六年、中小のディスカウントストア企業の会合がフェニックスで開かれたが、話題はどうやってKマートとの競争を避けるか、ということに集中した。私は少しイライラして、皆に「立ち上がって、戦うべきだ」といい、わが社の態度を鮮明にした。

ハーブ・フィッシャー（ジェームズウェイ・コーポレーションの創業者、会長兼CEO）

「Kマートはものすごい勢いで出店していたので、ディスカウントストア業界のジンギス・カンとみなされていた。サムの態度はいつも明快だった。『正面から立ち向かえ。競争はわが社を鍛えてくれる』

彼は誰に対してもそうだった。個人的には謙虚で温厚な紳士なんだが、絶えず人の脳みそを突っついていた。いつも、ノートとテープレコーダーを持ち歩き、相手からすべてを学ぼうとするのだ。同時に彼は、自分の知識も また惜しみなく人と分かち合っている。

もちろん、今では、彼はジェームズウェイのライバルだ。彼はそのことで遺憾《いかん》に思ったりはしないだろう。むしろ、わが社にとってもそれがいいことだ、と考えているはずだ。まさに、その通りなのだが」

批判は素直に受け入れる

一九七六年末、もう一つの出来事があり、それが競争に向けてわが社の体制をいっそう固めさせることになった。その年、中規模チェーン企業が集まって研究グループを立ち上げたのだが（当時はお互いの領域での競争がなかった）、その最初の研究会がベントンビルで開かれたのだ。ジェームズウェイ社のハーブ・フィッシャー、アメス社のハーブ・ギルマン、フレッド・メイヤー社のデイル・ウォーマンなどがやって来て、わが社の店舗を見て回った。彼らの意見を聞いて、私は本当にショックを受けた。

ニック・ホワイト（ウォルマート業務執行副社長）

「ベントンビルに近い地区のわが社の店長数名も、そのツアーに参加した。このツアーの参加者たち、つまり各会社の社長たちは、それこそ何から何まで、容赦なく私たちの店をこき下ろしたのだ。『こんな契約は意味がないね』『この商品の値段は高すぎるよ』『こんな品、値段のつけようもない』『この商品は多すぎるし、あの商品は少なすぎる』等々、まさに、批判の嵐だった」

この出来事は、わが社にとって、重大な転換点になった。私たちは皆の意見に耳を傾け、彼らの批判に基づいて大幅な修正を行った。この修正によってわが社はどんな相手とも、とくにKマートと、競争できる態勢が整ったのである。わが社のテリトリーにKマートが進出したことは、ウォルマートの歴史上、社外の出来事としては最大の事件だった。私たちは気を引き締め、Kマートの攻撃を迎え撃つべく、品揃え、重点販売、営業企画、人事などのプログラムを含む、大がかりなプランを練りあげた。すでにホットスプリングズで成功していたので、十分戦えるという自信はあった。

トーマス・ジェファーソン

「一九七七年前後、Kマートがわが社に直接戦いを挑《いど》んできた。とくに、リトルロックでの戦いが激しかった。そこにはウォルマート七号店があり、かなりの実績をあげていたが、Kマートが攻撃的に仕掛けてきたので、私たちもそれに応戦した。七号店の店長にはこういってあった。『彼らに、どんな商品もうちの店より安く売らせるな』土曜日の夕方、店長が電話してきて、こういったのを覚えている。『今、クレスト練り歯磨きを六セントまで値下げしました』私はいった。『よし、そのままにして、彼らがどう出るか、様子を見るんだ』Kマートがそれより値下げしなかったので、両者は六セントのままにらみ合いになった。最後には、彼らが引き下がった。ウォルマートは簡単には屈しない、ということを、リトルロックで彼らが思い知ったのだと、私は考えている。その後、彼らがほかの場所で、ウォルマートに価格競争を挑んでくることはなかったから」

私たちは信じられないほど速くかつ見事に、Kマートとの戦いに勝った。本拠地である小さな町で彼らを撤退させたのだ。彼らはほとんど最初から、こうした小さな町で、私たちの顧客を奪うことに失敗した。Kマートの進出以来、私たちはいっそう便利さの提供に努めたので、お客がウォルマートを見捨てなかったのだ。私たちはさらに自信を深めた。

アナリストたちの判断ミス

とはいえ、当時のわが社の売上高はKマートの売上高の五パーセントにすぎず、また、ロン・メイヤーの退職と経営陣の大脱走という悲劇に見舞われたばかりでもあったため、ウォール街の信用を勝ち取るのは容易なことではなかった。多くのアナリストは、わが社が真の競争には耐えられないだろうと見ていた。たとえば、ミッチェル・ハッチンズのアナリスト、マーゴ・アレキサンダーは、ウォルマートに関するレポートで、この大脱走について懸念《けねん》を示し、この出来事で他の幹部もやる気を失っただろう、と書いた。彼女は、「〝自分の会社〟を他人が経営するのを我慢できない起業家」、つまり私と、幹部たちの間に軋轢《あつれき》が生じるのは避けられない、と考えていた。また、いったん引退した私が、以前と同じように真剣に経営に集中できるかどうかも、疑問視していた。以下に、一九七七年一月の彼女のレポートの一部を掲載しよう。

「ウォルマートの成功の鍵の一つは、小さな町の中小市場で、競争がなかったことである……こうした環境では、明らかに営業は楽であり、顧客に選択の余地がないため、価格や品揃えなどに神経を使わなくてすむ。……ウォルマート側はKマートとの競争で優位に立っているといってはいるが、なるべく競争は避けたいというのが本音だろう。Kマートがすでにウォルマートが営業している地域に本格的に進出するとは思えないが、ウォルマートがこれ以上、出店地域を拡大しないよう、論理的な対処はするだろう。Kマートのそうした牽制策《けんせいさく》を想定すると、ウォルマートはこの数年で、深刻な壁にぶつかると思われる。同社の株の購入を勧めたいところだが、残念ながら、ウォルマートの将来は不安定であり、挫折《ざせつ》する危険性がきわめて高い、境界線上の企業の一つだと思われる」

こうしたレポートはわが社にそれほど役立つものではないが、正直にいえば、彼女の分析は当時としては必ずしも、的外《まとはず》れではなかったのだ。彼女の危惧《きぐ》が現実になる可能性もあった。だが、彼女の犯した最大の判断ミスは、ロン・メイヤーが去ったあとのわが社の経営陣に関するものだ。前にもいったように、デビッド・グラスとジャック・シューメーカーの二人を上級管理職に加えたことで、わが社は小売業者が望みうる最高の頭脳を二人も揃えることになったのである。

すぐにもKマートに食われてしまうだろうと誰もが予測した直後に、わが社の歴史および小売業の歴史においても、もっとも急速な成長の時期を迎えたということは、今でも私の大きな誇《ほこ》りである。

マーゴ・アレキサンダーをはじめとする株式の専門家が判断を誤《あやま》ったもう一つの点は、競争相手のKマートが、内部問題を抱えていたことだ。このことは、競争の最前線に立たされたわが社には幸運だった。一九七六年後半、Kマートはグランツという倒産したバラエティストア・チェーンの店舗を二〇〇以上も購入していたが、それをどう利用するかで手いっぱいだった。当時彼らは一切の変化を避けるという経営方針を掲《かか》げていたと思われる。そんな方針はこのビジネスでは通用するはずがないのだが。そんなわけで、ウォルマートの脅威などは彼らの関心の優先順位リストから漏《も》れていたに違いない。当時を振り返って、この時期にすでに引退していたKマートの創業者、ハリー・カニンガムと直接戦わずにすんだことは、わが社にとってなんと幸運だったことか、と思うことがある。

Kマートの内部問題はともかく、わが社では、七〇年代後半までに、新しい経営陣が一〇年後に向けて磐石《ばんじゃく》の基盤を築きつつあった。ちょうどこのころ、ディスカウントストア・チェーン業界の野心家たちは、生き残りの苦しい戦いに入っていた。七〇年代中盤、アメリカ経済が弱くなったため、本物の商人たちが戦略家タイプの商人をこの業界から追い出し始めたのである。Kマートやターゲットやウォルマート、それにいくつかの中規模小売業者が経営の効率化をはかるにつれ、ますます競争が激しくなり、私たちはますます安い価格で提供できるようになった。

この業界の値入れ率（売価を決める際の仕入れ原価への上乗せ分）は、六〇年代初期の三五パーセントから現在では二二パーセントに落ちている。この差のほとんどは、ディスカウントストアで買い物をする顧客への付加価値や節約分になっている。したがって、多額の借金を抱えながら贅沢《ぜいたく》な暮らしをし、従業員の面倒を見ず、効率的な仕入れや営業努力によって顧客に還元しない小売企業は、ますます経営が困難になっていった。一九七六年と翌年のKマートとの激突の後、わが社は経営に行き詰まったディスカウントストアを買収することで、店舗拡大のスピードを速めようと決心した。

命運を賭《か》けた企業買収

ウォルマートはこれまでホームグラウンドで成長してきたので、この時期、本社では拡大方針に関して大いに議論が闘わされた。そして、正直にいえば、私がしばしば意見を変えるので、皆をかなりイライラさせたのは事実だ。一九七七年の最初の企業買収については、私に迷いはなかった。イリノイ州の小チェーン、モアバリューを買収したのだが、ここを買収することは新しい地域獲得の足掛かりとして妥当だと思われた。私たちは五店を閉鎖し、残り一六店をウォルマートに変えたが、経営に大きく響くことはなかった。

この企業買収によって、拡大方針のペースが衰《おとろ》えることはなかった。というのも、二年後の一九七九年には、わが社は二三〇店舗を運営し、売上高も初めて一〇億ドルに達したからである。それまでさまざまな記念すべき出来事があったが、一〇億ドルに達したことは、私にとって、もっとも感慨深い出来事である。ウォルマートが年商一〇億ドルの会社に成長したことに、私自身が驚嘆したことは認めざるを得ない。だが、そこで止める理由はなかったし、また、すぐに別の企業買収の機会が訪れた。

今度の買収はかなりリスクを含んでいたが、わが社の拡大方針にとって重要な、地理的飛躍につながるものであった。ウォルマートについてよく知らない東部の多くの人が、今でもなお、わが社を「南部」のディスカウントストアと思っている。たぶんそれはわが社の本拠地であるアーカンソー州を、実際は中西部に近いにもかかわらず、南部と思い込んでいるためだろう。あるいは、わが社の田舎臭《いなかくさ》いイメージがそう思わせるのかもしれない。実際は、一九八一年になるまで、ミシシッピ川から東の南東部、つまり、テネシー州、アラバマ州、ジョージア州、南北両カロライナ州などには一店も出店していなかった。南部全体ではわが社はほとんど出店していなかったのだ。

一方、カーンズ・ビッグKは、南部でちょうどよい規模になっており、テネシー州ナッシュビルを本拠として、ケンタッキー、アラバマ、ジョージア、サウスカロライナに一一二店舗を持っていた。これらはわが社が進出を狙《ねら》っていた地域だった。わが社とビッグKはそれまで、互いの領域は侵さないという旧来の慣行を守って、ごく近くからお互いの様子を見守っていた。だが、わが社は何としても南部へ進出しなければならなかった。ついに私たちはミシシッピ川を渡り、テネシー州のジャクソンに進出したが、それが彼らを刺激したのだろう。彼らはアーカンソー州のウエストヘレナとブライズビルに進出することで、わが社に報復した。だが、私たちは彼らよりうまくやったので、ビッグKは初めて揺らぎ始めた。借金をして立派な本社ビルを建て、赤字を出すようになったのだ。

買収すべきかどうか、私はひどく迷っていた。Kマートやその他の企業がそこに目をつけて進出してくる前に、何としてもその地域には進出したかった。だが、ビッグKほどの規模の会社を買収した経験がなかったので、はたして消化しきれるのか疑問が残った。私たちは、この問題で堂々めぐりの議論を繰り返し、二年近くも決断がつかなかった。ついに、役員会が開かれ、投票で決めることになった。その結果も賛否半分ずつで、まだ決着がつかなかった。私が決断すべき番が回ってきた。見通しはまだ混沌《こんとん》としており、多くの懸念もあったが、私は買収するほうに投票した。ビッグKをウォルマートに変えるよい案もないまま、ポール・カーターを担当責任者に任命した。

ポール・カーター(ウォルマート業務執行副社長兼CFO)

「会長が優先投票権を使うことは数回ほどしかなかったが、この時は彼の『これをやることにする』という一言で決まった。ウォルマートにとって新しい流れだった。最初はナッシュビルを本拠とするつもりだったが、途中から方針を変え、ナッシュビルの地区本部をたたみ、ベントンビルに移すことになった。地理的にはこれまでで もっとも遠地になったが、振り返ると、この決定がそれ以降の方向を決めたのだと思う。これ以降は、すべての地方別のリージョナル(ディストリクトより範囲が広い)・マネージャーがベントンビルに籍をおくことになった。

ビッグKに行く前は体重が八六キロあったのが、帰って来た時は七五キロに減っていた。それは関係者全員にとっても、会社全体にとっても、命運をかけた戦いだった。ジャック・シューメーカーはこの機会を捉《とら》えて、遠隔地の店との通信方法について広く研究し、実行していった。本当に大変な時期だったが、でも、私たちは蝶に変わる前の蛹《さなぎ》のようなものだった。脱皮した時、会社は高く舞い上がる準備ができたのだ」

いくつかの赤字の店は閉めることにした。最初は外部の物流業者を使って、各店に商品を納入しようとしたが、うまくいかなかった。だが、うまいやり方を思いついてからは、この買収はわが社の成長をさらに加速するきっかけになった。それ以降、わが社は毎年一〇〇店舗ずつ、多い年には一五〇店舗も新規出店をするようになったのである。ビッグKの買収はわが社にとってどんな困難でも乗り越えられる、という新たな自信となった。

私が新しい議案のたびに役員たちを振り回すので、彼らが欲求不満に陥《おちい》ることはわかっているが、私は飛躍のきっかけをつかむことにかけては、皆より少し素質があると考えている。ビッグKの買収のような問題では、私は彼らと「もし……ならば、どうなるか」式の思考を何度も繰り返すが、一般には最後の決断を下すのは私自身である。いいと感じれば進むし、そうでない場合は撤退する。

見通しを誤る

もちろん、時には判断を誤ることもあった。たとえば、八〇年代初頭、私はチェーンストアのグローバルな競争状況を見るために、ヨーロッパや南アフリカ、オーストラリア、南米を旅行した。私がとくに感銘を受けたのは、ブラジルで見た巨大スーパー、カルフール（本部フランス、二〇〇一年度の世界小売業ランキング第二位）だった。そこは「ハイパーマーケット」（売り場面積四〇〇〇〜五〇〇〇坪）というフォーマット（業態類型）で、生鮮食料品と日用雑貨と衣料などを同じ店で扱っていた。ヨーロッパでもこうしたフォーマットが広がっていたため、私は帰国してからハイパーマーケットの構想を強く推薦した。ヨーロッパでは成功しており、わが社がアメリカでその先鞭《せんべん》をつけたいと思ったのだ。私は、ハイパーマーケットがチェーンストアの次の戦場になると確信していた。

そして、トピカとカンザスシティに二つのハイパーマーケットを開店させた。Kマートも「アメリカンフェア」という名で、独自のハイパーマーケットをつくり、すぐにわが社の後を追ってきた。だが、わが社のハイパーマーケットは失敗とまではいわなくとも、期待外れだった。ギリギリ採算がとれる程度だったのだ。結局、次のステップとして、生鮮食料品と日用雑貨、衣料などを同時に扱うが、もう少し規模の小さい「スーパーセンター」をやることで決着した。だが、ハイパーマーケットがアメリカでも成功するという私の見通しは間違っていたのだ。

同じようにうまくいかなかった別の実験もある。あまり宣伝もせず、割り引き販売のドラッグストアを始めたのだが、思ったより利益があがらないと判断するまでに、二五店舗にもなってしまった。また、ロジャーズの元ウォルマートの建物を利用して、リフォーム・センターもやってみたが、これも成功しなかった。デビッドがいったように、私は間違いだと気づくと、方向転換するのも早かった。

「エブリデイ・ロープライス」

実験が成功した場合は、めざましい成果があった。たとえば、メンバーシップ・ホールセール・クラブのサムズクラブだ。一九八三年に試験的に始めたものだが、九年後の現在では二一七店舗、一〇〇億ドルを売り上げるビジネスに成長している。サムズクラブは、小規模の小売業者やまとめ買いする一般消費者を対象とした、倉庫型の大型店である。会費を払えば、ネクタイや、カメラ、事務機器から、おつまみ用ソーセージやソフトドリンクまで、ナショナル・ブランド商品や高級品も卸値《おろしね》で買える。一度行ってみれば楽しいショッピングができることは間違いない。そこで働いている人々も変わり者揃いで、昔のウォルマートのように、商品を売りさばくためには何でもやってみる、という連中である。

ディスカウントストア・ビジネスと同様、この新フォーマットも私が発案したものではない。だが、わが社の立場に立ってみれば、なぜ、このアイディアを盗まざるを得なかったのか、納得してもらえるだろう。八〇年代初頭、ディスカウントストア・ビジネスが始まっておよそ二〇年たっていたが、この間に、売価も粗利益率もどんどん下がって、効率の上昇に努めた者だけが業界に生き残っていた。そんな時、突然ディスカウントストアの二二パーセントよりさらに低い、五ないし七パーセントの粗利益率（実際には一二パーセントある）で売っている新しいタイプのメンバーシップ・ホールセール・クラブの存在に気がついたのだ。「エブリデイ・ロープライス」を掲げて成長してきたわが社が、この分野を開拓しないわけにはいかなかったのだ。ことに、ディスカウントストアの創業者の一人であるソル・プライスがこのフォーマットを開拓した張本人だと知った以上は。ソルは、一九七六年、プライスクラブをすでに始めていた。

そこである日、私はサンディエゴにいるソルに会いに行った。西海岸で大量販店業者の会合があり、そこに妻のヘレンと参加する途中、彼のもとに立ち寄ったのだ。私たち夫婦と、ソルと彼の妻のヘレンの四人で食事をしたのだが、白状すると、私はその時、彼の発案を真似《まね》するつもりだとは、いわなかった。だが実際は、真似したのだ。

西海岸から戻ると、私はオクラホマシティへ行き、そこで一平方フィート九〇セントか七五セントだかで、古い建物を借り、改造した。その店の営業クルーとして、ウォルマートであまり評価されていない一匹狼的な連中を選び出した。バイヤーも二、三人いた。私たちは計画を練り、方針を決めて、すぐに行動に移った。一九八三年、最初のサムズクラブを開店したのである。それは往年のウォルマートのように、混沌としたお祭り気分に満ちていた。私たちは最初から、サムズクラブの企業文化をウォルマートのそれとは切り離しておいた。このクルーに選抜された一人が、ロブ・ボスである。彼は、ウォルマートでは役員になれる人材とはみなされていなかった。というのも、いつも大勢《たいせい》に逆らっていたからである。彼には扇動者《せんどうしゃ》的なところがあった。

ロブ・ボス（サムズクラブの最初のゼネラル・マーチャンダイズ・マネージャー）

「私はサムに面と向かって、こういった。『この会社には口うるさい連中が大勢いるが、こちらは独自に営業企画をするつもりだと、連中にわからせてほしい』すると、サムは、次の土曜の早朝会議で皆にいった。『サムズクラブは独自の商品企画をすることになる。バイヤーのなかで、これに異議がある者、つまり部門別バイヤーが会社全体の仕入れを一括するべきだと思う者は、あとで私の部屋に来てほしい。一対一で、詳しく説明をしたい』それ以降、反対意見は一切出なくなった」

一号店に続いて、すぐに、カンザスシティとダラス、それにヒューストンにも二店を開店させた。それはウォルマートの草創期《そうそうき》に似ていた。こんなことは認めたくはないが、私にとって、第二の青春時代、少なくとも第二の挑戦だったといえるだろう。もう一度、最初から会社をつくるようなものだったのだ。デビッドが最初からサムズクラブに全面的にかかわっていたが、私もできる限り関与した。

トム・コフリン（サムズクラブ上級副社長）

「このビジネスはじつにおもしろい。非常に基本的で、ストレートな商売なのだ。広告はしないが、経営の特徴を売ることが基本になる。つまり、小規模の小売業者に対し、年間二五ドル支払えば、必要に応じていつでも使える倉庫が借りられる、しかも、大手企業が仕入れているのと同じ商品を同じ価格で入手できるという特典付き、というコンセプトである。サムズクラブの店には一切の余分な装飾はない。うちの管理職がフォークリフトでじかにお客に必要な商品を運んで来る。お客はそれを期待しており、そうした新しい売り方を楽しんでくれている」

メンバーシップ・ホールセール・クラブの競争は、時には過熱することもある。エピソードを披露しよう。サンディエゴのプライスクラブに行った時、例によって私は、小型テープレコーダーを持って行き、値段や品揃えなどを録音していた。すると、そこに大男がつかつかやって来て、こういった。「お客様、うちでは店内でのテープレコーダーの使用は禁止になっております。申し訳ございませんが、それをお預かりして、録音された内容を消去しなければなりません」わが社でも同じ方針をとっていたから、私は自分が捕まったのだとわかった。そこで、私はいった。「よくわかる。でも、このなかには、他の店で録音した情報も入っていて、それを消されては困るのだ。ロバート・プライスに一筆書かせてもらえないだろうか」ロバートはソルの息子である。

私はこう書いた。「ロバート、君の会社の社員はじつに優秀だ。私はこのテープレコーダーで、君の店の商品の情報や感想を録音しようとしたんだが、捕まってしまった。これがテープだ。もし、聞きたければ、君にはその権利がある。だが、これにはほかの情報も入っており、それはどうしても返してほしいのだが」四日ほどしてロバートから丁寧《ていねい》な返事があり、テープもそのまま戻って来た。彼は、私には身に余るほど、紳士的な態度を示してくれたのだった。

最高責任者の入れ替え人事

サムズクラブの発足は、私の経営方針の別の側面を示している。それは、他社との競争だけでなく、わが社の内部の人間に対しても適用されるものだ。それはつねに変化する必要があるという強い意志からくるものである。多くの経営者は、一九八四年当時の私の立場にあれば、状況に満足してしまうだろう。ウォルマートは六四〇店舗に増え、売上高は四五億ドル以上、純利益高二億ドル近くになって、なお野火のごとく成長の勢いは止まらなかった。そのうえ、サムズクラブも開始した。だが、それでも私は、変化する必要を感じたのだ。

そこで、当時、社長兼最高業務責任者《COO》であったジャック・シューメーカーを呼び、最高財務責任者であったデビッドと職務を交替してくれないか、と頼んだ。たいていの会社の会長は、こんな依頼はしないだろう。私はこの二人の能力を非常に高く買っていたが、個人的興味で、二人を入れ替えたらどうなるか見たかったのである。ジャックは、非常に頭が切れ、押しが強く、かつ自信に満ちていたので、時に部下に対して厳しすぎることがあった。私はデビッドの穏《おだ》やかな言動なら、社長の職をどうこなすか見てみたかった。

ジャックは、年を取るまでウォルマートに留まるつもりはない、といった。そこで、二人で少し話し合った結果、交替することに同意した。デビッドが社長を引き継ぎ、ジャックも三年以上、最高財務責任者として立派な仕事をしてくれた。彼は現在では、国際的なコンサルタント業をしているが、なおウォルマートの取締役会の重鎮《じゅうちん》でもある。デビッドはもちろん、素晴らしい社長に変身した。そして、今からおよそ五年前、私はＣＥＯの肩書きをデビッドに譲った。ジャックが引退したのはその時である。

結果的にすべての人が満足したとはいえ、この時期、会社に緊迫感がなかったわけではない。これは非常に競争が激しいビジネスであり、わが社はとくに闘争的な会社である。当然、野心的な多くの人々を惹《ひ》きつけるが、時には欲望がぶつかり合うこともある。フットボールをしていた子供時代から、私はどんな競争も素晴らしいと信じてきた。社員が互いに競い合うのを期待しているが、すでに述べたように、それが個人的問題になり、お互いに協力しなくなるのは見たくはない。

私が小売業を愛しているのは競争が激しいからだ。ウォルマートの歴史はまた、競争の歴史の一章でもある。それは素晴らしい章ではあるが、しかし同時に、すべてはこの業界内の変化の一部でもあった。あとからやって来る挑戦者に先んじるためには、私たちは絶えず業界全体の変化を見越して、前進する計画を練らなくてはならない。数年前にわが社が、マクレイン社を買収したのはこうした理由からである。マクレイン社は食品雑貨のディストリビューター（商品納入業者）の大手で、この買収はわが社が食品小売業分野に進出するための基盤となるものであった。

現在、私は海外から米国市場に多くの挑戦者たちが、レベルの高い作戦を持ち込むだろうと考えている。すでに、オランダ、ドイツ、フランスからやって来た挑戦者たちとは、お互いに様子を探《さぐ》り合っている状態である。日本の小売企業がその独自のフォーマットを携《たずさ》えてわが国になだれ込んで来る日も近いだろう。ウォルマートが国内に留まったままで、トップを守れるのかどうかわからない。近い将来、わが社はもっと国際的な企業になると考えている。すでに会社には国際部門も設立し、メキシコのある企業と、メンバーシップ・ホールセール・クラブを共同で進めてもいる。すでに二つの店をオープンしたが、さらに増やすつもりだ。異なる文化をもつ人々を会社に円滑に取り込むのが、ウォルマートにとっての新しい課題だが、わが社の社員たちはそれに立ち向かっている。

国内では、この数年、ディスカウントストア同士の競争は質を変えつつある。ライバルたちは品揃えや陳列方法などでいっそう改善してきた。わが社にとって厳しい状況だが、今のところわが社ほど効率的に運営している企業はない。経費率でも、また、店員の応対教育でも、わが社に勝る会社はない。そして、商品の物流システムにかけては、わが社は群を抜いている。こうした分野でわが社を抜く企業が現れたら、私たちは本気で心配するだろう。だが、今の時点で、そうした競争相手はいない。

第十四章　勢力の拡大

通信と物流システムは業界最先端

ジョー・ハーディン（ウォルマート業務副社長、ロジスティクスおよび人事担当）

「ウォルマートは物流部門で抜群の力をもっているが、それはわが社のトップたちが、この部門を厄介な必要悪とみなすのではなく、競争上の武器と見て、それに投資してくれたおかげだ。多くの企業では、必要に迫られるまで物流に投資をしない。わが社では、それが経費削減になることをそのつど証明してきたので、トップが投資してくれたのである。ウォルマートを理解するうえで、このことは重要なポイントである」

ウォルマートは小売業だけでなく、物流技術の面でも世界的リーダーとして有名だが、わが社のなかには、私がそのことで賞賛されるとおかしがる幹部もいる。一九六六年にI

ＢＭの学校に通って以来、新しいコンピュータ・システム導入の話が出るたびに、私が激しく抵抗してきたからだ。私としては、彼らがそれを提案する前に、もっとその経費を正当化する根拠を示してほしかっただけなのだが。

だが、いずれにしろ、わが社が全国規模の出店を展開できたのは、一つには、デビッド・グラスやその前任者たちがこの分野の技術に多額の投資をするよう、私に圧力をかけ続けてくれたおかげである。私は反対し抵抗もしたが、結局は小切手にサインしてきた。その結果、わが社は、通信と物流において業界最先端に躍り出たのである。一方、七〇年代後半、Ｋマートの経営陣は、システムへの投資をはじめ、一切の改革に強い抵抗を示した。同じ時期、わが社の幹部たちは、遠隔地の店を管理し経費を抑えるには、コンピュータが不可欠だと確信していた。今ではもちろん、彼らの正しさが証明されたので、彼らは天才といってもいいほどである。この物流システムが生み出す効率性と規模の経済性は、わが社最大の競争力になっているといっても過言ではない。

長年にわたって多くの社員が物流システム構築に貢献してきたが、今日《こんにち》のようなシステムを完成させた功労者は、何といってもデビッド・グラスである。彼は、完全に自動化され、かつ各店舗およびサプライヤー（商品納入業者）とコンピュータで結ばれた物流センターの構想をもっていた。そして一九七八年に、アーカンソー州シアシーでそうした物流センター建設に着手したのである。

デビッド・グラス

「シアシーの物流センター建設は実際の計画より二年遅れたため、それが軌道《きどう》に乗るまで多くの混乱が生じた。当時、会社にとって最大の問題は、ベントンビルの物流センターから三五〇マイル（約五六〇キロ）以上の圏外に出店できなかったことだ。こうしたロジスティクス（商品補給）上の問題を抱えていたために、批判者たちは、わが社はこの地域に限定された中規模チェーンにしかなれない、といっていた。私は解決策として、シアシーの物流センター構想を強く推し進めた。これは画期的《かっきてき》計画で、わが社最初の遠隔地管理ができる完全自動の物流センターだった。不幸なことに、必要性があまりに切迫していたので、操業を急ぎすぎて、とんでもない騒動になってしまった。サムが例のハリソン店を開店した時と同じだったが、問題はいっそう深刻だった。

屋根も完成せず、トイレさえ使えない状態なのに、もう商品を出荷していたのだ。データ処理部長のグレン・ヘイバーンや、ポール・カーターまでがフォークリフトを運転していた。ヘイバーンがフォークリフトで棚を押し倒して、消毒液を床にぶちまけたために、それだけはやめてもらったが。労働条件もひどく、気がつくと、労働組合がやって来てオルグ活動をやっているありさまだった。

まるで悪夢のような状態だったので、サムは機械化された物流システムという構想自体に疑問を感じ始めた。幸い、当時、サムがベン・フランクリンから引き抜いたドン・ソーダクィストが、この計画を強く支持してくれた。彼は一貫して、自動化された物流構想を信じてきたのだ。そして、一九八〇年、私の跡を継いで、物流部門を担当することになった。彼は、当時何としても必要だった在庫管理システムをはじめ、多くの刷新策を導入して、この構想をさらに拡大した。

幸いなことに、シアシーのセンターは軌道に乗り始め、その有効性を証明した。というのも、ビッグKの買収から生じた問題を解決したからだ。最初、ビッグK店舗への商品補充は、外部の流通業者に頼っていたが、惨憺《さんたん》たる結果だった。そこで、シアシーの物流センターにそれらの店への商品を供給する部門を増設し、問題を解決したのである。シアシーは、わが社の物流システム全体の鍵となった。ここがうまくいくとわかってからは、それをモデルに他の地区にも物流センターを増やしていった」

率直にいって、わが社の物流システムは、小売業界はもちろん、他の多くの業界からも羨望《せんぼう》の目で見られている。現在までに、こうした物流センターは全国の各営業地域に二〇あり、その大半は、各店舗から一日のトラック走行距離内、つまり約三五〇マイル以内にある。物流センターの合計床面積は一八〇〇万平方フィート（約五〇万坪）にもなる。わが社の店舗が取り扱う商品は八万品目を超えるが、これら商品の八五パーセントを自社の物流センターから直接補充している。ちなみに、競争相手企業の自社物流センターからの補充率は五〇〜六五パーセントにすぎない。その結果、各店がコンピュータで商品を発注してから実際に納品されるまでにかかる日数は、他社が一般に五日以上であるのに対し、わが社では平均わずか二日である。

時間の節約および柔軟な対応という点でもこれは素晴らしいことだが、コスト削減だけに限っても、投資は十分採算がとれている。というのも、わが社では各店舗への出荷コストは三パーセント以下であるのに対し、競争相手企業の場合は、一般に、四・五〜五パーセントかかっているからだ。したがって、仮に同じ商品を同じ売価で売ったとすれば、わが社は他社より一・五〜二パーセントも余分に利益が出る計算になる。

ジョー・ハーディン

「自社で物流と商品補充のシステムを所有していれば、外部の業者に頼っている競争相手企業に対し、非常に有利な立場に立てる。それは必然的にリードタイム（商品発注から納品までの期間）を短縮するだけでなく、自分たちでシステムの稼働《かどう》状況を絶えず改善し効率化する方法も見つけることができるからだ。わが社の場合一般に、発注した商品が今どこにあるかを正確に把握《はあく》することができるので、商品をちょうどよい時に店に納品できるよう、細かくスケジュールを組むことができる。それによって、店は在庫調整を万全にできるのだから、これはきわめて重要な点だ。お客がほしいと思う時に商品が店になければ、売ることはできないのだ」

全米一大規模なトラック部隊

私たちは競争相手より自社の物流センターに商品をより多く一時保管しているだけでなく、自前のトラック部隊を利用する度合いもどこより高い。わが社のトラック部隊の規模はおそらく全米一ではないだろうか。デビッドは、物流部門の副社長であるリー・スコットに、ある日のわが社の全トラックと全トレーラーの現在位置を調べてもらった。それを把握できるかどうかをテストするためである。もちろん、彼はそれを把握できた。リーの報告によれば、わが社には、走行中の二〇〇〇台以上のトラックと、一万一〇〇〇台以上のトレーラーがあった。

わが社はつねに自前の輸送部隊の必要性を感じてきた。というのも、外部の配送業者に、わが社が必要としている柔軟な対応を期待することはできないからである。私たちは、わが社の一員となり、店員やお客に奉仕してくれる運転手が必要だったのだ。そして、なんと、そうした運転手たちを獲得できたのである。もし、読者がハイウェイ上でウォルマートのトラックとすれ違うことがあったら、そのトラックのドライバーは正真正銘のプロだということを知ってほしい。彼はたんに運転するだけでなく、各店舗に奉仕して

←「マスマーケット・リテイラーズ」誌から。

→1983年の感謝デー。ベントンビルをパレードするヘレンと私。

もいるのだ。また、道路上では、自分が全ウォルマートを代表して振る舞わなければならないと心得てもいる。私は断言するが、わが社は全米一のトラック運転手を抱えており、彼らの忠誠心と何でもやれるという姿勢は、会社にとってはかりしれない財産となっている。

リー・スコット（ウォルマート社三代目CEO）

「わが社のドライバーは店のために働く、という自分たちの使命に非常に忠実である。店で商品が粗略に扱われていたり、店員のモラールや態度に問題がある場合、彼らは会社に報告することになっている。サムは、長年にわたって、午前四時にドーナツを山ほど抱えて、ドライバーたちの休憩所を訪れるのを習慣としている。そこで、二時間ほど彼らと話をするのだ。

サムはドライバーたちに根掘り葉掘り質問する。『あの店はどうだった？』『最近、あの店に行ったかい？』『あそこでは、皆の態度や働きぶりに問題はなかったかい？』『あそこは改善されているかい？』これはきわめて理にかなっている。というのも、ドライバーたちは会社の誰よりも、毎週多くの店を見ているからだ。それに、サムがドライバーたちを好むのは、多くの管理職と違って、相手がどんなに偉かろうと、思うままを率直に話すからだろう」

壮観！ 物流センター稼働風景

物流システムをうまく機能させるには、それに関係する多くの人々の献身的な働きがなければならない。技術やハードウエアはただの道具にすぎない。このシステムにかかわっている人々は、店員と同様、自分たちの第一の職務は、顧客に奉仕することだというかたい信念をもっている。ただ、彼らの顧客とは、彼らが商品を配送しているウォルマートやサムズクラブだという違いがあるだけだ。

すべての根底にこうした理念があるので、わが社では、各店舗の必要に合わせてシステムを標準化する独自の技術を開発した。たとえば、最近まで、わが社は店舗の九七パーセントに毎日商品（品目は毎日異なる）を配送することを誇《ほこ》りにしてきた。だが、すべての店、とくにより小さな店では、必ずしもこれが最善の方法ではないことが判明した。そこで今では、四つの配送プログラムをつくり、各店がそこから自由に選べるようにしている。店は六ヵ月ごとに、好きなプログラムを決め、選び直すことができる。また、物流センターから一定の距離内にある店舗には、スピード配送というプログラムもある。こうした店では、月曜日の晩に発注した商品を火曜日の晩に受け取ることができる。業界で、これだけの広域にこれほど柔軟な対応方法をとっている企業はわが社のほかにはない。

これらすべてが集結した物流センターの稼働風景は、まさに壮観である。私自身、時に、自分の目が信じられないほどだ。実際にご覧になれない読者のために、一つの物流センターの様子を描写してみよう。まず敷地は一五〇エーカー（約一八万坪）、そこに一一〇万平方フィート（約三万坪）の物流センターがあり、天井《てんじょう》までぎっしりと商品で埋まっている。歯磨きからテレビ、トイレットペーパー、玩具、自転車、バーベキューグリルまで、それこそ想像しうるすべての商品が揃っている。商品のケースにはバーコードがついており、コンピュータがすべてのケースの格納から出荷までの移動状態や現在位置を追跡できるようになっている。物流センターには、六〇〇人から八〇〇人のスタッフが配置され、二四時間常時稼働している。物流センターの一方は積み出しドックになっており、約三〇台のトラックが同時に荷積みできる搬出口があり、フルに稼働している。物流センターのもう一方は受け取りドックで、商品の荷降ろし用の搬入口が一三五ほどある。

こうした商品は、全長八・五マイル（約一四キロ）にもおよぶレーザー誘導のベルトコンベヤーで、物流センターを出たり入ったりしている。レーザー誘導とは、レーザーがケースのバーコードを読み取り、発注のあった店に向けてその夜に出発するトラックのほうへ誘導するシステムである。忙しい日には、こうしたコンベヤーで、二〇万箱の商品が運ばれている。これが全速で動くので、商品の箱やケースは飛ぶように目の前を通り過ぎ、至るところで赤いレーザーがチカチカと点滅し、ケースがくるくると仕分けされて、あっという間にそれぞれのトラックのもとへと流れて行くのだ。駐車場では、荷物を満載したトラックが、一日中、エンジン音を響かせて、出たり入ったりしている。

こうした物流センターを訪れ、そこのスタッフやドライバーたちとコーヒーを飲みながら話をしていると、私はワクワクしてくる。彼らはシステムを改良する豊富なアイディアをもっており、いつも私を驚かせてくれる。

だが、物流センターの全容をつかむには、こうした作業が、ほぼ同じようなほかの一九のセンターでも同時に進行していることを認識しなければならない。そればかりか、現在のペースで成長を続けるためには、こうした物流センターの建設や設備をさらに増やせるように、絶えず新たな計画を立てなくてはならないのだ。これはジョー・ハーディンや彼の部下にとって、大変な仕事である。現に、数年のうちに、わが社は三〇のセンターを稼働させる予定であり、すでに計画段階に入っている。

通信衛星の打ち上げ

こうしたシステムがもてたのも、デビッドが入社以来私に投資するよう執拗《しつよう》に迫ったおかげであったが、同時に、彼とジャック・シューメーカーはコンピュータとそのシステムの改善にも膨大《ぼうだい》な資金を投資するよう、私を説得し続けた。その結果、全店ばかりでなく各店舗の売上高や在庫、入荷状況などをすべて把握できるようになった。一九七八年、ジャックが社長兼COOになった時、彼はバーコード・システムやコンピュータによる品目別在庫管理システムの導入を強く主張した。彼はまた、わが社の通信衛星システムの構築にも力を尽くしたが、これもわが社の強力な武器となっている。

ジャック・シューメーカー

「グレン・ヘイバーンがデータ処理部長だった時、彼と私は、すべての店、物流センター、本部を結ぶ、双方向の通信システムをつくりたいという夢をもっていた。グレンは通信衛星を使うという案を思いついた。私は『誰にも相談せずにこの案を煮詰めてみよう』といった。提案できるまで計画を練ってから、サムに話した。彼はただ聞いているだけで、反対も賛成もしなかった。コンピュータ・システムの話になると、彼はけっして熱意を示さないのだ。

八〇年代初期のころ、小売業のためのこうしたシステムはまだ存在しなかった。だが結局、メイコム&ヒューズ社と契約して、合同で事業を進めた。わが社は最終的に二四〇〇万ドル投資した。そして一九八三年に衛星を打ち上げたが、最初の二年間は、サムは私を殺してやりたい、と思ったことだろう。すぐには軌道に乗らなかったからだ。今ではもちろん、どこの社も衛星を使っているが」

のちには、通信衛星は不可欠だったことが証明された。というのも、各店舗のPOSターミナルのスキャナー（データ読み取り機）からすべてのデータが電話回線を通ってベントンビルの本部に送り込まれるようになると、店が増えるにつれて回線容量を超えるようになり、絶えず混乱が生じたからである。ご存じのように、私は数字をできるだけ早く見たい性質《たち》である。情報を早く入手すればするほど、それだけ問題解決に早く対処できるからだ。このシステムは私たちにとって素晴らしい道具であり、そのメリットを最大限引き出せるよう、わが社の技術陣は素晴らしい仕事をしている。

ジャックの言葉は正しい。私がシステムに熱意を示すことはめったにない。数年前本社のすぐ隣に、一三万五〇〇〇平方フィート（約三八〇〇坪）のコンピュータ機器収納用の建物を建てたのだが、当時は誰もが私に、ここがいっぱいになるまでどれほど長い期間がかかるか、と告げに来たものだ。当時は、空っぽに近い状態だったのだ。それなのに、今では、この建物はコンピュータ機器であふれている。こうしたコンピュータ設備や衛星システムへの投資総額は、七億ドル近くにもなる。聞いたところでは、わが社のデータベースは民間のものとしては世界最大であり、アメリカ電電会社のものより大きいという。

だがそんなことはどうでもいいことだ。私がコンピュータ・システムで気に入っているのは、どんな数字でも一瞬にして引き出せることだ。たとえば、ウォルマートやサムズクラブで扱う全商品の品目ごとのデータが、過去六五週間にわたって引き出せるのだ。つまり、たとえば、私がオフィスで使っているようなビデオ付き小型テレビをこの一年と四半期の間に、どれだけ仕入れ、どれだけ売ったかということが、会社全体だけでなく、各地方、各地区、各店舗ごとに正確にわかるのだ。わが社へのサプライヤーでさえ、自社の商品がうちの店でどう動いているか、私たち以上に正確にはつかめない。情報は力だとずっと感じてきたが、それをコンピュータに変換すればするほど、よりいっそう大きな競争力になることを、わが社の社員は知っていたのだと思う。

衛星管理室を覗《のぞ》いてみよう。そこでは技術者たちがディスプレーの前に座り、コンピュータの調子がよくない店と電話で話している。彼らの肩越しに画面を見ると、その日、何が起こっているかがすぐにわかる。クレジットカードによる売上高が示され、それが刻々と加算されていく。盗難にあったクレジットカードの回収数もわかるし、クレジットカードの七秒間確認システムが正常に機能しているかどうかもわかる。その日の売れ行きもすぐにモニターできる。もし、緊急な事態が生じて、個人的に店舗視察が必要になった場合は、私か幹部の誰かがテレビスタジオに出向き、衛星放送でそれを現場に伝えることもできる。すでに述べたように、土曜の朝三時には、私はプリントアウトされたこうした数字に目を通すことができ、その週の動きを正確に把握している。

長年いわれてきたように、ウォルマートの成長と店舗管理にとって、情報システムと物流システムは本当に重要だったのである。だが、たとえ読者が、わが社のビルから通信衛星のアンテナが何本も突き出ているのを見、内部のコンピュータの話を聞き、あるいは、レーザー誘導式物流センターの模様をビデオで見たとしても、けっして騙《だま》されてはならない。こうしたシステムも、有能な管理者や店長たち、献身的な店員やトラック運転手がいなければ、一セントの価値もないのだ。

第十五章「小さく《シンク》・考える《スモール》」

驚異的な成長を導《みちび》く経営哲学とは

フェロルド・アレンド（ウォルマートに入社して間もなく）
「ところでサム、あなたの計画では、会社をどの程度大きくするつもりですか？」
サム・ウォルトン
「フェロルド、なるに任せるのさ。自己資金でやるなら、あと二、三店は増やせるだろう」

最近、ある人から、一九六〇年の地方誌に載った「今年のサクセス・ストーリー」と題する記事を見せられた。そこに、九店の「バラエティストア帝国」を築いたわが社のことが載っており、次のような私の言葉があった。「九店なら自分で管理できると考えてきた。

	1960年	1970年	1980年	1990年	2000年*	2002年*
売上高	140万ドル	3100万ドル	12億ドル	260億ドル	1650億ドル	2198億ドル
純利益高	11万2000ドル	120万ドル	4100万ドル	10億ドル	54億ドル	67億ドル
店舗数	9	32	276	1528	3996	4414

これ以上増えると、別の管理職を置かなければならなくなるだろう」あれから一体、何が起こったというのか。こんな哲学をもっていたのに、どうしてわが社は世界最大の小売業者になれたのだろう。

当時、私はこの通りに信じていたし、今も信じている。だが、利益をあげながら成長する方法を見つけた以上、途中でやめる理由はなかった。私は事業をするうえで、自ら関与する管理方法を信条としてきたし、そのために飛行機で定期的に店を視察してきた。だがまた、大学時代に新聞の販路拡張の仕事をしていたころから、部分的に仕事を任せるため、優秀な人材を雇ってもきた。

一九四五年、ニューポートであのちっぽけな店を買ってから、じつに多くの歳月が流れていったが、あの店をなんとか繁盛《はんじょう》する店に育てあげた時代に学んだ経営の基本原則は、現在の会社にも役立っている。この三十数年間、わが社ほどの成長を遂《と》げながら、大きな財務問題や収益の落ち込みを経験しなかった会社はめったにないだろう。この期間、わが社の事業は年間三〇パーセント、多い年には七〇パーセントという驚異的な伸びを示してきた。

この間ずっと、私たちが躓《つまず》くのを心待ちにしている連中が大勢いた、とくにウォール街には。彼らは、わが社が年商一〇億ドルに達したら、これまでの経営方針ではやっていけないだろう、といった。だが、わが社はそれを達成し、なお同じ方針を貫いた。すると彼らは、一〇〇億ドルに達したら、田舎町《いなかまち》の商人の経営哲学では破綻《はたん》するに違いない、と予測した。わが社はその壁も越え、さらに二〇〇億、三〇〇億を超えて、九三年は五三〇億ドルに達する見込みである。純利益高では、九〇年に一〇億ドルに達した。飛躍の足跡を示す前ページの表を見ると、私自身驚きを禁じえない。(表中の＊は監訳者による挿入)

そして、わが社は世界最大の小売企業になり、なお雑草のごとく伸び続けている。もし、前ページの表で会社の規模の想像がつかなければ、こう説明しよう。ウォルマートで買い物をするお客は、一週間で四〇〇〇万人にのぼり、一年でわが社が売った男性および女性用の下着と靴下は、アメリカ人すべてが着用してもまだ余るほどだった。また、アメリカで購入される釣り糸の四分の一はわが社が売ったものであり、その全長は地球を二四周するほどだ。そして、アメリカで購入される電話の二〇パーセントはわが社が売っている。何より私が誇《ほこ》りにしているのは、自社ブランドのドッグフード、「オールロイ」の売上高が、ある一週間だけで、一九八〇年の年間売上高と同じだったことだ。ウォルマートでしか売っていないこの商品は、年間二億ドルを売り上げ、全米第二位のドッグフードになっている。さらに、P＆G社の商品は、日本全国で売られるよりも多くの商品をウォルマートが売っているのだ。

〝大企業病〟には用心を

まだまだいくらでも続けられるが、もうおわかりだろう。わが社は本当に大規模なのだ。しかし、大きくなることが私の本来の目的ではなかった。私は世界最高の小売商になりたかったのであり、必ずしも最大でなくてもよかったのだ。事実、あの記事のなかでもいっているように、規模が大きすぎるとよい仕事ができなくなるのではないかと、心配もしていた。大企業になるとそれなりのメリットがあるのは事実だが、危険もあるのだ。大きくなったために、いくつかの優良な小売企業が駄目になった例を、私はいくつも知っている。彼らは慢心したり、お客との接触を失ったり、またはお客の需要に対して反応が鈍くなって、創業時の力を失ったのである。

肝心なのは、ウォルマートが大きくなればなるほど、「小さく考える《シンク・スモール》」ことがますます重要になる、という点だ。というのも、わが社は小さく考えることで、これほどの大規模になったからである。私たちは田舎町の商人であり、現在の業績を胸を張って誇れるのも、店長や時間給で働く店員が、勤勉とよい応対マナー、それに物流センターのスタッフとのチームワークによって、一店一店で日々努力してきたからである。

ブライズビル、マッコムなどの一店一店のことを考える代わりに、年商五〇〇億ドルの大企業だから自分たちは偉大なのだと考えたら、わが社は終わりである。お客の目を見て挨拶《あいさつ》し、手助けを申し出ることが、今も昔と同様、大切だということを忘れるようなら、別の業種に変わったほうがいい。なぜなら、この業界では生き残れないからである。

ビル・フィールド

「サムが起業家としてニューポートの例の店を経営し、また地域のリーダーとして活躍したことが、わが社の『小さく考える』経営原則の出発点になっていると思う。彼は、起業家精神を重視しており、会社が失ってはならないものとみている。大きくなったために、起業家精神を失ってしまったベン・フランクリン社や他社を見て、彼は自分の会社はそうはしない、と決心したのだ」

私たちにとって、小さく考えることは一種の生き方であり、ほとんど強迫観念になっている。また、この考え方は他の業種でも有益だと思う。会社が大規模になればなるほど、その必要性はますます切迫してくるだろう。現在のわが社ほどの規模になると、制度化や規格化を行って、中央集権的チェーン企業らしく運営しろという圧力が方々からかかってくる。そうしたシステムには創造性や、かつての私のような一匹狼的商人が入る余地も、また、起業家や商略屋が入る余地もない。私はそうした会社で働きたくはないし、ウォルマートがそうなることを毎日心配している。当然、サプライヤー（商品納入業者）はわが社がそうなれば喜ぶだろう。彼らの仕事が楽になるのはたしかだからだ。もし、自分は〝大企業病〟に対する免疫があると思っている者がわが社にいるなら、即刻、荷物をまとめて去ってもらいたい。それこそ、私がいつも恐れていることだ。

数十年間、私たちはシンプルで、能率的で、庶民感覚に基づいた会社を築くことに努力してきた。今のように急速に多店化して全国に拡大すると、これはかなり難しいと思われる。だが、これまでに、「小さく考える」ことに関していくつか実務上の方法を学んできたし、また、会社の成功に大いに役立った原則も確立してきた。それをここに紹介すれば、顧客との触れ合いを大事にしながら、事業を拡大したいと考えている人々にとって、何かの役に立つかもしれない。

私たちの行動原則は深遠なものではない。どれも常識的なことであり、私が長年読んできた経営学の本や雑誌記事に出てきたことだ。だが、それらをウォルマートに応用したやり方は、いささか独特なのではないかと思う。「小さく考える」うえで、わが社でとくに重要だった六つの方法を述べることにする。

一店ごとに検討する

これは簡単そうに聞こえるが、最優先させて守らねばならない原則である。わが社の業績が伸びているのは、私たちが賢《かしこ》いからでも、大企業だからでもなく、お客が支持してくれるからだ。お客がそっぽを向いたら、たちまち全員が職探しをしなければならないのだ。そこで、私たちは、価格を下げ、サービスを向上させ、店で買い物をしてくださるお客のために日々改善を重ねるのである。これは一般にいわれている方式でできることではないし、また、役員室から指令してできることでもない。店ごとに、売り場ごとに、店員一人ひとりが、お客一人ひとりに対して行うことなのだ。

たとえば、フロリダ州のパナマシティ店とパナマシティ・ビーチ店のケースを見てみよう。この二つの店は、わずか五マイルしか離れていないが、品揃えや客層は完全に異なっている。一方はビーチの観光客のための店であり、もう一方は町の住民のための店だ。私たちが店長や売り場主任はよき商人であるべきだと考え、そうした人材を育てようと最善を尽くすのは、こうした理由からである。品揃えを最適にしようとするなら、現場の商人、つまり、四季を通じて日々、お客と接触している人たちが得る情報が必要である。

経営陣の仕事は、こうした店の商人たちの意見に耳を傾けることである。ベントンビルには二一八人のバイヤーがいるが、彼らには、いつも、店の商人をサポートするようにといっている。そうでない場合、個々の店と接触のない本部主導の体制になり、水中銃や釣り竿《ざお》、バケツやシャベルの需要が多いパナマシティ・ビーチ店で、作業靴や作業服、猟銃が売れ残り、一方、パナマシティ店では海水浴用品が大量に埃《ほこり》をかぶる羽目になる。

そこで、土曜の早朝会議では、特定の店を取り上げ、その店が競争相手にどう対抗しているか、適切なことをやっているか、悪い点はどこかなどを話し合っている。

デビッド・グラス

「私たちは、ごく細部にわたって話し合うことが必要だと信じている。他の大手チェーンで、毎週週末に、地域別より細かい単位で売上高を検討する企業などないだろう。だが、わが社では、個々の店ごとに検討している。たとえば、アラバマ州のドーサン店が議題になった場合、出席者全員がその店について知っていることが必要だ。つまり、どうやって業績をはかるか、二〇パーセントの伸びはいいのか悪いのか、競争相手はどこか、店は順調か等々を知っていなければならない。最小の営業単位に焦点を合わせることで、会社の運営を小さなまま維持しているのだ。こんなことをしている会社はほかにはない」

一つの店に焦点を絞ることで、多くのことが達成できる。まず、当然、その店を実際に改善することができる。だがその過程で、たとえば、パナマシティ・ビーチ店が、ビーチタオルの売り上げで競争相手を抜いたとすると、全国のすべての海岸地区の店にその情報をすぐに送り、その方法が他の店でも有効かどうかを試すのだ。このことは、次の原則に結びついてくる。

意思疎通《コミュニケーション》こそ組織の生命《いのち》

ウォルマートの機構を一語で要約せよといわれたら、おそらく「意思疎通」ということになるだろう。本当の意味でこれがわが社の成功の鍵だからである。土曜の早朝会議から、電話、通信衛星に至るまで、わが社はさまざまな方法でこれを行っている。大企業にとって、意思疎通の重要性はいくら強調してもしすぎることはない。ビーチタオルを売るどんなにいい方法を思いついても、同じフロリダ州のセントオーガスティン店の担当者が冬までそれを知らなかったら、大きな機会損失になる。また、ベントンビルのバイヤーたちが、この夏、ビーチタオルの売り上げを二倍にするという店の方針を知らなければ、店ではたちまち品切れになるのだ。

情報の共有が企業の新たな競争力になる、という経営記事をよく目にする。私たちは店が数店のころから、これを実行していた。当時、店長にはその店に関するすべての数字を示していたし、やがては売り場主任とも同じ数字を共有するようになった。わが社が成長してからも同じである。だからこそ、コンピュータや通信衛星に何億ドルも投資したのである。わが社の店長たちが店の実情を正確に把握《はあく》しているのも、この情報技術（ＩＴ）のおかげである。通信衛星によって、彼らは驚くほどタイムリーにすべての情報を入手できる。毎月の損益報告、自分の店で売られている商品の分刻みの売り上げデータ、その他、彼らが送ってほしくないようなデータに至るまで。

意思疎通に関して、完璧にやってきた、というつもりはない。間違った情報を共有するという失敗もあった。また、世界中の粋《すい》を集めた技術より、時には誠実な態度一つのほうが価値がある場合もある。たとえば、わが社には一つのルールがあるが、私は今後もずっと守ってほしいと願っている。それは、本部のバイヤーは、折り返し電話をする場合、サプライヤーをはじめどんな相手よりも店への電話を優先する、という決まりである。店から電話を受けたら、その日の日没までに返事をすることがバイヤーには求められている。

わが社がとてつもなく大きくなったために、各店舗のすべての売り場主任と、本社を訪問するサプライヤーとの話し合いの場を設けることは難しくなった。そこで、最近では、商品部門別にセミナーを開くという方法をとっている。たとえば、スポーツ用品とか園芸用品など一つの商品部門を選び、各地区からその部門の売り場主任（店で実際に売り場を運営している時間給のアソシエート）を一人ずつ選ぶ。現在、総計で一八四人になるが、彼らをベントンビルに呼んで、バイヤーに売れ行き状況などを話してもらう。次に、サプライヤーと会議を開き、彼らの製品に対してどんな苦情を受けたか、何が評価されたか、などを説明し、全員が協力して来シーズンに向けて計画を練る。売り場主任はそれを各地区に持ち帰り、近隣の店の同じ商品部門の主任と情報を分から合うのである。

本部と店とが互いに交流し合うように最善を尽くしてはいるが、時には、うまく意思疎通ができていない、と感じることがある。それが、私にとって重要なテーマであれば、私は本部のテレビカメラの前に立ち、休憩時間にテレビの前に集まっているすべての店の店員たちの前に、あえて顔をさらすことも辞さない。数年前のクリスマスのころ、私はどうしても話したいという強い衝動を感じて、テレビで従業員たちに呼びかけた。

「わが社以外、世界中のどんな小売業者も、私がこれから行う提案を実行できないと思う。とても簡単なことなのだが。一セントもかからず、魔法のような効果がある。つまり、お客に魔法をかけるのだ。わが社の売り上げは急速に伸び、一、二年のうちにKマートや、たぶんシアーズさえ追い越すだろう。どうか、私に誓ってほしい。お客が一〇フィート（約三メートル）以内にやって来たら、お客の目を見て挨拶し、『何かお手伝いしましょうか』と尋《たず》ねると約束してほしい。あなたがたのなかには、内気な性格の人や、お客に干渉したくないと思う人もいるだろう。だがこれを実行したら、あなたはやがてリーダーになれる。人格が形成され、より外向的になり、やがては、店長やディストリクト・マネージャー、あるいはあなたが目標とするどんな職業もこなせるだろう。あなたにきっと奇跡が起きる。知っての通り、ウォルマートではいったん約束したら、必ず守ることになっている。さあ、右手をあげて、私のあとからいってほしい。『今日から、私は、お客が一〇フィート以内に来たら、にっこり微笑んで、お客の目を見て挨拶することを宣言し、約束します』」

こうしたちょっとしたコミュニケーションが店員や顧客にどれほどの効果があるものか、知る術《すべ》はない。だが、私は衛星を使ってでも私の考え方に皆の注意を引く価値があると強く感じたのだ。そして、わが社以外の他の小売企業にはこれを実行できないといった時、本気でそういったのである。多くの店員が私の提案を実行したことを知っているし、多くのお客が喜んでくれたと確信している。私の励ましの言葉が関係あるかどうかはわからないが、その年のクリスマス以来、わが社は成長を続け、もっとも楽観的なアナリストの予測より少なくとも二年早く、年商でKマートとシアーズを抜いたのである。

現場でしかわからない

技術への投資を最終的に決断したのは私であり、それがわが社の成功にとって非常に重要であったのはたしかだが、私はそれを、必要経費以上のものと考えたことはない。コンピュータは、実際に店に出向き、状況を目で見て学ぶことに代わるものではないし、将来も代わらないだろう。言い換えれば、コンピュータはある店がどれほど多く売ったかは教えてくれるが、実際にどれほど多く売れるはずだったかは教えてくれないのだ。

だからこそ、わが社では本部の管理職やバイヤーに店へ出向くよう、やかましくいっている。わが社がロジャーズ空港の格納庫に一二機の飛行機（そのうちジェット機は一機だけ、というのが私の自慢だ）をもっているのもそのためだ。飛行機で空を飛びながら、地上

（現場）の声を聞き続けるのである。一九六〇年当時、私は古いトライペーサーで、週に一度必ず店舗を視察し、売れ筋《すじ》商品や売れない商品、競争相手の状態、店長の仕事ぶり、店舗の外見、お客の意見などを調べた。もちろん、それ以来ずっと店舗視察は続けている。それは私の楽しみであり、私ができる最大の貢献の一つだと思っている。だが、二〇〇〇店近くにも増えた現在では、私のほかにも多くの者がこの仕事を受け持っている。

その考え方はほとんど当時と同じだ。現在では、ディストリクト・マネージャーが当時の私の仕事、実際に店を回り、細かい点まで視察する仕事を行っている。だが、そのほかにも、ベントンビルに籍がある一八人のリージョナル・マネージャー（地方別統括者、ディストリクト・マネージャーの上司）がいる。ただし、月曜日に、飛行機で担当地方へと出張することが、彼らの雇用条件の一つになっている。彼らは現地に三日から四日滞在し、だいたいは木曜日に戻って来るが、旅費に見合う発見を一つは持ち帰るよう、頭に叩《たた》き込まれている。次に、これらリージョナル・マネージャーと上級経営陣とが営業企画会議を開くが、経営陣もまた、この金曜の朝の会議でまともな発言をするためには、週の前半に店舗視察をしていなければならないのだ。

当然、こうした現場回りのほかに、会議ではコンピュータのデータが現状の売れ筋商品とそうでない商品を教えてくれる。しかし、こうした会議で本当に有益な情報は、全員が店から持ち帰ったものだ。彼らの仕事が的確なら、商品が売れる理由や売れない理由、次に売るべき商品、品揃えから外すべき商品などがわかるはずだ。会議が終わると、リージョナル・マネージャー全員がディストリクト・マネージャーに電話をかけることになっており、さらにディストリクト・マネージャーは店長に、店長は売り場主任へと情報を伝えるわけである。

デビッド・グラス
「わが社の金曜の営業企画会議は、小売業としてはユニークだろう。本部にいるリージョナル・マネージャーたちは、週のほとんどを現場へ出張している。彼らは、店の運営を監督指導する店舗運営スタッフである。また、本部商品部には各店舗のために仕入れをするバイヤーがいる。小売業では、この両者は激しくぶつかるのが伝統だ。店舗運営スタッフが『こんな商品、一体誰が買うんだ。まったくひどい。売れるはずがない』といえば、バイヤーの上司である商品部長（マーチャンダイズ・マネージャー）は『この商品に悪いところはない。商品の特徴をアピールするプレゼンテーションで重点販売すれば飛ぶように売れるはずだ』と言い返す。どこでも見られる風景であり、ウォルマートも例外ではない。

時には勝負がつかなくて、ノックダウン寸前までいくこともあるが、わが社にはルールがある。問題を先送りしない、というルールだ。たとえ間違っても、また時には実際間違うこともあるが、その会議中に決定することになっている。そして、もし金曜日に決定されれば、土曜日にはすべての店がそれを実行する。私たちが警戒しているのは『考えておきます』という言葉だ。ただちに決断し、行動する、それがわが社のやり方なのだ」

木曜日にリージョナル・マネージャーたちが戻って来ると、今度は飛行機にバイヤーを乗せて、個々の店舗に送り出す。会社が大きくなる過程で、バイヤーが各店のニーズに敏感に対応できるよう、さまざまな工夫を重ねてきた。最近では、リージョナル・バイヤーという役職をつくり、担当地方を回って、店長たちが独自の商品を入手できるよう補佐させている。私が気に入っているのは、「自分で調理したものを食べよ」というプログラムだ。四半期に一度、すべてのバイヤーがいろいろな店へ出向き、自分が担当した商品部門で数日、売り場主任を務めるのである。自分で調理したものを時間をかけてじっくり味わえば、ムーンパイを大量にウィスコンシン州へ出荷したり、ビーチタオルをカンザス州のハイアワサへ出荷するという間違いは生じなくなる。

現場に責任と権限をもたせる

会社が成長するにつれ、責任と権限を現場の最前線、つまり、陳列棚に商品を並べ、お客と実際に言葉を交わす売り場主任へ移すことがますます重要になってくる。会社が小さいころは、私はそのことに思い至らなかった。だが、一九七〇年代中ごろ、日本人に生産性と競争について教えたW・エドワーズ・デミングの著作などを読み始め、経営哲学を熱心に学んだ。また、ヘレンと一緒に日本と韓国へ旅行して実際に視察もしてきた。わが社のチームワークを見直し、現場にもっと権限をもたせる実際的方法を考え始めたのは、そのころのことだったと思う。

これを実行するわが社のもっとも有名なやり方は、まさに「小さく考える」ためのお手本といってもいいだろう。私たちはこれを「店の中の店」と呼んでいるが、きわめて単純なアイディアだ。多くの小売企業では、売り場主任は時間給の従業員で、タイムカードを押し、機械的に仕事をこなしているに過ぎない。だが、わが社では、売り場主任に早い段階で、本物の商人になるチャンスを与えている。たとえ、大学に行く機会や事業家としての訓練を受ける機会に恵まれなかったとしても、共同経営者としての誇《ほこ》りをもてるのだ。彼らが本気でそれを望み、自覚をもって、営業企画の能力を磨こうと努力しさえすればいいのである。実際、経験を積んでさらに野心を抱くようになり、大学へ進んだり、会社で出世した者もたくさんいる。私はそうした人がもっと増えることを望んでいる。

繰り返すが、この方法がうまくいくのも、長年、多くの情報を彼らと共有してきたからである。「店の中の店」とは、各売り場主任が自分の事業の経営者になる、ということである。実際、こうした事業の一つが、初期のウォルマート一店より大規模になるケースもある。私たちは、商品の原価から、配送コスト、粗利《あらり》益率《えきりつ》などすべてのデータを彼らに公開している。また、全店における彼らのランクを定期的に示し、他店に勝ちたいという意欲をもたせるようにしている。

自主性と管理に関して、私たちはつねに微妙なバランスをとろうと努力している。わが社にも標準化した棚割りやステープル・アイテム（定番商品）はあるが、同時にそれぞれの店が自主性をもてるようさまざまな工夫を重ねてきた。たとえば、商品の発注の責任は売り場主任が、また、販促に関する責任は店長がもっている。わが社のバイヤーは他企業のバイヤーより、各店に対する責任を多く担《にな》っている。彼らに厳しい試練を与えているわけだが、それというのも、彼らが頭でっかちになり、自分たちは全能だと自惚《うぬぼ》れてほしくないからだ。だが実際は、わが社のバイヤーは、売り場主任や店長と同じく、商品と販売方法について独自の権限をもってもいるのだ。

現場から改善案を出させる

これは現場に責任を委譲することと関連して行われる。わが社では、さまざまなやり方で、店員に改善案を出すように奨励している。とくに、土曜の早朝会議で多くの方法を試《こころ》みている。たとえば、特定の品種や品目のディスプレーなどで優れたアイディアを実行したアソシエートを会議に招いて、それを皆で分かち合っている。

ＶＰＩコンテストはその代表的な実行事例だ。商品部門別売り場主任以上のすべての者が、自分が強調したいと思う商品を選び、さまざまな方法を使って売り上げを競《きそ》うのである。このコンテストはたんに売り上げ促進の手段ではなく、店員をよい商人に育てるための教育方法だと考えている。店員に商品選びからそれを売買する効果的方法を考案することまで、一切を教える機会である。時には、縫いぐるみの猿をとまらせた木に商品をぶら下げて店の真ん中に飾ったり、小型トラックでアクション・アレー（レジ前の主通路）に乗りつけ、それを洗車用スポンジでいっぱいにするなど突飛なことをする連中もいる。

従業員から引き出すのは営業企画のアイディアだけではない。一番最近のプログラムは、「ええ、できますとも、サム！」という企画だが、別に私が命名したわけではない。これは経費節約対策を思いついたアソシエートを、やはり土曜会議に招くというものだ。現在、この企画で節約される経費は、年間八〇〇万ドルになると計算されている。ほとんどの改善案はごく常識的なものだが、わが社は大企業であるなどと考えていては、思いつかないようなものばかりだ。これらの発想は、「小さく考える」思考から生まれた典型的例である。私のお気に入りは、物流部門のアソシエートから出た案だ。彼女は、わが社には全米一の配送部隊があるのに、物流センターの備品の配送はなぜ外部に委託しているのか、と疑問をもった。そして、自社のトラックの帰途に物流センターの備品を持ち帰らせることを思いつき、それによって五〇万ドル以上の節約をしてくれた。私たちは、彼女を土曜会議に招き、褒賞金《ほうしょうきん》を出してその功労を讃《たた》えた。わが社には四〇万人の従業員がいることを思えば、まだまだ多くの素晴らしい改善案が眠っているのは明らかだ。

トム・コフリン

「ウォルマートが出入り口に挨拶係（兼カート手渡し係）を置くようになった経緯を話そう。一九八〇年、サムと私はルイジアナ州のある店を訪ねた。店のドアを開けたとたん、そこに年配の紳士が立っていた。彼は私たちの顔を知らないので、こう挨拶した。『こんにちは、ご機嫌はいかがです？　ようこそ当店へ。店のことは私に何でも聞いてください』

サムも私もこんな光景は見たことがなかった。彼はサムが会長だとわかると説明した。彼がそこに立っているのは、お客によい印象を与えるためと、お客が金を払わずに商品を持って出る（万引きする）のを防ぐという、二つの目的があるのだと（入り口で最初にカートを持たせることによって、買い上げ点数を増やすことが三つ目の目的）。

あとでわかったのだが、この店は万引きが多かった。この店の店長、ダン・マッカリスターは古いタイプの商人だったので、在庫管理の方法を心得ていた。彼は警備員を置いて正直な客を脅《おど》かしたくはなかったが、万引きして店を出ようとしても監視している人間がいるからそうはいかない、という明確な警告を与えたいと考えたのである。サムはこの考えを素晴らしいと思い、ベントンビルに戻ると、さっそく、どの店にも挨拶係を置くべきだと皆を説得し始めた。

多くの者が、サムは正気を失ったのだと思った。彼らは入り口に人を立たせるなど、経費の無駄だと思ったのだ。彼らにはサムとダン・マッカリスターの見えていたこと、つまり挨拶係がお客に温かで友好的なメッセージを送り、同時に、万引きする者には警告を与える、という意図が理解できなかったのである。彼らは断固としてサムの提案に反対した。彼を説得できないとわかると、次には無視することにした。

サムはけっして諦《あきら》めなかった。毎週、会議のたびに挨拶係の話を持ち出し、また、店に行って挨拶係がいないと怒りだした。やがて、皆はほとほと疲れ果て、ついに彼に屈服した。それまでに一年半はかかっただろう。それほど皆が抵抗したのだ。

彼の正しさが証明されたのは、一九八九年になってからだろう。ある日、サムがイリノイ州のKマートへ行ったところ、そこに挨拶係がいたのだ。Kマートでも挨拶係を入り口に置くことにしたのだ」

組織をスリムにし、官僚化と闘う

会社が急速に成長すると、重複する業務部門や、すでに不要になった業務部門が出てくる。組織では上から下まで、自分の仕事や部下の仕事は削減されたくないと考えるのが人情だ。だが、会社全体の健全な発展のために、この問題を絶えず考えることがトップ経営陣の責任である。

五店舗を経営していたころ、私は本部にかかる事務経費を二パーセント以内に留めようと努力した。つまり、売上高の二パーセントで、事務所の建物と設備、運営費、私やバドの給料、それにのちにはディストリクト・マネージャーや他の役職者の給料を賄《まかな》ったのである。信じてもらえないかもしれないが、この公式は店舗が二〇〇〇店になった今も変わっていない。実際は、現在のほうが三〇年前より本部関連費用、つまり事務所間接費の割合は低くなっている。これにはコンピュータや物流センターの維持にかかる莫大《ばくだい》な経費も含まれる。ただし、物流センターの実際の運営コストは別である。

業界の一部の人から、二パーセントの根拠について尋ねられたことがあるが、じつをいえば私の思いつきに過ぎない。草創期《そうそうき》、大半の会社は本部の運営に五パーセントを当てていた。だが、わが社はいつも無駄を省くことに努力し、少ない人数でよそより効率的に仕事を進めてきた。一日の勤務時間も長かったと思う。競争相手より生産性と効率を高めるというのがわが社の伝統であり、強迫観念にさえなっていたのだ。

わが社の本部を初めて訪れた人は、重役室を見て一種のショックを受ける。私の部屋も他の重役室も、まるでトラックのターミナル・オフィスのように見えるらしい。本社は平屋で、倉庫と事務所からなるが、事務所はそれほど広くないし、壁は安物のパネル張りである。豪華な調度品や分厚いカーペット、重役用のバー付き小部屋などは一切ない。私は今のままが気に入っている。事務所の内装コンテストの賞は取れないだろうが、これで十分だし、ちゃんと機能している。

デビッド・グラス
「組織の官僚化に絶えず注意を払っていないと、たちまち煩雑《はんざつ》な事務手続きやポストが増えていく。それは気づかないうちに、自然発生的に生じてくるので、絶えず削っていく必要があるのだ。トム・ワトソン・シニアがＩＢＭを経営していた時、平社員から会長まで、四つの階層以上はつくらないと決定した。それが、ＩＢＭを成功させた最大の要因の一つだったと思われる。

これはデミングがその昔、日本人に教えたこと、『根本を正しく行え』ということにまで遡《さかのぼ》る。社内に問題が生じると、それを修復する方法を見つけようとするのが人情だが、そうした方法はほとんどが、新たな役職を付け加えるだけである。肝心なのは、問題の根源に遡ることであり、時には、犯人を狙撃する必要もあるのだ。

サムがそれを改めるまで、ずっとカッカしていた例をあげよう。店の後方に商品が到着した時、普通ならすでに売価が決められた位置についている。だが、それがしばしば守られなかったため、テスト・スキャナーという係をおいて、ハンド・スキャナーを持って店内を見回り、正しく売価がついているかどうか調べさせていた。サムは店を視察するたびに、この係が必要なのかどうか尋ねるのだった。

現在でも、一部の係は置いているが、店の事務作業の手順を見直して、各店の事務作業員を一・五人減らすことができた。そのため、莫大な経費節約になった。

じつに簡単な経営哲学だ。一本の線を引き、それ以上複雑な制度ができないよう押さえ込めばいいのである。一年たてば、必ず、この線を越えてしまっているので、絶えず線の内側に押し戻すという努力を続けなければならない」

わが社では個人の欲望をむき出しにしてほしくないと私が強く感じるのは、こうした官僚化の悪弊《あくへい》の多くは、自分の帝国を企業内に築きたいという欲望の産物だからである。一部の幹部は、自分を重要人物と見せたくて、周囲に多くのスタッフを置きたがる。だが、ウォルマートにそういう連中はいらない。お客に奉仕する者、また、そうする人々をサポートする者以外、わが社は必要としない。「小さく考える」うえで気をつけなければならないことの一つが、自然に大きくなっていく欲望なのである。

第十六章　社会に貢献できること

価値ある慈善と無意味な慈善

ジョン・D・ロックフェラー・ジュニア

「すべての権利には責任が、すべての好機、すべての財産には義務が伴うと信じる」

ここまでお話ししてきて、私がつねに最高の小売企業を築こうと全力を尽くしてきたことはおわかりいただけたと思う。それがすべてであり、個人的に巨万の富を築くことが私の目標ではなかった。その証拠に、今日《こんにち》に至るまで、私および家族の資産の大半はウォルマート株である。私のような立場にある者は、普通、リスクを避けるために、資産をさまざまな投資先に分散させるものと思う。だが結果的には、わが家の単純かつきわめて私的な投資戦略が、思いがけない富を生んだのだ。ウォルマート株がウォルトン家を大資産家にしてくれたのである、少なくとも書類上は。

私はいつもウォルマートやサムズクラブを軌道《きどう》に乗せることに夢中になっていたので、家族の資産をもっと広い視点から考えてこなかったのはたしかだ。たぶん、家族の株を売却しなかったのもそのためだろう。とはいえ、この株による配当だけでもかなりの額になり、わが家が自由に使える実質上の富となっている。

すでにお話ししたが、こうした富は、施《ほどこ》しを求めるあらゆる種類の人々を惹《ひ》きつけるらしい。私たちは、それにふさわしくない他人にただ乗りさせるつもりはないし、この決心は将来も変わらないだろう。また、お金があるからといって、他人の個人的問題から国家の問題まですべてを解決する義務があるとも考えていない。だが、価値ある慈善は行うべきだと信じているし、また、自分たち家族がいかに幸運だったかも認識している。そこで、私たちは、もっとも援助を必要としている分野に、なるべく効果があがる方法で、自分たちの資産を使おうと決めてきた。わが家からの贈り物は広い範囲に及んでいるが、とくに力を入れてきたのは教育分野である。

わが家の寄付は、匿名、または公表しないことを厳格な条件としてきたので、財政的な詳細をここで明らかにするつもりはない。だが、自分たちなりに役目は果たしているのではないかと思っている。

さまざまな教育機関のほかに、ウォルトン家からの贈り物は、教会や、動物園、図書館、レクリエーション施設などの地域事業にも及んでいる。また、病院や医学研究プログラム、美術団体、演劇団体、交響楽団にも基金を提供してきた。自然および環境保護団体や退役軍人会などとともに、地域経済を発展させたいグループや企業活動の自由化をはかるグループの活動も支援してきた。公立や私立の学校への寄付も行っている。ほとんどの慈善活動は地元で始めるので、ヘレンや私や子供たちが個人的にかかわっている組織が対象になるが、時には全国的な組織や、ニューヨークやワシントンなどに本拠を置く組織への支援もある。ヘレンは積極的に長老派教会、オザーク大学、国立女性美術館をはじめ無数の公共団体を支援してきた。一方、私は、政府の無駄遣《づか》いに反対する市民活動、自由市場研究者団体、アーカンソー州実業家会議（地元の人は「高級スーツ・クラブ」といっているが）などを支援してきた。

教育改革への情熱

ヘレンと私が個人的にとくに力を注《そそ》いできた特別なプロジェクトがある。一〇年前から、中米の若者をアーカンソー州立大学に招く奨学金制度を開始し、資金援助をしている。現在、一八〇名の学生が三つのアーカンソー校で学んでおり、学費や生活費の一部として、一人年間一万三〇〇〇ドルを支給している。この企画を思いついたのは外国旅行中だった。

当時、ソ連やキューバには、外国留学生を対象に、自国の価値観を教えるプログラムがあるのを知って、アメリカ人も同じことをすべきだと決心したのだ。若者がわが国の自由競争体制に無限の可能性があることを学び、また、安定した民主主義政府がもたらす多くの利点を自分の目で見てほしいと願ったからである。さらに、教育を受ける機会に恵まれない若者に大学教育を受けさせ、帰国してから自国の経済開発問題に何らかの貢献をしてくれることも望んでいる。こうした学生のなかから、ホンジュラスやパナマ、あるいはニカラグアで、いつか、ウォルマートやサムズクラブを経営する者が現れないとは限らない。また、身近なところでは、ウォルトン家は、わが社の従業員の子弟七〇人を対象に、一人年間六〇〇〇ドルの奨学金を支給する制度も支援している。

これまでにやってきた社会奉仕にはおおむね満足しているが、もっと差し迫った問題があることにも気づき、最近はずっとそのことを考えてきた。家族としては、私財を効果的に運用する方法についてすでに計画段階に入っているが、本格的に始めるのは私の死後になるだろう。ヘレンと私は、家族資産のうちの少なくとも私たち夫婦の取り分に相当する額は、長年にわたり、非営利団体に渡ることを望んでいる。

この場合もまた、教育対策がテーマになるだろう。わが国の将来を考えた時、私がもっとも気がかりなのがそのことである。今後、私たちは国際的に競争していかなければならないが、何よりも教育課程は、わが国の競争力を高めるものでなければならない。すぐに

1988年度の「ベスト・マザー」に輝いたヘレン。息子たちと。

も正しい軌道に乗せ、わが国の体制を他国に負けないようなものに再建しなければ、この偉大なる国の将来は危《あや》うくなるだろう。

　率直にいえば、教育内容の根本的な改革が望ましいが、私たちのやれることとして、都市部と、ミシシッピ・デルタ地帯のような田舎《いなか》の貧困地区の学校に的《まと》を絞らなければならなかった。現在、独特な貢献方法を考えているところだ。就学以前から始め、子供たちが学校教育を引き続き受けて、その恩恵を得られるような環境づくりを目指している。多くの片親が、面倒を見る人もいないまま子供を家に放置している現状を直視して、こうした親たちが子供を励ましながら育てられるよう、援助する方法を見つける必要がある。

　ちなみに、本書の印税は、ニュー・アメリカン・スクール・コーポレーションに寄付されることになっている。この団体は、実業界のリーダーたちが「型に捉《とら》われない学校」開発のために、二億ドルの基金を約束したことから始まった。

家族としては、より広い視点からの教育改革を目指しているので、投資には慎重を期したいと思う。私たちの投資を評価する一定の基準がほしいが、従来の慈善団体の運営方式が私たちの基準に合うとは思えない。ある種の人々は、慈善事業に長年かかわってきたことを大袈裟《おおげさ》に吹聴《ふいちょう》しているが、真の目的意識もなく、たんなる節税対策から始まったケースはあまりに多い。こうした財団は、予算管理主義や官僚化を好む一群の人々にとって、快適な職場となっている。わが社は管理主義や官僚化と絶えず闘ってきたので、当然、私たちの非営利事業もそうしたものに妨害されたくはない。

どんなプログラムを援助するにせよ、私と同じ価値観をもっていることが条件だ。たとえば、大学教育への奨学金制度なら、受給者は働いて自分のお金のいくらかを返済していくようなプログラムが望ましい。私はいつも、働きながら学校を出たような人物を採用しようとしてきた。もちろん、これは私自身の経験からくるものだ。現在教育を受けていない若者に、勉強したいという意欲を与え、学校を卒業すればどんな恩恵があるかを理解させるようなプログラムが大切だと思う。

そこで私は社会奉仕でも、小売業を始めたころと同様、伝統的手法に縛《しば》られずにやりたい。人々に何を教えられるか、自信を失っている人に対し何ができるか、ごく普通の人々が卓越したことをやる意欲をどう引き出すか、これらを実現するために伝統的方法を超えられるかどうか検討したい。

教育改革への情熱は、漠然と生まれたものではなく、ウォルマートでの日々の必要から生まれてきたものだ。かつては、機敏で働く意欲さえあれば、わが社では十分出世するチャンスがあった。だが、会社の業務システムが高度になるにつれ、コンピュータ分野の知識や技能がきわめて重要になってきた。これは世界的傾向であり、今、すべての企業がその方向に向かって進んでいる。わが社もやがては、人材の育成や訓練をもっと効果的にする必要が出てくると思われる。

お客の生活水準の向上に貢献する

慈善活動について私を長年悩ませてきたのは、一部の人たちが、ウォルマートは慈善活動において十分その義務を果たしていない、と非難していることだ。ウォルマートは、他の企業同様、「ユナイテッド・ウェイ」運動を積極的に進めており、わが社の従業員たちは毎年、多大な献金をしている。ユナイテッド・ウェイを強く支持しているのは、このキャンペーンで集めたお金の大半が地元で使われるからだ。わが社は地域振興のための慈善活動を支持しており、従業員が自分で特定の慈善活動のために基金集めをする時は、補助金を出す制度を設けている。また、地域の小児科病院を援助する「チルドレンズ・ミラクル・ネットワーク・テレソン」にも多額の献金をしている。一九九一年のウォルマートとその従業員からの献金額は一つの組織としては最大で、七五〇万ドルにものぼった。

社会奉仕に関して、わが社のやり方は、「慈善ガイドライン」を用いて寄付の額などを決める多くの企業とはまったく異なっている。会社を改善し続けるために一貫して努力し続けてきたことが、地域に住み、そこで働いている人々の生活レベルの向上につねに結びついてきたと私は信じている。わが社は効率を高めることで売価を引き下げ、お客が多額の節約をすることを可能にした。そのこと自体が社会への貢献であり、また、これがわが社の経営哲学でもある。

たとえば、一九八二年から一九九一年までの過去一〇年間の平均売上高は一三〇億ドルだから、一〇年間で総計一三〇〇億ドル売り上げたことになる。ウォルマートがなかった場合に比べ、少なめに見積もって、その一〇パーセントに当たる額をお客が節約できたとすると、その節約額は一三〇億ドルにもなる。これは自由市場経済がわが社の経営効率を向上させたがゆえにできたことである。実際、ウォルマートは田舎の生活水準を向上させるうえで、多大な貢献をしてきたのであり、お客もわが社を支持することでそれを認めてくれているのである。

社員の福利厚生については、すでに述べた利益分配制度で従業員は約二〇億ドルの基金をもっているほか、自然災害の被害者に対する救済制度もある。また、毎年全ウォルマー

若い世代に正しい教育を授けることが私たちの責任。

ト店舗は地元の学生一人当たり、一〇〇〇ドルまでの奨学金を出している。

ウォルマートは慈善事業ではないし、またそうなってはいけないと、私たちは強く感じている。店のレジから多額のお金を引き出して、それを慈善活動に使うことが、正しいことだとは思わない。というのも、支出欄に記載されたその金額は、いずれ株主やお客の負担になるからである。

数年前、ヘレンの意見で、私たち夫婦は私費で、ベントンビルの従業員のために、高級なアスレチック施設を建設し、かつ運営を軌道に乗せるまでの数年間、助成金を出してきた。これに私財を投じたのは、私たちの従業員に対する心からの感謝を示すためであるが、同時に、たとえどんなに価値があることでも、社内のことでお客や株主に負担をかけてはいけないと考えたからである。わが社の役員が個人的に何かの慈善事業をやりたいと思っても、会社の資金をそのために使うことはできないが、彼らは自主的に慈善活動ができるのである。私はわが社の役員である株主たち、とくに草創期《そうそうき》の店長たちが、地域に温かな手を差し伸べていることを誇《ほこ》りに思っている。ウィラード・ウォーカーとチャーリー・バウムは、ウォルマート株からの利益積立金の一部で、地域に多大な貢献をしている役員の代表である。

巨大企業の力で社会を変革する

おそらく、ウォルマートが社会に利益を還元する方法としてもっとも重要なのは、この巨大な企業の力で社会を変革していくことであろう。その一つのいい例が、「アメリカに取り戻そう（アメリカ製品購買運動の一種）」というプログラムだ。これはアメリカの膨大《ぼうだい》な貿易赤字に対処するために、わが社が一九八五年に始めたプログラムである。

アメリカの他のチェーンストアと同様、わが社も海外から膨大な輸入をしている。その理由は、多くの場合、米国製品は価格や品質、またはその両方で競争力がないために、輸入する以外の選択肢がないからである。わが社はこの状況を改善できるかどうか検討してみた。私たちの考えは、どんなにコストがかかっても米国製品を買え、という一部の偏狭な愛国主義者の考えとは違う。他のチェーンと同様、わが社でも製品が効率的に製造さ品質基準以下の製品が、米国製品を買うことはない。品質基準以下の製品や非効率性に助成するのが正しいことだとは思わない。

そこで第一の目標は、アメリカのメーカーと協力して、わが社の巨大な購買力がメーカーの商品供給に役立ち、かつ、それによってアメリカ人の雇用機会を確保できるかどうか検討することであった。私はサプライヤー（商品納入業者）に公開の手紙を送り、このプログラムに協力するよう要請した。「経営陣がリーダーシップを発揮しさえすれば、アメリカの労働者は素晴らしいことができると、ウォルマートは信じている」と私は書いた。

その結果は、私たち自身が驚くほどであった。もし、わが社が製品製造前に計画的に大量購入を決めれば、多くのメーカーが、材料の購入、作業人員計画、在庫コストなどで大幅な経費節減ができ、その結果、製造原価が引き下げられるとわかったのだ。そして、事実、きわめて多種多様な商品が競争できる価格で製造されたのである。フランネルのシャツ、ロウソク、紳士用ニットシャツ、婦人用セーターから、自転車、ビーチタオル、フィルム、ビデオテープ、家具、玩具に至るまで。

また、海外からの商品買い付けを詳細に見直した結果、たとえば、船が出港した時点からの在庫コストなど、隠れたコストも発見された。そのデータをもとに、輸入品と国産品のコストを商品ごとに比較できる方式を開発した。現在では、同じ品質の商品で、五パーセント以内の価格差であれば、粗利《あらり》を低くすることで、米国産品でもやっていけることが

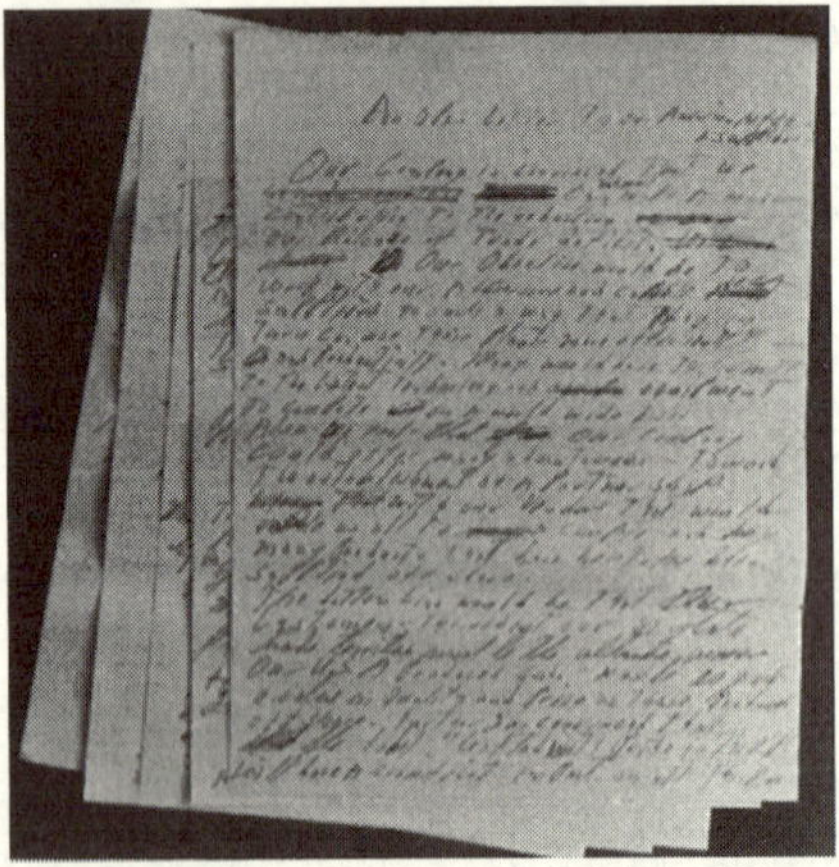

米国製品購買プログラムの私の手書き原稿。

わかった。

国産品の見直しと雇用機会の確保を

かつては、わが社も、売れ筋《すじ》の米国産品を東洋の国に送って、「これと同じものをつくってほしい。品質を保持できれば、一〇万個以上買おう」などといっていた。現在では、バイヤーたちに、極東生産国に発注する前に、アメリカの各生産地を調査するよう指示している。私たちが取り引きのために少しばかり余分な手間をかけ、また、国内のメーカーがコスト削減について創造的工夫を怠《おこた》らないなら、このプログラムはまだまだ多くの可能性を発掘できると思う。

このプログラムに対し、例のごとくわが社の批判者が（この場合は大半が労働組合だが）、私を非難した。私がアメリカ国旗で身を包み、典型的サム・ウォルトン流の宣伝をしつつ、店で多くの輸入品を売っている事実を隠蔽《いんぺい》している、というのだ。こうした連中は残念ながら、過去に生きている人間だと思う。彼らは自由市場の価値を信じず、新しい解決策に興味がないのだ。

私たちはこのプログラムで、製造業で働く人々のためにおよそ一〇万人分の雇用機会を確保したと見積もっている。宣伝のための行為だと攻撃する前に、このプログラムによって従業員を解雇せずにすみ、新たな雇用機会を生み出した人々の話も聞くべきだ。

ファリス・バローズ（アーカンソー州ブリンクリーの、ファリス・ファッション社社長）

「あれは、ブリンクリーの町にとっても、私にとっても最高の出来事だった。以前、わが社はJCペニーやシアーズに商品を卸《おろ》していたバン・ヒューゼンと取り引きしていたが、一九八四年、彼らはすべての製造を中国に移すといってきたのだ。九〇人の従業員を抱え、四苦八苦しているさなか、サム・ウォルトンと名乗る男から電話があった。それは正真正銘のサム・ウォルトンで、フランネルのシャツを五万ダースつくれるか、と尋《たず》ねてきたのだった。これまでの取り引き相手のなかで、こちらの目をまっすぐに見て、こういったのは彼が初めてだった。『もし儲《もう》けが出ないなら、やめてほしい』たいていの小売業者は、メーカーが儲かるかどうかなど気にしたりしないものだ。

今では、ウォルマート用のシャツを二五〇万枚も製造し、従業員も三二〇人にまで増えた。従業員が増えた理由はわかりきっている。クリスマスのたびに、従業員にウォルマートの商品券を渡しているからね」

このプログラムには慈善事業的な要素など少しもない。むしろ、これによってウォルマートが直接、利益を得ることになるのだ。私たちが確保するすべての雇用機会が、潜在的顧客をつくりだすのである。こうした顧客は、次にいつお金が入ってくるかなどと心配しないで、安心して買い物できるようになった人々だ。したがって、これは誰にとっても得になるプログラムなのだ。ファリスは初期の成功例の一つだが、それ以降、大小を問わず、さまざまな国内メーカーとこうした取り引きを行ってきた。

同じような精神で、環境保護に関するプログラムにも取り組み始めた。メーカーにはあらゆる無駄な慣習、たとえば、必要のない包装などを省くよう奨励している。また、「サムの選んだアメリカ製品」というプライベート・ブランド商品の売り上げの二パーセントを、理工系の学生の奨学金として献金もしている。

現在では、この業界におけるウォルマートの影響力はきわめて大きいことを、私たちは十分自覚している。今日のわが社の社員は、あらゆる局面で戦わねばならなかった昔の会社とは状況が違うのだということを、肝《きも》に銘《めい》じる必要がある。これからも、厳しく戦っていくつもりではあるが、同時に、わが社の力を乱用しないように注意しなくてはならない。「アメリカに取り戻そう」のように、わが社の影響力を社会へ還元できる、さらに多くの方法を探したいと考えている。

第十七章　サム流「成功のための一〇ヵ条」

「すべての法則を破れ」

デビッド・グラス

「サムとウォルマートの成功についてしばらく話をしてみれば、一つのことに気づくだろう。彼は絶えず、『これがすべての鍵だ』『これが成功の秘訣だ』などといっている。魔法の公式などないことを、彼はよく知っているのだ。さまざまな要因が働いたのであり、いずれそのすべてを並べ立てることになるだろう。驚異的なのは、ほとんど五〇年間にわたり、彼がそのすべてに同時に、注意を払い続けたことである。それこそ彼の本当の成功の秘訣なのだ」

ここまで、わが社のパートナー、社員および私が、どのようにウォルマートを今日《こんにち》の形につくりあげてきたか語ってきた。また、その過程で、会社の驚異的成功をもたらした法則についても述べてきた。この四七年間に、小売業は大きく変貌《へんぼう》し、私の理論のいくつかも変化してきた。しかし、私たちが守ってきた価値観や原則や技法の多くは、ほとんど同じである。

成功の法則をリストアップしてほしいと頼まれるのは初めてではないが、それを私が実際に行うのは今回が初めてである。そうできることを私は喜んでいる。それは私にとっても、意義深いことだった。実際、デビッド・グラスのいう通り、これまでに、私が成功の鍵だとか秘訣としてあげた事柄はいくつもあった。ただし、私がリストに入れようともしなかったのは、「勤勉」ということだ。もし、あなたがそれを知らないのなら、あるいは、喜んでそうするつもりがないのなら、これ以上私のリストなど必要としないだろう。もう一つ、私がリストに入れなかったのは、「チームづくり」である。どんな規模であれ、一つの会社をつくろうとするなら、ともに働く人々とチームをつくり、使い古されたチームワークという言葉に魂《たましい》を吹き込む必要がある。私にとって、これは目標に達するための単なる手段以上のもの、真の目標ともいえるものだった。

私はつねに目標をもち、それを高く掲《かか》げることが大事だと信じてきた。ウォルマートの社員も当面の目標値を掲げてきた。実際、土曜の早朝会議で、本物のスコアボードを壇上に掲げたこともある。

もう一つ。もしあなたが、私のアドバイスを本気で求めているなら、このことを覚えていてほしい。つまり、私はこれを「ビジネスの十戒」にするつもりは毛頭ないということだ。これから書くことは、私にとってうまくいったことだが、同時に、私自身はつねに他人の法則を破ることを誇《ほこ》りにしてきた。そして、私の法則に挑戦する一匹狼が好きだった。彼らと戦い続けたこともあったが、それでも彼らを尊重してきた。実際、私のいうことに何でも賛成する連中の意見より、彼らの意見に注意深く耳を傾けてきた。そこで、とくに、以下の法則のうちの法則一〇に注意を払ってほしい。もし、あなたがそれを正しく解釈できたなら、その真意はこういうことだ――「すべての法則を破れ」。

以下が「サムのビジネスを成功させる法則」である。何かのお役に立てばうれしい。

法則一「あなたの事業に夢中になりなさい」

自分の事業の意義を誰よりも信じること。私はどんな性格上の欠点も、仕事に対する執念で克服してきた。あなたがこうした情熱を生まれつきもっているかどうか、または、習得できるかどうかはわからないが、それを必要としていることだけはたしかだ。自分の仕事を愛しているなら、日々、最善を尽くすだろう。すると間もなく、周囲の誰もが、まるで熱病のように、あなたの情熱に感染していくのだ。

法則二「利益をすべての従業員と分かち合いなさい」

彼らをパートナーとして遇すること。そうすれば、彼らもあなたをパートナーとみなし、一緒にどんな業績でも達成できるだろう。お望みなら、企業の体制を維持し、管理してもかまわない。だが、パートナーシップを尊重し、それを生かすリーダーになる必要がある。従業員に会社と利害関係をもつよう奨励するがいい。割引株式を提供し、自社の株で退職後に備《そな》えさせなさい。これこそ、わが社が行った最善のことである。

法則三「パートナーたちの意欲を引き出しなさい」

高い給与や株所有だけでは十分ではない。日々、パートナーたちに刺激を与え、やる気を起こさせるため、新しくかつ興味深い方法を考え続ける必要がある。目標を掲げ、競《きそ》い合わせ、点数で評価することだ。時には新記録達成の賭《か》けをして、負けた者に突飛なことをやらせるのもいい。停滞してきたら、管理職の職務を交替し、緊張感を与えなさい。決まりきったコースに乗せてはいけない。

法則四「できる限りパートナーたちと情報を共有しなさい」

彼らは知れば知るほど、よりいっそう理解し、理解すればするほど、それだけ関心をもつようになる。そうなれば、彼らは素晴らしい力を発揮する。あなたが社員に情報を公開しないなら、自分たちが本当にパートナーとみなされていないことが、彼らにもわかるだろう。情報は力である。社員にその力を与えれば、競争相手に情報が漏《も》れる危険以上に大きな利益が得られるのだ。

法則五「誰かが会社のためになることをしたら、惜しみなく賞賛しなさい」

給与や株式購入優先権で会社への忠誠心を引き出すことはできる。だが、人は誰でも、自分の行為に対し賞賛され感謝されることを喜ぶものだ。感謝の言葉は何度でも聞きたいものだ。本当に誇らしいことをした時はとくにそうである。誠意にあふれ、かつ慎重に選ばれたわずかな賞賛の言葉は、何物にも代えられない。こうした言葉にお金はかからず、しかも、どんな報酬にも匹敵する価値がある。

法則六「成功を祝い、失敗のなかにユーモアを見つけなさい」

深刻になりすぎず、リラックスすること。そうすれば、周囲の人々もリラックスする。楽しみを見つけ、いつも熱狂的でいなさい。何もかもうまくいかない時は、変わったコスチュームを着て、ばかげた歌でも歌うがいい。皆も一緒に歌いだすだろう。これはとても重要であり、また想像以上に楽しい。競争を笑い飛ばすことができる。「なんでまじめに、ウォルマートで競争なんてダサイことしなきゃいけないんだ？」

法則七「すべての従業員の意見に耳を傾けなさい」

皆に意見をいわせる方法を考えること。お客に接する店員こそ実情を知っているのだ。彼らが知っていることを聞き出すがいい。そうすることを会社の体質にすることだ。組織の末端に責任を与え、よい改善案を湧《わ》き上がらせるために、彼らがいわんとすることを、あなたが聞き取らなくてはならない。

法則八「お客の期待を超えなさい」

そうすれば、お客は何度でも戻って来てくれる。彼らの期待を少しでも上回るものを提供しなさい。お客に感謝し、間違いは補うこと。言い訳してはならない。すべてに責任をもつことだ。ウォルマート一号店の看板に書いたもっとも重要な言葉、「満足を保証」は今でも変わらない。それがすべての始まりだった。

法則九「競争相手より経費を抑えなさい」

これが競争力の源《みなもと》である。ウォルマートが全米最大の小売企業になるずっと以前から、わが社は業界で売上高比経費率がもっとも低かった。たとえ多くのミスを犯しても、効率のよい運営をしている限り、回復できる。だが、それがあまりに非効率的なら、あなたがどんなに賢《かしこ》くても、やがて事業は行き詰まる。

法則一〇「逆流に向かって進みなさい」

人とは違う道を行き、旧来の考え方を無視すること。もしすべての人が同じ方向に進んでいるなら、まったく逆の方向へ行き、自分独自の市場を見つけるチャンスだ。だが、誰もが、それは間違っているといって、足を引っ張ろうとするだろう。それを、覚悟すること。私自身、人口五万人以下の町でディスカウントストアをやっても長続きしない、と何度聞かされたことだろう。

以上の法則はごく常識的なことであり、なかには単純すぎるものもある。本当に難しいのは、これらを実行する手段を絶えず考え出すことである。一度うまくいったからといって、同じ方法を続けることはできない。なぜなら、環境がいつも変化しているからだ。成功するためには、あなたは変化し続けなければならないのである。

第十八章 遺《のこ》したい言葉

生まれ変わっても同じ道を選ぶ

トマス・ピーターズ（『エクセレント・カンパニー』の共著者）

「おそらくヘンリー・フォードを除けば、サム・ウォルトンこそ、今世紀最大の実業家だろう」

私が人生のほとんどをウォルマートに捧げてきたことは、もう十分、おわかりいただけたと思う。私の人生は充実していた。楽しくもまた試練に富み、期待をはるかに越えて報《むく》われもした。この間ずっと、私は独自の道を貫いてきた。いやいや仕事をやっている人が多いなか、私は本当に仕事を楽しんできた。店で従業員を激励し、オフィスで数字を見ながら次に視察すべき店を検討し、土曜の早朝会議で唱和の音頭をとった。あるいは、操縦《そうじゅう》桿《かん》を握って美しいわが国土を見下ろしながら、競争相手のKマートの駐車場に停まっている車の台数を数えたり、わずかの暇を見つけて、テニスやウズラ猟を楽しむこともあった。

だが、これらすべての活動も、今、徐々に終わろうとしている。このところ、私は重い病《やまい》を患《わずら》っている。年を取って病気になると、人は誰でも少しばかり哲学的になるようだ。とくに眠れない夜には、過去のさまざまなことを思いめぐらし、これまでの人生を再検討しようとするものだ。実際、もし病気にならなかったら、この本を書いたり、自分の人生を整理してみようなどと考えたかどうか疑わしい。ご存じのように、私は極端な行動家であって、椅子に座って本を書くなどという仕事には向いていない。だが始めたからには、もう少し頑張って、自分にとって大切だと思われることを読者と分かち合いたいと思う。

私をよく知る人々は意外に思うかもしれないが、最近、これほど仕事に打ち込んできたことが正しかったのかどうか、考えることがある。もっと家族と多くの時間を過ごすべきではなかったのか。幹部たちを長年にわたり、これほど駆《か》り立てる必要があったのか。自分が真に誇《ほこ》れる何かを、私は地上に残していけるのか。それとも、最後の試練に向き合っている今、何もかもが無意味だったのか。

人生にいくつかの分岐点はあった。とっくに引退して、孫と遊んだり、人生の晩年を社会奉仕に捧げる道もあった。私と同じような道を歩んだ人を、私はほかに知らない。まったくの新参者として商売を始め、床を掃除し、帳簿をつけ、ショーウインドーを飾り付け、キャンディの目方をはかり、レジを打ち、陳列器具を取り付け、店の改築をし、そして、会社を今のように発展させ、なお、それが楽しいからという理由だけで、最後まで同じことをやり続けている——こんな人は、私の知る限り、ほかにはいない。

思うに、私の人生は交換条件のようなものだった。いったん目標を掲《かか》げ、そこに到達したいと望んだからには、絶えずそこに向かって歩み続けなければならなかったのだ。デビッド・グラスがいう通り、私は毎日、目覚めたとたん、何かを改善しようと考えてきた。チャーリー・バウムは、私がトップに上りつめたい衝動に駆り立てられている、といったが、それもまた正しい。だが、もっと広い意味、一生の課題という意味で、私の選択は正しかったのだろうか。このことを真剣に考え抜いた結果、今、正直にいえる。もし、もう一度選択し直せといわれたら、私はこれまでとまったく同じことをするだろう、と。牧師は魂《たましい》を導《みちび》くために説教台にあがる。医者は治療するため、教師は頭脳を開発するために存在している。人にはそれぞれ役割があるのだ。私の役割は、人々の暮らしを向上させることであり（このことは大恐慌時に育った者にはきわめて現実的問題だ）、それは適正かつ倫理的に運営されている自由競争企業によってのみ実現できるということを、私は確信している。このことをウォルマートほどうまく成し遂《と》げた企業は多くはないだろう。顧客や従業員たちの生活水準を向上させるために、わが社は多くのことを成し遂げた。

チェーンストアが小売業を変えた

事業を始めたころは、純粋に利益を得ることだけが目的だった。できるだけよい品質の物をできるだけ安い価格で売ることで、お客を惹《ひ》きつけるのが経営戦略だった。それはうまくいき、この考え方を信じ、投資してきた古くからの仲間は裕福になった。

もとより、ウォルマートに関係したすべての人が裕福になったわけではない。だが、初めて車を買ったとか、初めて自分の家を所有したというアソシエートの話が長年にわたり語られている。また、利益分配制度で、退職時に一〇〇万ドル以上の大金を手にしたアソシエートもいる。いわば、新しい形の利己主義ともいうべきもののおかげで、わが社は大半の企業よりもはるかに彼らの生活を向上させてきた。私たちが賢《かしこ》い利己主義者だったからこそ、利益分配が会社にとっても利益になると見通したのである。

同時に、わが社の従業員たちは、すべての経験から、精神的満足（宗教的満足ではなく、心理的満足）を得たと思っている。彼らは背筋《せすじ》を伸ばし、相手の目を見て話し、自分に自信をもつようになった。そして、いったん自信がつくと、彼らの上昇志向は留まることはない。大学へ進学したり、店を経営したり、自分で事業を起こしたり、いい仕事をしようと決心し誇りをもった。ウォルマートは彼らの懐《ふところ》をうるおしただけでなく、自己評価を高める助けもしたのだ。たしかに、労組の関係者やベンダーのなかには、私の意見に賛成しない者もいるだろう。だが、私は、ウォルマートが何百万という人々の暮らしの向上に貢献してきたと信じているし、そのことにエネルギーを注《そそ》いできたことに満足している。

少なくとも、これだけはいえる。私たちは、わが国の小売業のあり方を変えてきた。私たちというのは、ウォルマートだけを指しているのではない。本書ですでに触れた、ソル・プライスやハリー・カニンガム、ジョン・ゲイスなどチェーンストアの経営者たちもまた、その功労者である。質の高いディスカウンティング・フォーマットのチェーンストア（そのなかでも、わが社が最高だと思っているが）によって、小売業全体の哲学が変わったのだ。お客の利益を第一に考えない企業は、まだ生き残っていたとしても、やがては淘《とう》汰《た》されるだろう。強欲な業者たちは塵《ちり》となって消えていくのだ。

ウォルマートで得られた教訓は、業種を超えてすべての事業に当てはまる。自由競争がわが国を前進させるエンジンであり、共産主義はその多くが無駄な努力であったことは証明されている。何ものも市場経済に基づいた自由な社会に優るものはない。この体制が揺らぐことがあるとすれば、それは指導者や経営者が利己的で怠慢《たいまん》になった時である。将来、自由企業は、もっと賢く運営する必要があるだろう。つまり、働く者、株主、地域、そしてもちろんサーバント・リーダーを目指す経営者すべてにとって、有利になるように運営する必要がある。

「ウォルマート流」が世界の流れを変える

最近、アメリカの経営者の多くは、あまりに自分本位になりすぎているように思う。この点で、日本人は正しい。経営陣がパイの大半を取ってしまい、働く者にほとんど残っていないような偏《かたよ》った状況からは、チームワークの精神は生まれない。わが国の役員たちの給与のなかには時に桁外《けたはず》れと思われるものがある。報酬の決め方として、会社の業績や株主への配当、あるいは、経営者の仕事ぶりを明確に反映した何らかの尺度が必要だろう。こうした公式はまた、労働者、経営陣、株主たちにそれぞれの貢献度やリスクに応じて、利益が公平に分配されるものでなければならない。ウォルマートの役員の給与は、つねにこの業界の標準を下回っていた。時には低すぎると思われるかもしれないが、その代わり、株式によるボーナスや会社の業績に直接結びついたその他の報奨金《インセンティブ》によって報いてきた。会社の業績がいい時に役員の報酬もいいのは、けっして偶然ではない。

私たちの考え方は、今後一〇年間、そして次の世紀には正当に評価されるものと思う。ビジネスの方法は世界的に変化していくだろう。そして、この変化は、私たちが勝手に「ウォルマート流」と呼んでいるものの多くを反映したものになるだろう。国際的に成功する企業は、ウォルマートがつねに目指していたことを実践するようになると思われる。つまり、意思決定の権限をもっと多く、第一線で働く者、顧客に日々接している者に与えるようになるだろう。よい経営者は、こうした最前線にいる戦士の意見に耳を傾け、それを取り入れて実行に移すだろう。

わが社がやってきた方法で、世界の流れを変えることもできる。アメリカは日本よりうまくやることも可能だ。私たちのほうが、革新的で創造性があるからだ。バングラデシュの労働者と競争することもできる。わが国のすぐれた技術が、もっと効率のよいシステムを可能にするからだ。サプライヤーや労働者との旧来の敵対関係を超えて、双方が勝ち組になるようなパートナーシップを築けば、もっと大切なこと、つまり顧客のニーズに応えることに多くのエネルギーと能力を注げるのだ。ただし、これらすべてを可能にするためには、人間の頑固な本性の一つ、変化への抵抗を克服しなければならない。ビジネスで成功するためには、絶えず変化していかねばならないのだ。

アメリカの自動車業界の現状を見ると、日本の保護主義政策に対抗して、わが国も同じことをしたい誘惑に駆られるかもしれない。わが国の自動車業界はたしかに対等な基盤で戦ってはいない。だが、私は保護主義で対抗すべきだとは思わない。それでは問題の本質は解決されないからだ。たとえ認めたくないとしても、わが国の製品の品質は日本製品と競争できない。経営者にとって、これは大きな課題である。まずやるべきことは、従業員とパートナーシップを築くことだ。

自動車業界には小売業界にはないさまざまな問題があることは承知している。わが国の労働者の時給が二二ドルであるのに対し、日本は一六ドル、メキシコではもっと安いことも知っている。私は、これらすべての問題を解決できるといっているわけではない。

だが、私自身、自動車でも鉄鋼でもどの業種でもいいから、労働組合のある企業を一つ選んで、そこで働く人々に、国際的な競争力をつける必要があることを説得してみたい、と思うことがある。彼らに会社の業績を皆で分かち合えるチームについて話し、それに協力するよう説得し、それでもなお、労働組合をもとうとするかどうか試してみたい。それはやりがいのある挑戦になるだろう。これにはそうとう力強い説得力が必要だが、情熱と根気があれば必ずできると私が保証する。だが、労働者に協力してほしいと説得するつもりなら、わが国の経営陣はまず、毎年、三〇〇万ドルも四〇〇万ドルものボーナスを自らに支給したり、まるで自分たちが特別な人間であるかのように、どこへ行くにも会社のリムジンやジェット機を使うことはやめなければならない。

私はすべての会社にウォルマートのようにケチケチしろ、といっているのではない。また、すべての会社が、お客のために経費を一ドルでも節約しなければならないディスカウントストア・ビジネスをやっているわけでもない。だが、経営陣がもう少し庶民に近い暮らしをしてもいいのでは、と疑問を感じる会社が多いのも事実だ。私が民間の飛行機を利用するたびにエコノミークラスに乗ることを、多くの人はばかげていると考えている。私の場合は極端なのかもしれない。だが、私はリーダーとして模範を示すのが自分の役目だと考えている。自分だけ贅沢《ぜいたく》をして、ほかの人々に節約するように頼むことはできない。

そんなことをすれば恨《うら》みを買い、チームワークの精神はたちまち崩れるだろう。

すべてはお客が決める

しかし、今はすべての過去を忘れ、ウォルマートの遺産として本当に遺したいものを考える時がきた。ウォルマートが今後も繁栄し成長し続けるなら、誰かがわが社を評したように、「オザーク台地（アーカンソー、ミズーリ、オクラホマ州にまたがる山地）の灯台」にふさわしい会社になり得るだろう。ただし、その光を地元の山麓《さんろく》だけでなく、ずっと遠くにまで投げかけてもらいたい、というのが私の願いだ。ウォルマートがお客の心にいつまでも留まるためには、地域に貢献できる方法をもっと研究する必要がある。すでに述べたように、これまでにやってきたことには大いに満足しているし、さらに、会社として、もっと社会的意義のある関与について検討してもいる。

すでに述べたが、わが国は何としても教育改革を必要としている。ウォルマートは、たとえ自社のためという利己的理由からでも、それに何らかの形で貢献できるのではないかと思う。強力な教育体制がなければ、ウォルマートやIBMやP&Gの台頭を可能にし、わが国の経済をこれほど強くした自由市場は、機能しなくなるだろう。信じがたいかもしれないが、「与えれば与えるほど、より多くのものを得る」という格言を試すたびに、わが社は報われてきたのだ。

最後に、多くの人から受ける二つの質問がある。この二つは互いに関連しているが、一つは、「ウォルマートのようなサクセス・ストーリーは今の時代でも可能か」というものだ。もちろん可能だ、というのが私の答えだ。今この瞬間にも、素晴らしい発想をもった誰か、何万人もの人々が、成功への道に向かって歩み始めている。何としてもそれを達成したいという情熱さえあれば、成功は何度でも起こり得る。必要なのは経営について絶えず学び、絶えず疑問を抱く姿勢とそれを実行する意欲だけである。

第二の質問は、仮に私に五〇年前の若さがあれば、何を始めるか、というものだ。この質問に答えるのは難しい。はっきりはいえないが、何かを売ること、お客と直接かかわれる小売レベルのことをやりたいのはたしかだ。たぶん、現在の小売業について勉強し、わずかな資金でできるもっとも有望なことを始めるだろう。専門店か、コンピュータにかかわることとか、カジュアルな「ギャップ」（カジュアル衣類専門店チェーン）や「ボディ・ショップ」（英国のトイレタリー専門店チェーン）のようなものになるかもしれない。

いずれにしろ、もし今度、あなたの近所に、少し風変わりな店主が店を開いたら、覗《のぞ》いてみてほしい。何を提供しているか、お客への応対はどうか、もう一度行きたいかどうか、チェックしてほしい。なぜなら、あなたの評価がすべてなのだから。自由の国アメリカでは、店が成功するかどうかは、あなた次第、つまりすべてはお客にかかっている。

あとがき

父はその生涯の最後の二年間、骨癌《こつがん》の一種である多発性骨髄腫《こつずいしゅ》との厳しい闘いに直面した。病名を告げられた時点で、父はそれがほぼ確実に死に至る病《やまい》であることを認識していた。父は、それまでの人生でつねにそうであったように、その試練にも真正面から楽観的かつ前向きに立ち向かった。家族全員の励ましと、とくに弟ジョンの行き届いた医療介護のもと、優秀な医師団とともにさまざまな実験的治療を開始したのだ。

治療を受けてはいたが、父は自分の病気や治癒《ちゆ》についてくよくよ思い悩むことはなかった。むしろ、日々を充実させようとした。病気を宣告された一九九〇年初め、父は半分迷いながらもすでに執筆に取りかかっていたのだが、その計画を変えて、自分の時間を人生でもっとも好きだったことに当てた。つまり、飛行機を操縦《そうじゅう》してさまざまな町のウォルマートを視察し、大好きな従業員たちに会いに行ったのである。だが、一九九一年の末近く、いよいよ病が重くなり、自由に動ける時間がわずかしかないと悟《さと》ると、家族や周囲の者の強い勧めもあって、父は再び自分の一生を書き記すという仕事に心を向けるようになった。そう決心すると、父はそれまでの人生のすべてのことと同様、全力をあげてこの本を書くことに没頭した。どんな本にするべきかを日々考え、書き直したり、逸話を挿入したりして推敲《すいこう》を重ね、また、思い出話を寄稿するよう人々をせっついた。

一九九二年三月、執筆を続けるほど気力があったとはいえ病が悪化した時、父は人生最大の贈り物をもらうことになった。ホワイトハウスから、わが国の文民最高勲章である「自由勲章」を父に授与したいと申し出があったのだ。ブッシュ大統領夫妻がじきじきベントンビルを訪問し授与式を行うという、思いがけない栄誉を受けることになった。こうした機会には、誰でも好きな人をセレモニーに招待することができるが、父が誰を招待したいかは尋《たず》ねるまでもなかった。もちろん、ウォルマートの従業員たちである。

授与式は三月一七日、ウォルマート本社の講堂で執《と》り行われた。そこは父が長年土曜の早朝会議を開いてきた場所である。講堂は数百人の従業員で埋まった。その記念すべき日、彼らが父に示した愛情はとくに感動的だった。ホワイトハウスの記者団はもちろん、ブッシュ大統領夫妻すら驚かせたことと思う。彼らはかつてないほどの熱狂でウォルマートの唱和をやったのだ。父は喜び、この日を「わが社の歴史のハイライト」と呼んだ。もちろん、父はその栄誉を従業員たちと分け合ったが、それはまた心痛む一日でもあった。壇上に車椅子で登場したのだが、大半の人々はこれが最後の集《つど》いになることを予感していた。講堂は誇《ほこ》りに満たされていたが、愛惜と涙にも満たされたのである。

大統領が父について述べた言葉を引用する。

「生粋《きっすい》のアメリカ人であるサム・ウォルトンは、起業家精神およびアメリカンドリームの体現者である。彼の経歴は、従業員への配慮、地域への貢献、独特の功績によって記録されている。また、ラテンアメリカへの奨学金制度によって、国民相互の交流に尽力し、彼が体現しているアメリカの理想を他国の人々と分かち合うことにも貢献した。献身的な家庭人であり、実業界のリーダーであり、民主主義の代弁者でもあるサム・ウォルトンは、信仰、希望、勤勉という美徳を見事に実証してきた。アメリカはこの小売業界の偉大なリーダーを、ビジネスおよび人生の成功者として讃《たた》える」

数日後、父はリトルロックのアーカンソー病院に入院した。人生最後の数週間ですら、彼はそれまでいつもやってきたことを楽しんでやった。家族以外で父が最後に話をしたのは、地元のウォルマートの店長だった。彼と父は、その週の店の営業成績などを語り合ったのである。そして、七四歳の誕生日の数日後、自由勲章を受章して三週間もたたないうちに、父の癌との闘いはついに終わりを告げた。四月五日の日曜の朝、父は穏《おだ》やかに息を引き取った。これまでの人生と同様、じつに印象的な最期であった。

私たちはけっして父を忘れない。

一九九二年五月

ウォルマート・ストアズ取締役会会長

ロブ・ウォルトン

解説　一体どこが違うのか

早稲田大学教授
野口智雄《のぐちともお》

世界最大企業ウォルマート。そのモンスター性は年商、従業員規模などで語られることが多い。だが、より細かく部門別に踏み込んでみるとその驚きも新たなものになる。玩具のカテゴリーキラー（専門量販店）で日本でも成功外資として著名なトイザラスは、一九九八年に玩具小売売上高首位の座をウォルマートに明け渡している。

また元来、耐久財販売を本業とするディスカウントストアを出自とし、本格的な食料品販売では後発の同社が現在、同部門の売り上げだけで三〇〇億ドルを優に超えている。それに生活用品、医薬品などの業績を加えるとスーパー業態で全米一のクローガーの年商（約五〇一億ドル）をも軽く上回っている。

森（ウォルマート全体）を見ても、木（各事業部門）を見てもほとんど死角の見つからない、まさに完全無欠のパワーリテーラーといえるだろう。この企業を興《おこ》し、異常ともいえる成長軌道《きどう》を築き上げたのが本書の著者、サム・ウォルトンである。彼は、このような未曾有《みぞう》の成果に結実するプロセスの折々で一体何を考え、どのように行動したのだろうか。そこには当時の小売業界に蔓延《まんえん》していたアンシャン・レジュームの打破があった。以下ではサムおよびウォルマートが何を打破し、どうフロンティアを開拓したのか、そのエッセンスを抽出してみよう。

販売からマーケティングへ

本書の中でサム自身が述べているように、草創期《そうそうき》のみすぼらしい店舗で商品の納入もままならない状態にあった時から、ウォルマートの基本コンセプトは商品を安く提供し、顧客に満足を保証するということであった。サムは、つねづね「お客様はすべて正しい」を標榜《ひょうぼう》し、その考えを末端の従業員まで浸透させている。

いわゆる「販売」は売り手を起点にして売りたいもの、利益の取れるものを一方的に顧客に押しつける行為である。これに対し、サムは顧客が起点であり、彼ら彼女らに喜んでもらってこそ企業は存続・成長を遂《と》げられると考えた。まさに顧客志向のマーケティングの原点がここにある。

このコンセプトは単なる掛け声にとどまらず実際の行動にも表れ、現在にも連綿と受け継がれている。たとえば、同社は最初に無条件返品を導入した小売業である。この制度は、顧客がもしも購入した商品を気に入らなかった場合に、理由の如何《いかん》を問わず返却できるというものだ。これにより、ウォルマートは絶大な信頼性を獲得することができた。

また、顧客満足には低価格での販売というベネフィット面の向上だけでなく、店内ストレスの解消といったネガティブ面の低減も重要である。一般に小売店舗の購買で顧客にもっとも心理的負荷を与えるのがレジの待ち時間である。現在、ウォルマートでは三人以上の行列待ちができるとライン・バスターと呼ばれるハンディスキャナーを持った店員が現れ、レジ待ち顧客のバーコードを読み始める。顧客は読み込まれたデータのインプットされたカードをレジに出せば瞬時に精算することができるのだ。

サムはレジ待ちのストレスの解消が顧客満足につながることを強く意識していた。米国の小売業界では一九八〇年代の初頭からスキャニング・システムを取り入れるところが出始め、今でいうPOSが浸透し始めた。しかし黎明《れいめい》期のシステムではレジでの番号の打ち直し作業が必要なため、かえって顧客の待ち時間は長くなり、不満は募《つの》る一方だった。

しかし、サムはより多くのコストがかかるものの、顧客の待ち時間を短縮することこそ重要と、UPC（uniform product code）システムを一九八三年に導入している。このUPCは現在のPOSシステムと同様にバーコードをスキャナーに通すだけで瞬時に商品と価格を認識できる。処理のスピードは極めて速く、打ち込みミスがないため、顧客のストレスは大幅に低減できた。自他ともにケチと認め、コストカットの権化《ごんげ》のようなサムがこのシステムを早期に導入したのはいうまでもなく顧客満足のためだった。

単発から恒常へ

ウォルマートの特徴は何かと問えば、「ＥＤＬＰ（everyday low price）」と誰もが返すように同社の低価格政策は有名である。これは単発の特売やおとり廉売《れんばい》とは完全に異質のローコスト構造の構築に基づく恒常的な低価格販売を意味する。ローコスト構造とは、たとえばコストカット、高度情報化、リテール・リンク、グローバル・ソーシング、ＳＣＭ（supply chain management）、ベストプラクティスなど同社を特徴づける多様なキーワード群から構成されるトータル・システムのことである。

このシステムの優秀性は計数を見ると一目瞭然だ。二〇〇二年一月に破綻《はたん》したＫマートと比較すると、販売管理費率はウォルマート約一七パーセントに対し、Ｋマート約二三パーセントである。坪当たり在庫高はウォルマート約一六七〇ドルに対し、Ｋマートは約二〇〇〇ドルとかさんでいる。在庫回転率はウォルマート年間約八回転に対し、Ｋマートはわずか約五回転でしかない。この結果、坪当たり売上高はウォルマートの約一万一七〇〇ドルに対し、Ｋマートは約八九〇〇ドルにとどまる。システム効率の格差は歴然である。

そしてこの低価格販売の構造は好循環を描く。特売を行うと他の商品は買わずにそれだけを目当てに買い物に来る客がいる。いわゆるバーゲンハンターである。恒常的な低価格のＥＤＬＰでは、ロイヤル・カスタマーとはほど遠いこの種の客を排除することができる。ＥＤＬＰは、一過性のバーゲンとは違って価格、需要が安定しているため、時期的な店内作業が必要なくなる。加えて、広告費が飛躍的に少なくてすむ。麻薬中毒患者のように特売チラシを打ち続けたＫマートの売上高広告費率は二・四パーセントと高かった。これに対し、健康体のウォルマートはわずか〇・〇七パーセントでしかない。恒常的なローコストの仕組みを構築・稼働《かどう》することにより、売り上げ、コストとも好転するのである。

勘《かん》から科学的分析へ

その昔の小売業の発注業務はかなりアバウトなもので、経営者や売場の責任者が売れそうな商品を適当に選び、ほどほど売り切れると思う数量を注文していた。この意思決定は、仕入れ責任者の勘だけが頼りで、「科学」の対極に位置するものだった。

ウォルマートは本社と店舗とをつなぐ本格的なコンピュータ・ネットワークを一九七七年に構築している。上記のレジのスキャニング・システムも一九八五年には導入を完了し、同年、通信衛星システムを使った巨大なネットワークを組み上げている。これにより、店舗、物流センター、さらには移動するトラックの中の商品の動向までつぶさに把握《はあく》できるようになった。

それが現在は、ＣＰＦＲ（collaborative planning, forecasting, and replenishment）とい

う著《いちじる》しく進化したシステムで活用されている。店頭での販売動向のデータは、のちの需要予測に用いられ、そのデータはさらにベンダーと共有されることによって機動的な商品の計画補充が可能になっている。このシステムでは、売れ筋《すじ》商品、死に筋商品の的確な把握に加え、非常に高精度の自動発注によって欠品および過剰在庫の回避《かいひ》を行っている。

今日《こんにち》、情報化でウォルマートをしのぐのは米国国防総省しかないと豪語するほどそのシステムを高度化させており、その自信を裏づけるようにデータウェアハウスの容量は二〇〇テラバイトの水準に到達している。日本の上位小売業のそれが一〇テラバイトにも満たないことを考えると驚異的な情報インフラといえるだろう。この未曾有のデータを科学的に分析することによって顧客の購買法則を導《みちび》き、満足の実現をはかっているのである。

独立から協働へ

いくら高度なCPFRの仕組みを導入しても、バイヤーであるウォルマートが単独の活動で成果を上げることはできない。メーカー、卸《おろし》などのベンダーと相互信頼に基づく協働体制が組織されなければならない。ウォルマートに関し、しばしば同社を特徴づけるビジネスモデルとしてEDLPのほかにSCMがあげられる。これは独立しているメーカー、卸、小売が、顧客満足の売り場づくりという目的で一致し、あたかも一つの組織の製造部門、卸売部門、小売部門として機能しようというものである。つまり、顧客満足を目的に有機的に結合した全体最適のシステムといえよう。

この発想の原点は一九六〇年代後半から七〇年代初頭の同社の揺籃期《ようらんき》にまで遡《さかのぼ》ることができる。当時、同社に継続的に商品を提供してくれる卸も少なく、その日暮らし的な仕入れ販売を余儀なくされていた。サム自身が述懐しているように、継続的な仕入れ先がなかったことが独自の物流センターの開設を促《うなが》した。物流センターを起点にして店舗数を増やし、大量一括購入の体制を整えれば納入先は自然に拡大し、取り引きに継続性が出てくる。また、物流センター自体、本来各店舗で分散的に行わねばならなかった商品の分類・整理等の作業をセンター内で集中して行うことができる。その面でもローコスト化に寄与することになった。

ウォルマートは比較的早いうちに自前の物流センターを構えることによって、ベンダーとの一体化を実現する仕組みを構築したのである。取り引き量が増えるにしたがい、卸をスキップしてメーカーとの直接取り引きも進み、顧客満足に向けた製販一体の協働組織が形成されていった。同社はベンダーに対する要望も厳しく、値切り交渉も一セント単位で行われるといわれる。しかし目的は顧客満足の向上にあり、それを理解して一体的協働をなすベンダーには膨大《ぼうだい》な発注量という見返りを提供した。

ところで、企業内に目を転じてみてもウォルマートには協働システムが生きている。同一企業内なのだからこれは当たり前のことと思われるが、同社は従業員をアソシエートと呼び大切にしている。ただ呼称の問題だけでなく、これには内実が伴っている。たとえばサムはすべての店舗に売り上げ、利益の割当額を設定した。その基準をクリアした超過利益の二五パーセントをアソシエートに分配していたのである。それ以外にもストックオプション制度の採用など企業業績の向上に向けた協働努力が直接自分に返ってくるという仕組みをつくっていた。

現在、企業内部の従業員も一種の内部顧客と考え、彼ら彼女らの満足度を高めることが企業の成長にとって不可欠であるというインターナル・マーケティングの発想が重視される趨勢《すうせい》にある。サムは天才的な洞察力とアグレッシブな行動力により自然にこの種のマーケティングの重要性を察知し、実践していたことになる。

今日、世界一の企業の座についたウォルマートにも、サムの精神は朽《く》ち果てることなく浸透している。この精神を忘れない同社はさらなる成長を遂げることだろう。

本書は、経営者が持つべき哲学・発想法、実践すべき企業活動の方向などに関するきら星のごとく輝く知見の宝庫である。これらを修得することによって、現下の厳しい経済環境に打ち勝つパワフルな企業が続々台頭することを心より願っている。

本作品は当文庫のためのオリジナルです。

サム・ウォルトン―1918年、米国オクラホマ州に生まれる。ミズーリ大学を卒業後、27歳で小売業界に入り、1962年にディスカウントストアのウォルマート・ストアを創業する。1992年４月逝去。
渥美俊一―1926年に生まれる。東京大学法学部を卒業後、読売新聞社に入社。1962年からチェーンストア経営研究団体「ペガサスクラブ」を主宰。1963年からチェーンストア経営専門コンサルタント機関「日本リテイリングセンター」チーフコンサルタントとして活動中。著書には、『チェーンストア経営の目的と現状』『ディスカウンティング』（以上、実務教育出版）など75冊がある。
桜井多恵子―1947年に生まれる。女子美術短期大学卒業後、日本リテイリングセンターに勤務し、マス・マーチャンダイジング調査研究を担当。1986年に米国ニューヨーク州立ファッション工科大学を卒業。著書には、『新しい売場構成』『サービス』『アメリカのチェーンストア見学』（以上、実務教育出版）などがある。

講談社＋α文庫 私《わたし》のウォルマート商法《しょうほう》
――すべて小さく考えよ

サム・ウォルトン＋ジョン・ヒューイ
渥美《あつみ》俊一《しゅんいち》＋桜井《さくらい》多《た》恵《え》子《こ》・監訳

2002年11月20日第１刷発行
2024年９月10日第18刷発行

発行者――――森田浩章
発行所――――株式会社 講談社
東京都文京区音羽2-12-21 〒112-8001
電話 出版(03)5395-3522
販売(03)5395-4415
業務(03)5395-3615

デザイン――――鈴木成一デザイン室
カバー印刷――――TOPPAN株式会社
印刷――――株式会社ＫＰＳプロダクツ
製本――――株式会社国宝社

落丁本・乱丁本は購入書店名を明記のうえ、小社業務あてにお送りください。
送料は小社負担にてお取り替えします。
なお、この本の内容についてのお問い合わせは
第一事業本部企画部「＋α文庫」あてにお願いいたします。
Printed in Japan ISBN4-06-256677-X
定価はカバーに表示してあります。

講談社+α文庫 Ⓖビジネス・ノンフィクション

ナニワ金融道 ゼニのカラクリがわかるマルクス経済学　青木雄二
ゼニとはいったいなんなのか!? 資本主義経済の本質を理解すればゼニの勝者になれる!!　740円 G 64-2

暮らしてわかった！ 年収100万円生活術　横田濱夫
はみ出し銀行マンが自らの体験をもとに公開する、人生を変える「節約生活」マニュアル　648円 G 65-4

安岡正篤 人間学　神渡良平
政治家、官僚、財界人たちが学んだ市井の哲人・安岡の帝王学とは何か。源流をたどる　780円 G 67-2

安岡正篤 人生を変える言葉 古典の活学　神渡良平
古典の言葉が現代に生きる人々を活かす！ 古典の活学の実践例から安岡語録の神髄に迫る　750円 G 67-3

流血の魔術 最強の演技 すべてのプロレスはショーである　ミスター高橋
日本にプロレスが誕生して以来の最大最後のタブーを激白。衝撃の話題作がついに文庫化　680円 G 72-2

知的複眼思考法 誰でも持っている創造力のスイッチ　苅谷剛彦
全国3万人の大学生が選んだナンバー1《ワン》教師が説く思考の真髄《しんずい》。初めて見えてくる真実！　880円 G 74-1

「人望力」の条件 歴史人物に学ぶ「なぜ、人がついていくか」　童門冬二
人が集まらなければ成功なし。〝この人なら〟と思わせる極意を歴史人物たちの実例に学ぶ　820円 G 78-1

*私のウォルマート商法 すべて小さく考えよ　サム・ウォルトン 渥美俊一 監訳 桜井多恵子
売上高世界第1位の小売業ウォルマート。創業者が説く売る哲学、無敵不敗の商《あきな》いのコツ　940円 G 82-1

変な人が書いた成功法則　斎藤一人
日本一の大金持ちが極めた努力しない成功法。これに従えば幸せが雪崩のようにやってくる　690円 G 88-1

斎藤一人の絶対成功する千回の法則　講談社 編
納税額日本一の秘密は誰でも真似できる習慣。お金と健康と幸せが雪崩のようにやってくる　670円 G 88-2

*印は書き下ろし・オリジナル作品

表示価格はすべて本体価格（税別）です。本体価格は変更することがあります

桜井章一の「教えない」「育てない」人間道場 伝説の雀鬼の〝人が育つ〟極意	神山典士	伝説の雀鬼・桜井章一の下に若者たちが集う「雀鬼会」。その〝人が育つ〟道場の実態とは!?	667円	G 91-2
世界にひとつしかない「黄金の人生設計」	橘 玲＋海外投資を楽しむ会 編著	子どもがいたら家を買ってはいけない!? お金の大疑問を解明し、人生大逆転をもたらす!	800円	G 98-1
「黄金の羽根」を手に入れる自由と奴隷の人生設計	橘 玲＋海外投資を楽しむ会 編著	「借金」から億万長者へとつづく黄金の道が見えてくる!? 必読ベストセラー文庫第2弾	900円	G 98-2
不道徳な経済学 擁護できないものを擁護する	橘 玲 訳・文 ウォルター・ブロック	リバタリアン(自由原理主義者)こそ日本を救う。全米大論争の問題作を人気作家が超訳	838円	G 98-3
貧乏はお金持ち 「雇われない生き方」で格差社会を逆転する	橘 玲	フリーエージェント化する残酷な世界を生き抜く「もうひとつの人生設計」の智恵と技術	900円	G 98-4
黄金の扉を開ける 賢者の海外投資術	橘 玲	個人のリスクを国家から切り離し、億万長者に。世界はなんでもありのワンダーランド!	838円	G 98-5
日本人というリスク	橘 玲	3・11は日本人のルールを根本から変えた! リスクを分散し、豊かな人生を手にする方法	686円	G 98-6
孫正義 起業のカリスマ	大下英治	学生ベンチャーからIT企業の雄《ゆう》へ。リスクを恐れない「破天荒《はてんこう》なヤツ」ほど成功する!!	933円	G 100-2
大宰相 田中角栄 ロッキード裁判は無罪だった	田原総一朗	石原慎太郎推薦! 田中角栄の権力構造を明らかにする、著者40年の角栄研究の総決算!	1000円	G 109-3
だれも書かなかった「部落」	寺園敦史	タブーにメス!! 京都市をめぐる同和利権の〝闇と病《や》み〟を情報公開で追う深層レポート	743円	G 114-1

＊印は書き下ろし・オリジナル作品

表示価格はすべて本体価格(税別)です。本体価格は変更することがあります